教育部人文社会科学研究青年基金项目 编号：15YJC760101

中文数字字体演化路径研究

吴轶博 ◎ 著

中国社会科学出版社

图书在版编目（CIP）数据

中文数字字体演化路径研究/吴轶博著. —北京：
中国社会科学出版社，2019.12
ISBN 978 - 7 - 5203 - 5150 - 8

Ⅰ.①中… Ⅱ.①吴… Ⅲ.①汉字—字体—研究②数
字—字体—研究 Ⅳ.①H123

中国版本图书馆 CIP 数据核字（2019）第 208989 号

出 版 人 赵剑英
责任编辑 郭晓鸿
特约编辑 吴书利
责任校对 周　昊
责任印制 戴　宽

出　　版 中国社会科学出版社
社　　址 北京鼓楼西大街甲 158 号
邮　　编 100720
网　　址 http://www.csspw.cn
发 行 部 010 - 84083685
门 市 部 010 - 84029450
经　　销 新华书店及其他书店

印　　刷 北京明恒达印务有限公司
装　　订 廊坊市广阳区广增装订厂
版　　次 2019 年 12 月第 1 版
印　　次 2019 年 12 月第 1 次印刷

开　　本 710×1000 1/16
印　　张 18.5
插　　页 2
字　　数 272 千字
定　　价 88.00 元

序

"全球电子出版成熟的概念起源于 20 世纪 80 年代，而机械打字则发生在 200 多年前的 19 世纪"，这是我和吴轶博开始讨论她的博士论文时的一个基点。然而，对于中文字体技术发展的研究则花费了她数年的辛勤劳动。今天很喜悦地看到她的《中文数字字体演化路径研究》一书即将出版。

此书正是以工业革命为主要线索，从第一台英文打字机的出现开始，到现在轰轰烈烈的汉字设计运动，它论证了打印机的出现对汉字电脑化的启示，以及字体技术对汉字字体设计的影响，同时跳脱了单纯技术史的范畴，宏观、整体地梳理了社会、文化与技术之间的互动关系，探索了技术变革为汉字字体设计方法、理念及审美等方面带来的重要影响。应该说，该书的研究视角独特，为汉字字体设计研究提供了一条看似冷僻，但切中要害的线索；研究过程也不易，需要从很多专业性极强的计算机类、机械史类、IT 类等零散的资料进行整理。

可以说，本书的研究成果为我国文字设计学科发展做了有益的补充，也为未来的汉字字体设计与应用带来了一定的启示。

黄克俭

2018. 12

华文字库（SinoType）创始人、上海大学美术学院特聘教授、博士生导师

目　　录

绪　　论

一　问题的提出

2014 年由 Google 与 Adobe 联合推出的思源黑体发布，它具有三个重要特点。其一，它是第一款具有现实意义的全球字库，在全球范围内被广泛使用；其二，作为一个开源平台提供的数字字体，它是开源精神的高度体现；其三，它具备 7 个齐备的字重，字体家族里的每种字体粗细总共覆盖了 65535 个字形，达到了 OpenType 格式的上限，并且兼顾了泛 CJK 各地区的文化习惯①。总而言之，这款字体的技术含量、艺术品质、文化内涵及广泛的应用度都引起了使用者和设计师的关注，很快成为设计师们布置桌面及设计作品的基础字体。笔者有幸深入思源黑体的中文设计团队进行了解和探源，并参与思源黑体的设计实践，对中文数字字体承载的技术与人文间的互渗关系有了更加深刻的体会，使笔者对中文数字字体的发展脉络产生了浓厚的兴趣，驱使笔者沿着这一方向进行了初步的梳理工作。

笔者在整理资料的过程中发现"数字字体"这一术语在西文文字设计的理论和实践的书籍中被频繁使用，作为印刷字体数字化后的新阶段的代名词而进入设计研究的视野和范畴，但对于它的定义、发端及演变过程并未有明

---

① 每种字重都全面支持简体中文、繁体中文、日文和韩文，并且包括来自 Source Sans 字体家族的拉丁文、希腊文和西里尔文字形。其中，中文数量约占总字数的 80%（4 万多字），中文简体及繁体的设计制作由北京华文字库（Sino Type）承担。

确的阐述，往往只是惯例性地被使用。这促使笔者有了深入研究的想法，成为本书撰写的主要动机。

汉字字体自隶变之后演变至今文字阶段，进而分化为两条不同的序列，即书写（书法）字体和印刷字体。书法字体历经漫长的发展，形成了一个具有独特审美价值的艺术门类，因其与整个汉民族的精神意蕴、审美旨趣相合，并辐射影响到其他艺术学科，一直是我国艺术研究领域中的显学。① 印刷字体则在不断模仿及摄取传统书写精髓的基础上走向实用主义："文字用线条框架勾勒出来的结构，不一定能引起视觉上美的感动。也就是说，文字，有一部分是实用功能。"② 随着社会需求的扩大及印刷技术的改良，印刷字体逐渐摆脱了手工雕刻的痕迹而表现出其工业化的特征，进而构建起与之相适应的体系，一直与印刷行业及印刷工业息息相关。以往对于印刷字体的研究较为局限和封闭，进入院校体系作为设计学的主要研究对象，也仅在近十年左右③。20 世纪七八十年代，由于计算机的普及应用，传播媒介的延伸引发了平面设计领域革命性的剧变，即传统意义上的物理排印被桌面出版系统（DTP）取代④，这一改变直接导致了字体设计的相关概念在多个维度上被修改。基于铅活字的金属体块改变了其存在的物理特性，转而以计算机语言的描述方式的形式存在，字体设计超越空间、植入屏幕，并在设计环境、设计身份、设计

---

① 宗白华先生在《美学与意境》中指出："我们几乎可以从中国书法风格的变迁来划分中国艺术史的时期，像西洋艺术史依据建筑风格的变迁来划分一样。"转引自宗白华《美学与意境》，人民出版社 1987 年版，第 165 页。

② 蒋勋：《汉字书法之美》，广西师范大学出版社 2009 年版，第 189 页。

③ 印刷字体是带有时间性的称谓，随着铅字排印的时代落幕、技术的革新和传播媒介的改变，这一称谓已不能涵盖当代字体设计的属性和范围。笔者尝试提出"数字字体"的概念，在之后研究范围界定中将有详细的论述。印刷字体在以往大多数美术字、字体设计出版物中都或多或少地有所论及，但论述的文字大都停留在较为简单的正文单字及标题字的设计技法上，并未触及印刷字体整体性的发展脉络、原则规范、相关理论的形成及设计实践应用等内容。著名美籍华人设计师、教育专家王敏教授担任中央美院设计学院院长以来，大力倡导了这方面的研究与实践，关于印刷字体的理论研究和学术论著逐渐进入设计学深层研究的范畴。近年来对于印刷字体行业抢救性的整理工作也不断增加，如中央美术学院博士生导师许平教授主持，上海大学美术学院与中央美术学院课题组联合参与制作的"二十世纪上海设计百年智慧库口述历史"项目；上海自由设计师厉致谦倡导的"字与人工作坊"项目，上海平面设计师姜庆共的"上海字记"项目，以及上海复旦大学视觉艺术学院陈嵘老师、杭州自由设计撰稿人张弥迪等人均对铅活字时代的字体设计师群体进行了访谈、整理。

④ 在我国，铅字排版直到 20 世纪 90 年代初才正式退出历史舞台。

方法等诸多层面得到无限扩展。由此，字体设计与计算机技术交汇，字体美学与比特数字相融，"数字字体将成为一门与科学、技术、艺术和文艺发展紧密相连的课题"①。

　　字体设计与制作一直与工具进化、传播载体息息相关，自古登堡的金属活字印刷技术勾勒出西方字体设计的大体结构后，这一结构持续发展了几个世纪。直到 20 世纪 50 年代，金属排字日渐式微，照相排字机械逐渐取代了铸排机而迅速发展；进入 60 年代后，计算机辅助技术开始介入操作，这为西文字体数字化提供了充足的技术准备。难怪路易斯·布莱克威尔在描述这个时期的字体设计状况时发出这样的感叹："字体技术的改革使这个十年重塑了字体设计的性质"。"科学的、社会的和政治的各种变革催生了字体设计的创新。"② 20 世纪 80 年代以后，随着桌面出版系统与传播技术革命到来，"专业字体的出现是电脑占据设计师桌面的一个最为关键的转折点"③。

　　相对而言，中国的字体设计现代化进程与我国工业发展紧密相连，存在着历史的特殊性和局限性。"工业时代文字处理的典型特征是机械化。"④ 汉字本身字体数量庞大且结构繁难，无形中增大了字体制作、使用及印刷输出的难度和成本，因此，在相当长一段时期内，中文文字处理和制作处于手工与半机械化的尴尬境地，字体设计更无从谈起。20 世纪 60 年代以前，我国既无专业的印刷字体设计队伍，也无制造字模的机械技术。当时，中国使用的印刷字体一部分来自日本进口，另一部分使用新中国成立前的旧有字体，字模雕刻机也都是从英、美、日引进的。中国在两次工业革命中均作为旁观者和学习者而历史性地缺席，技术的落后导致字体设计行业处于近乎零起点的状态。但在人类社会经历的第三次革命浪潮中，中国终于与世界同步进入了

---

　　① Lewis Blackwell, *Twentieth - Century Type*, *New and Revised Edition*, New Haven: Yale University Press, 2004, p. 7.
　　② ［英］路易斯·布莱克威尔：《西方字体设计一百年》，许捷译，上海人民美术出版社 2005 年版，第 112 页。
　　③ 王敏：《晨光初现：桌面出版时期的奥多比字体设计》，《装饰》2013 年第 5 期。
　　④ 许寿椿：《汉字复兴的脚步——从铅字机械打字到电脑打字的跨越》，学苑出版社 2014 年版，第 14 页。

计算机、互联网时代。历经近二十年的自主研发，中国字体技术终于在 20 世纪 90 年代初期与西方形成汇流，字体设计行业也脱离了相对神秘、封闭的状态，进入开放式的社会平台，即字库公司、字体设计师、设计师及设计爱好者、程序设计师，甚至科学家等都正式或非正式地与字体设计重叠在一起，中西方在数字字体设计领域同时展开了持续性的探索和研究。面对新旧交替的变局，作为技术与艺术相结合的产品和设计作品，中文数字字体的演进呈现一条显性的路径和一条隐蔽的路径。字体技术的革新一般被认为是最为显性的路径，而技术与人文之间的互动关系往往是被遮蔽的路径。那么，技术对字体设计的影响到底有多深，它是如何影响字体设计进程的呢？显然，字体技术不是孤立存在的，"我们不应该忽略，文化的变化都是由于技术才成为可能"①。正如芮哲非（Christopher A. Reed）认为的，"研究中国思想文化的学者，很少有研究关注物质文化，尤其是作为思想文化变革动因的传播技术"②。因此，笔者认为关注字体技术的变化对于揭示中文数字字体的历史形态及其社会文化属性有着重要的意义，也是设计学研究无法回避的重要命题。因此，本书选择这一角度切入研究。

"表面上看来文字设计具有随意性，但实际上它是各种因素共同作用的结果，有时涉及历史因素和文化因素，有时与影响它们的科学技术进步有关。"③中文数字字体的产生和发展不是突变的，而是渐变式的，它产生于整个社会结构形态裂变的背景之下，与新媒介的动态发展、传播方式的改变和大众审美自觉性与主动性的形成具有多重的互动关系，文字本身所代表的能指已泛化至其广阔的所指中；它的出现意味着印刷字体设计在电脑时代的延续及数字字体设计新时代的开启，具有承上启下的历史意义。那么，中文数字字体设计是如何开端的？技术的革新在传统印刷字体向现代数字字体转型中起到

---

① ［德］阿诺德·盖伦：《技术时代的人类心灵》，何兆武、何冰译，上海世纪出版集团 2008 年版，第 26 页。

② ［美］芮哲非：《古登堡在上海：中国印刷资本业的发展 1876—1937》，张志强等译，商务印书馆 2012 年版，第 9 页。

③ ［美］戴维·朱里编：《什么是文字设计》，张文贺、高雅娜译，中国青年出版社 2007 年版，第 16 页。

了怎样至关重要的作用？中文数字字体设计与印刷字体设计有哪些传承关系以及本质性的变化？西文数字字体设计对中文数字字体设计有怎样的借鉴意义？在技术的主导下，中文数字字体设计的现代性和人文性是如何建立及融合的？这一系列问题进入了本书的研究视野，并且笔者相信这些问题是中文数字字体设计研究中亟待解决的问题。

　　数字字体的创作离今天很近，但对它的发展脉络的整体性研究却离我们很远。中文数字字体从发轫到现在不过三四十年的光景，对它的研究尚属较新的课题；虽然在某些局部问题上有了一些较为深入的探究，但学界尚缺乏对整个数字字体的历史的内在逻辑关系的梳理及完整性的把握。故而，对其进行科学、系统的研究，从工艺进步和美学观念的相互影响出发，无疑是对中文数字字体设计所做的一次有益的补充，具有重要的研究价值。

二　概念界定

（一）字体设计

　　英文"Typeface"与"Typography"都是与字体设计密切相关的概念。"Typography"的定义在不同的时期有着不同的特点和属性，也就有着不同的解释角度。归纳起来以两种线索为主。

　　首先，是基于技术手段和传播手段的变化。"Typography"最早指涉的是在热活字时代由铅锑合金制造的金属活字通过排字工人手工捡排完成的一种印前工艺，涉及字体①、字号、间距等具体视觉要素的排布，因此涵盖了字体（Typeface）设计及其应用。之后进入照相植字、激光照排的冷字阶段，文字脱离了物理属性上的活字而成为虚拟意义上的文字得以显示。从"印刷"到"数字"这一系列的变化反映了不同时代字体制作与信息传播手段的差异，但"活字"时代建立的系列规范仍然跨越时空被西方设计界所沿用。正如埃伦·鲁普顿所指出的那样，"字体的历史反映着手与机器之间一种持续的张力，这

---

① 一种字体是指字符的合集，包含字母、数字、符号、标点、记号等，是一个共同运作的整体。

种张力在 500 多年前导致了印刷字母的诞生，直到今天仍然是字体设计的动力"①。传播手段的变化引发了字体实践的多样性和表现性，文字设计的内涵也得到了相应的扩展。20 世纪初期，新文字设计运动②将实验性文字设计纳入了文字设计的范畴，文字设计不仅指向字体设计与编排，更发展了其双重功能，兼具实验性与艺术性③，进而延伸到以文字为元素所进行的相关研究和尝试。

其次，基于传播媒介的变化，从"纸质媒介"到"超媒介"的过渡使文字设计与其他方向的交叉性更为突出，其研究和实践范围更涉及信息设计、空间系统设计以及跨文化设计等领域。但字体（Typeface）作为一种陈述仍然激发着这个时代的想象力④。综上，西文的文字设计（Typography）包含了字体设计（Typeface Design）与应用，是文字设计与应用的总和。值得强调的是，字体设计一直受到西方社会以及西方设计教育的重视，"有时候选择一种字体，就是一种选择的文化，而非一种实用性的文化"⑤。西方文字设计有成熟的、系统的规范体系，并受到各艺术院校足够的重视，不止字体设计师对字体、文字有着特殊的专业度，即使是普通人对字体也饱含着相当的文化热忱和参与度。⑥

---

① ［美］埃伦·鲁普顿：《字体设计指南》，王毅译，上海人民美术出版社 2006 年版，第 13 页。
② ［意］菲利普·托马索·马里内蒂：《句法的毁灭——无拘无束的想象》，许平、周博主编：《设计真言》，凤凰出版集团 2010 年版，第 177 页。20 世纪初伴随着欧洲新艺术运动的兴起，尤其是构成主义运动、包豪斯现代设计运动，50 年代逐渐形成的瑞士国际主义风格设计、旧金山"后现代主义浪潮"到当代更为丰富的设计面貌中，都形成着对文字设计中字体设计及活字应用的重要观点与实践以及变革。
③ 瑞士设计师艾米·鲁德的文字设计思想代表了瑞士国际主义文字设计风格，影响了整个世界范围，他认为文字设计可以看作沟通目的的艺术形式，文字设计具有双重性：首先，设计作品要具备实际功用；其次，它与艺术形式有关。有时强调艺术形式，有些时候又强调功能。尤为幸运的是形式和功能被恰当地平衡着。
④ 埃里克·万·布鲁兰德和杰斯特·冯·罗苏姆这样描述道："字体现在已经由成熟的设备来制作，没有原来的那些限制，唯一的限制就是我们的想象了。"
⑤ ［英］路易斯·布莱克威尔：《西方字体设计一百年》，许捷译，上海人民美术出版社 2005 年版，第 11 页。
⑥ 史蒂夫·乔布斯回忆他在俄勒冈州波特兰里德学院的学习中提到："在课上，我学到了什么是衬线体和无衬线体，怎样调整不同字母组合的间距，以及优秀的字体排印之所以优秀的原因。它很美，既有历史沉淀，又有精巧的技艺，不能以科学的方式去琢磨。"

我国"字体设计"的概念相对复杂，各种称谓的转换与我国设计教育的现代化进程有密切联系。"字体设计"在工艺美术时期多称为"图案文字"或"美术字"。1957—1959年中央工艺美术学院装潢美术系下设的书籍装帧专业的专业课中称为"书法及美术字"①，这个时期的称谓与工艺美术教育的大背景是分不开的，直到20世纪80年代初各艺术院校一直沿用这样的叫法。80年代末90年代初随着西方设计思想的引入和我国现代设计教育的发展，与西文"Typography"相对应的译名，如"字体设计""文字设计""编排设计""版面设计"等称谓逐渐引入并混合使用，其中"字体设计"是认可度和应用度较高的称谓。1982—1985年南京艺术学院工艺美术系装潢设计专业基础课中称为"图形符号与字体设计"。90年代末期，随着我国艺术设计教育改革的深入以及对西方教育体系的消化吸收的加强，我国文字实践和文字应用意识也逐渐清晰和自觉起来。2004—2005年清华大学美术学院视觉传达专业下设文字设计课程②，2007年出版的《Typography Today》③中，"Typography"也采用了"文字设计"的译法，在此之后"文字设计"逐渐被普及。

无论如何称谓，我国大部分艺术院校的文字设计课程在教学内容上大致分为两部分，一部分以中西文基础印刷字体的绘写为主，以掌握基本的字体设计方法为目的；另一部分则着重以中西文变形字体、艺术化字体的设计与应用为主，以艺术的手段处理文字元素，使其适应具体的实践主题。只有少数几个院校将文字编排和创意置入了文字设计课程当中，如2004—2005年清华大学美术学院视觉传达专业的教学大纲中明确指出教学内容中包含文字编排及设计创意。中央美术学院的文字设计课程内容一直强调文字设计是结合传播媒介所进行的，以文字为主要角色的动静结合的创意、编排和传达设计。需要指出的还有，虽然我国院校的文字设计课程中已经包含了标题字及正文

---

① 1957—1959年中央工艺美术学院装潢美术系课程表格。夏燕靖：《对我国高校艺术设计本科专业课程结构的探讨》，博士学位论文，南京艺术学院，2006年，第25页。
② 1982—1985年南京艺术学院工艺美术系装潢设计专业课程表格。同上文，第52页。2004—2005年清华大学美术学院视觉传达专业课程表，同上文，第42页。
③ ［德］赫尔穆特·施密特：《今日文字设计》，王子源、杨蕾译，中国青年出版社2007年版。

字的内容，但是仅限于一些基础字体如宋、仿、黑、楷的绘写和介绍，并未全面、系统地做出应有的知识链接，以致学生对字体设计的理解非常有限和片面。笔者在教学中曾被问到 2005 年方正字体设计大赛正文字一等奖——扁黑，这款字体为何能获得一等奖，它的优胜之处在哪里。可以看出学生对创意字体保持一定的敏感度，但对于我们每天都要阅读的正文字体却没有更多的关注和认识，这也从侧面反映出我们的字体教学的缺失。

（二）数字字体

20 世纪 80 年代中后期和 90 年代初，"桌面出版"系统（DTP）[①] 的产生使平面设计领域发生了深刻的裂变，"字体设计的控制不再和热金属或者照相排字等大型系统有关"[②]，而是进入数字化时代并被输送到设计师的个人桌面。"在过去五百多年的时间里，字模制作一直是工业过程。绝大多数字体是用铅铸造，一直到 19 世纪 60 年代和 70 年代出现照相排版为止，早期的数字字体仍然需要专用设备来设计和制作。到 20 世纪结束时，数字的'字体工厂'已布满全球各地。"[③] 随着技术的发展，"Digital Typeface""Web Typeface""Screen Typeface""Type in motion"等一系列与数字化有关的新名词的使用，可以看到基于制作工艺和新媒介环境的字体设计研究的动态变化。

计算机的使用，使字体在存储和应用特性上发生质变，具体表现在两个方面，一为字体的存储与再现方式的改变，二为字体显示方式的改变。2006年 Rochester 技术学院印刷媒介系弗兰克·若玛诺（Frank Romano）教授在《字体设计应用技术》中指出，20 世纪 60 年代通过阴极射线管在照相胶片直接显示为字体的机器中，将数字公式通过电子化方式在屏幕上显示为字符的

---

① 桌面出版系统（DTP）是指通过计算机硬件和相应软件的辅助进行的设计、编排与输出的系列流程。奥多比（Adobe Systems）拥有 PostScript 技术，苹果电脑公司（Apple Computer）推出 Macintosh 电脑，西雅图的阿图斯公司（Aldus Corporation）具有 PageMaker 排版软件，三家公司一起在 1985 年开始了当时称为"桌面出版"的革命。

② ［美］埃伦·鲁普顿：《字体设计指南》，王毅译，上海人民美术出版社 2006 年版，第 49 页。

③ ［英］路易斯·布莱克威尔：《西方字体设计一百年》，许捷译，上海人民美术出版社 2005 年版，第 126 页。

图形，这些就是第一批数字字库①；2007 年小宫山博史先生在《日文数字字体分类》中对 OpenType 格式的"数字字体"②进行了分类。国内的研究基本采用数字化时代的字体设计、基于屏幕媒介的字体设计、新媒体平台下的字体设计等说法，但没有使用"数字字体"一词。综上，"数字字体"这一说法是在字体实践者、研究者在他们所从事行业的技术性转变过程中产生的，是相对于以往历史时期对字体技术和实践发展做出的新的观察和思考，但国内外的研究中均未对"数字字体"的概念做出合理的概括和描述，也未对"数字字体"的发展脉络进行整体性的梳理和分析。

从历史的角度看，字体制作工艺、传播手段、传播介质和应用环境的变化是引发字体设计变化的关键因素，同时也是引导新的设计观念产生的路径。正如荷兰设计师维姆·科罗维尔（Wilm Crouwel）预言的那样："在不远的将来，显示屏将成为字体设计信息交流的优秀平台。"1967 年他设计了适宜在电子屏幕上展示的字体，曲线和角度都被改变了，以便与屏幕的水平线条相适应，并在《关于程序化字体设计的介绍》一文中提倡新的设计方法论，即依据程序规则进行系统化设计。同样面临新的转折，具有前瞻性和行动力的瑞士设计师沃尔夫冈·魏因加特（Wolfgang Weigart）主张，不依赖任何系统化方法，根据字体生成过程的结构进行绘制，发掘各种工具的潜力及它们富于表现力的特点，生发出一种内省的、同时代精神相协调的设计形式。作为对"桌面出版"系统产生的新技术、新设计环境的一种回应，字体设计是在数字化环境中利用数字化手段设计与制作的、应用于混合媒介中的设计活动。目前，印刷字体已经不能覆盖当下字体设计活动的全部内容，新的时代对字体设计提出了新的要求，因此，笔者尝试对"数字字体"这一新概念进行界定。

数字字体是相对于传统雕版印刷、活字印刷、玻璃板（手动照相制版）

---

① ［美］吉姆斯·菲利奇：《字体设计应用技术完全教程》，胡心仪、朱琪颖译，上海人民美术出版社 2006 年版，第 12 页。

② 《日文数字字体分类》，小宫山博史：《基本日本语活字集成》，株式会社成文堂新光社 2008 年版，第 11 页。文中提到，佐藤敬之辅是照相排版时代的字体研究专家，在数字字体出现前就去世了，所以没有看到今天数量庞大、百花齐放的数字字体群。（此文翻译由西北大学孙明远老师提供。）

技术展开的，基于数字化技术手段实现的字体。"数字"的概念涵盖了字体制作工艺、传播手段、传播介质及应用环境的一系列变化。中文数字字体的制作工艺大致经历了三个不同阶段：适应早期电脑显示系统的点阵字体、用直线拟合方式描述的矢量字体、基于 PostScript 页面描述语言处理的曲线字体。数字字体的设计制作经历了以下三个阶段：对原有字稿的数字化；将部分字样（字数不齐）扩展为全套字体；脱离原始字稿设计，根据不同使用平台开发的新样式字体。

（三）其他相关概念

不同学科对字体均有不同方向的研究，设计学中的字体研究与其他领域有着相互交叉的部分，因此，必须对相关领域中不同特征的"体"做出梳理。

1. 文字学意义上的"字体"

对于字体的专门研究从我国汉代的"小学"开始一直是文字学的主要研究对象。启功先生在《古文字论稿》[①] 开篇即道，所谓字体，即是指文字的形状，它包含两个方面：其一是指文字的组织构造以至于它所属的大类型、总风格。例如说某字是像什么形、指什么事，某字是什么形什么声；或是它属于"隶""篆""草""真""行"的哪一种。其二是指某一书家、某一流派的艺术风格。例如说"欧体""颜体"等。王凤阳先生在《汉字学》[②] 中强调"体"就是外形、容姿。"字体"是字的外在形式特征，就是字的风格。并将文字学中"字体"的研究按照书写风格、使用工具、文字用途的不同分为"个人字体"[③]"工具字体"[④] "用途字体"[⑤]，此外还有每个时代的规范体

---

① 启功：《古文字论稿》，文物出版社 1964 年版，第 1 页。

② 王凤阳：《汉字学》，吉林文史出版社 1989 年版，第 177 页。

③ 因书写时个人的运笔特征、所写的字的肩架布白特征的不同而形成不同的字体风格，欧、颜、柳、赵之类的字体就是指这种个人书写风格。

④ 因运用的书写工具的不同形成字体的独特风格，如刀刻在龟骨兽骨上的甲骨文字，用毛笔写后铸在铜器上的金文字体。

⑤ "秦书八体"中的"虫书""摹印""署书""殳书"等字体。现代美术字、图案字、刻印字等也属于这一类特殊用途的字体。

和应用体。① 以上的观点基本上解释了文字学意义上的字体，以此为一个基础概念，就容易理解不同学科以字体为研究对象所作出的专业性研究了。

2. 书体

以字体为书写对象②，产生于书者对于书写的审美自觉，与书写有关的"体"——书体就产生了。书体产生后字体与书体就开始走向不同性质的发展，书体向着个性化、审美化的方向前行，成为书法学研究的范畴。

带有典型特征的"字体"。雕版印刷以大量复制和传播为目的，为了提高效率、节约成本，字体逐渐摆脱了书体的特征，被整合成横平竖直、几何角装饰的新型样式，趋于规范化、程式化，因此已初具现代性和机械化的特点，形成了带有典型机械特征的"体"。可以说，这种带有机械特征的字体改变了中国人日常的审美经验，奠定了机械美学的人文基础。随着机械铸造的铅活字时代的到来，在机械美学的影响下发展出多种样式风格的字体，带有高度规范化、标准化的特征，不仅形成了带有典型工业特征的"体"，并且形成了铅活字时代的字体设计规范，奠定了数字字体时代的基础。随着信息技术革命的开启，传统意义上的物质形态的活字以非物质的虚拟形态被存储于计算机内，并以数字化手段在各种屏幕上显示，带有数字化特征的"体"开始形成，并逐渐构建其价值体系和审美规范。"大小、间距、宽度和序列可以随意改变，这意味着数字化的特性使字体设计得到了更大范围的自由。"③ 自此，字体设计已经不再是印刷行业的附属品，而是成为设计学科重要的组成部分。

3. 设计学、文字学及书法学中"字体"的交叉重叠

设计的目的是解决问题，字体设计既讲求实用又要求美观，同时还需兼具艺术性及合法性，因此，文字学和书法学的部分研究成果成为重要的参照系。

---

① 是指简体和繁体，正体和俗体。

② 彭海河、彭佩雯：《"字体""书体"辨》，《广东培正学院学报》2010 年第 10 期。

③ Sumner Stone, ON STONE The Art and Use of Typography on th Personal Computer, Bedford Arts, 1991, p. 4.

比如正文字体的设计必须依据汉字字形规范，以及国家规定的汉字笔画、笔顺和结构进行。1955 年 12 月 22 日，原文化部和中国文字改革委员会发布了《第一批异体字整理表》①，印刷字体及字模的标准化工作由此逐步建立起来。到了数字字体的设计阶段，为了解决汉字输出的标准化问题，国家标准局于 1983 年 9 月制定了国家标准《信息交换用汉字 15×16、24×24、32×32 点阵字模集及数据集》②。而现代字库的制作工艺，也是根据汉字字形的特点进行拓扑学的归纳整理再进行拼字的工作，汉字的形旁、声旁的变化规律成为字体设计的重要依据，如两者比例关系、穿插关系、重心位置的不同决定了字体设计的细微调整。这些规范都是与文字学密切相关的正字法的重要内容。

此外，无论是印刷字体还是数字字体都与传统书体有着一定的传承关系，宋体作为印刷字体脱胎于楷书是不争的事实，即使形成独特的规范也能在法度森严的书法艺术中有据可寻③，始终是现代字体设计不可逾越的创作原点。中文数字字体正是融合了传统书体精髓与现代技术创新的有机产物，但如何面对传统，如何建立审美现代性仍然是我们今天面临的重要命题。实际上，审美现代性离不开现代性的社会文化语境，并与传统存在着矛盾的张力。面对传统，我们是否可以将现代性理解为一种时间性的空间关系，即将传统从原来语境中抽离，以新的形势语法加以描述和转换，那将是一种现代性建立的过程，和仿古无关。

---

① 傅永和：《汉字七题》，河南教育出版社 1993 年版，第 1 页。自 1956 年到 1959 年我国公布了 4 批简化字方案，1964 年 5 月原文化部和文字改革委员会联合发布了《印刷通用汉字字形表》，收录了 6196 个汉字，把简化字、简化类推字，以及整理统一后的笔画、笔顺、部位等列为一体，成为我国印刷字体字形的标准。

② 傅永和：《汉字七题》，河南教育出版社 1993 年版，第 180 页。

③ 结体、笔法和章法是书法艺术中的三要素。结体研究的是方块字的间架结构，如唐代欧阳询的《三十六法》，明代李淳的《大字结构八十四法》以及在此基础上清人黄自元的《间架结构摘要九十二法》都是书法史上探讨结体的圭臬，同时也是指导字体设计法度的要义。章法即全局布置、黑白分布之法，传统书论中比比皆是。现代设计界常引章法为设计布局中的呼吸之法，亦为视觉语法之意。

三 研究现状

印刷字体的研究资料多见于印刷出版、印刷工业、文字学、版本学等专业书籍中，但关于数字字体发展历史的专著尚属空白，相关文献记载主要散见于印刷出版史、数字媒介发展史、平面设计实践与理论研究及字体设计教材中，技术性变化则见于计算机技术、电脑技术、程序员等 IT 行业的书籍中，因此需要从各方材料中加以收集和寻找。本书主要是从字体技术、传播媒介与人文间的互动关系的角度对中文数字字体的发展变迁进行考察，同时以与其平行发展的西方字体技术作为参照，所以涉及印刷机械的形态演变、计算机图形学的发展、数字化传播媒介的发展、汉字信息处理的发展、桌面出版系统的发展以及字体设计实践和理论的相关研究。

关于印刷字体与印刷机械形态演变的史料较为丰富，其中从印刷史、印刷工业发展史、出版史角度出发与本研究相关的主要有范慕韩先生的著作《中国近代印刷史初稿》，书中梳理了自雕版印刷直到 1980 年前后以计算机为辅助的现代印刷技术的历史，跨时约 180 年。虽然此书以印刷技术的发展为主，但其中涵盖了字体制作工艺的导源和更迭的历史。我国出版印刷界专家万启盈先生编著的《中国近代印刷工业史》是全面记述新中国成立前我国印刷工业发展历史的重要史料，书中介绍了中文铅活字制作工艺从雏形到成熟的发展历程，同时记述了全国各地出版印刷机构对活字制作、字体设计所做的贡献，见证了我国印刷工业在艰难中逐渐向现代化迈进的历史轨迹，为本书撰写现代字体制作工艺对以往铅活字时代字体技术的传承与发展提供了重要线索。我国台湾著名印刷史学家史梅岑先生的《中国印刷发展史》以传播工具的变迁为线索，从上古契刻开始一直著述到电子照相排印技术的发展，不仅以大陆印刷史学界的研究成果作为基础，亦有我国台湾学者独到的视域和史料，尤其是近现代阶段中文排铸机和电子照相排印技术在我国台湾地区的发展情况。

印刷史专家张秀民先生的巨著《中国印刷史：上、下》、著名出版家张静庐先生的《中国近代出版史料初编、二编》、上海新四军历史研究会印刷印钞分会编著的《中国印刷史料选集二：活字印刷源流》、中国出版科学研究院与中央档案馆联合编著的《中华人民共和国出版史料》、机械工业部主编的《中国印刷机械工业发展史》、曹振英与丘淙编写的《汉字源流与实用印刷字体》、徐昌全与杨化军编写的《铸字工艺与设备》等，都为研究印刷字体与印刷机械形态演变提供了重要参考。

总体来说这一时期的史料十分丰富，但中文字体设计始终湮没在印刷工业及机械化技术发展的浪潮中，未能形成独立的发展脉络，也就无从论及中文字体设计发展的综合构成因素及发展的隐性成因，更加缺乏其他社会因素的整体贯通。由美国历史学家芮哲菲（Christopher A. Reed）著，张志强译的《古登堡在上海：中国印刷资本业的发展 1876—1937》是一部立足国际化视野，揭示中国印刷资本业形成的主要动因的重要著作，书中强调了机械化技术在中国传统社会向近代工业社会转型中的决定性作用，其中对技术与文化间的内在逻辑关系的探讨为本选题的研究提供了一定的思路和角度。

关于我国数字时代字体技术与设计发展的论述，在一些印刷出版领域的资料中也有涉及，包括中国印刷技术协会主编的《中国印刷年鉴》、中国印刷及设备器材工业协会主编的《中国印刷业大全》《印刷科技实用手册》、北京市印刷工业公司内部参考资料《文字制版技术》、翟铭与杨新岚编写的《当代排版技术》、谢新洲的《数字出版技术》、沈海晖的《桌面出版与印刷》等。其中，《中国印刷年鉴1981—2004》收录了1949年至2004年有关我国印刷技术、印刷工业、印刷制度标准、印刷界重要活动等文献，是了解我国印刷出版业由传统制作工艺向现代数字制作手段转变的历史资料。书中关于字体制作技术发展、字体设计研究演变路径和创制情况的论述，为本选题的撰写提供了重要线索。另外，关于汉字信息进入计算机时代方面的历史资料，对于本选题的研究结构具有关键性的启发意义，相关资料有邱光谊与周有光的《汉字信息处理》、郭平欣的《汉字信息处理技术》、傅永和的《汉字信息处理》、丛中笑的《王选传：上、下》《王选的世界》等。西文数字字体形成和发展与桌面出版系统革命息息相关，代表性的著作主要围绕 Adobe 历史、开发及创作展开，如帕梅拉·普菲菲纳著，杜昌国、段理译的《出版革命的先驱：Adobe 的故事》；Adobe 公司出版的 *PostScript language Reference Manual*（《PostScript 桌面系统界面语言》）；Adobe 公司内部出版物 *the Adobe Originals Silver Anniversary Story*（《Adobe 二十五周年纪念》）；Adobe 字体设计部主管萨姆·斯通（Sumner Stone）所著的 *on Stone*：*The Art and Use of Typography on the Personal Computer*（《个人电脑中的字体应用与艺术》），都对本选题的研究提供了重要的参考依据。

从设计学角度出发与字体设计历史相关的著作中，中文字体设计历史的研究相对贫乏，虽然有我国香港理工大学廖杰莲的《一字一生》、李明君的《中国美术字图说》这样较为严谨的字体设计历史的著作，但作为印刷字体历史传承的数字字体的研究专著尚属空白。20 世纪 90 年代以后的数字字体设计实践及理论研究的文献资料主要集中在一些专业性的期刊中，如中文的《桌面出版与设计》《印刷技术》《印刷杂志》《中国计算机报》《计算机应用》等杂志对 90 年代后中文字库的设计研究进行持续性的关注。日本的 *idea* 杂志创刊较早，一直是致力于平面印刷设计的专业杂志，同时也是关注字体设计历史、字体设计的数字化进程等方面研究的重要媒体。2013 年日本推出的专业字体杂志 *TYPOGRAPHY* 是对新时期字体设计发展动态进行解读的专业媒体。西文数字时代的字体设计研究主要以美国的 *Emigre* 和英国的 *Eye* 杂志为核心。近年来一些教材和工具书中对中文数字字体设计、应用有所论及，如代福平的《激扬文字：文字设计基础教学》、季铁与周旭的《文字设计与传播》、王雪青的《字体创造设计》、苏克的《新概念：字体设计基础与应用》等。

整体而言，我国的字体设计研究偏重于设计内容的创意表现、原理性介绍以及版面的编排技巧等，即便有关于字体发展简史的概述，也未跳脱既往研究的框架，仅限于对历史事实的概括性描述及对设计实践的历史性评述，而忽略设计学的多义性特点，将与字体设计具有更大关联的社会和文化层面的背景隐而避之，缺乏深入分析的角度和多元的学术视野。在此意义上，西文字体设计研究的文献资料十分完整且视角独特，设计师、评论家、批评家、学者和作家们从不同角度提出自己的观点和洞见，这些资料不仅充实了本选题的研究基础，同时也拓宽了本研究的学术视野。代表性的著作如美国设计师理论家及设计评论家杰西卡·汉方德（Jessica Helfand）编辑出版的 *Screen：Essays on graphic design，new media and Visual Culture*（《屏幕：平面设计、新媒体及视觉文化》）跳脱了就设计谈设计的传统思路，而是针对数字媒介中的技术、趋势、主题和个性等相关问题展开讨论，是见证整个新媒体时代视觉文化转向的文章合集，丰富了本选题的研究思想。由设计评论家及艺术总监斯蒂芬·海勒（Stephen Heller）和路易斯·菲利（Louise Fili）合著的 *Typology：Type Design from the Victorian Era to the Digital Age*（《类型：从维多利亚时代到数字时代的字体设计编年史》），是关于字体设计发展历史的研究，将字体与时代背景、社会和审美等因素联系在一起加以探讨，对于深刻认识字体设计的本源及发展动因有一定的参考价值。他与设计师安妮·芬克（Anne Fink）合作的另一本著作 *Faces on the Edge：Type in the Digital Age*（《面孔：数字时代的字体》），描述了从传统铸字技术到数字时代的历史背景的转换，并强调了新技术为字体设计提供的各种可能性，涉及的相关时代背景、人物及设计实践等方面的资料，为本书提供了重要线索。2014 年马里兰艺术学院埃伦·兰普敦（Ellen Lupton）教授出版的《屏幕字体》（*Type on Screen*）一书，是基于新兴的互联网及屏幕媒介展开的字体实践方面的书籍，书中涉及了屏幕字体的演变历史、屏幕字体的原理性介绍以及字体技术的相关信息和重要的创作理念。

英国编辑作家、创作指导人路易斯·布莱克威尔的《西方字体设计一百年》是一本关于字体设计历史的重要文献，梳理了整个 20 世纪西文字体设计的发展脉络，并针对 20 世纪八九十年代数字技术所引发的字体设计实践的革命及社会、历史、产业及文化等诸多层面的变化做出深入分析。吉姆斯·菲利奇著，胡心怡、朱琪颖译的《字体设计应用技术完全教程》对西文字体技术与字体设计的发展脉络做出了从宏观到微观的整体观察，既包含了字体技术沿革的历史也包含了字体设计与应用的方方面面，虽然部分内容属于字体设计原理性的介绍，但总体而言具有一定的参考价值。此外与本选题研究相关的还有许平教授主编的《设计真言》，书中收录了20世纪西方文字设计领域的重要人物以及他们的设计观点及实践的文章集合，是研究西方文字设计历史与美学观念的重要线索。

论文研究方面对于字体设计和文字设计的关注也在不断增多，博士论文中以中央美术学院为代表，在王敏教授和黄克俭教授的指导下，涌现出许多文字设计专题性的研究，如刘钊的《汉字印刷字体发展、设计、应用研究》、蒋华的《美术字研究》、李少波的《黑体字研究》、王子源的《书法章法之于现代文字设计的意义研究》、胡雪琴的《从印刷媒介到屏幕表现：数字媒体中的拉丁文字设计》、杜钦的《理想的书写：现代中文版面肌理与排版规范研究》等。其中，刘钊的《汉字印刷字体发展、设计、应用研究》着重梳理了铅字时代的印刷字体的设计、发展与应用流程，是较早关注印刷字体发展的学术研究，为之后的研究提供了可贵的资源。蒋华和李少波的论文都是以某一专题文字作为切入点，与社会文化背景、中西文化交流进行横向联系的历史性研究，为本书的撰写提供了一定的思路。胡雪琴的论文主要针对新媒体时代西文动态字体设计做出分析和梳理，为当下文字设计发展提供了一定的理论基础和方向。另外，西北大学孙明远申请日本九州大学大学院的博士学位论文《中国平面设计与文字设计的历史发展相关研究》、上海复旦大学视觉艺术学院陈嵘在武藏野美术大学大学院撰写的《中国语横排的研究和与其相适应的明朝体（宋体）的试作》都涉及了中文字体设计的不同侧面，丰富了学术研究的层次。除此之外，在非设计领域也出现了以汉字为主要研究对象，并在不同维度展开研究的博士论文，也为本书的研究提供了重要线索，如中国美院林书杰的《书写之道——关于汉字书写的若干问题》中涉及了字体与书体的关系；武汉大学李新祥的《数字时代我国国民阅读行为嬗变及对策研究》对于数字时代阅读主体、阅读媒介、阅读环境作为阅读行为嬗变的指标体系进行论述，对于了解当代字体设计的传播途径有着参阅作用。

四 研究框架

本书的研究以 20 世纪 70 年代发端的中文数字字体为研究对象，将中文数字字体设计的发展置于技术与人文互动关系的视域下进行考察，在整个社会变迁的大背景下把握其变迁规律。从逻辑结构来讲，中文字体设计的演进存在隐性和显性两条线索，显性线索是字体技术动态性变迁如何影响整个字体设计及整个字体行业的变化；隐性线索是技术的变革如何引发整个社会文化和审美维度的嬗变，并影响了字体设计观念、审美、制作等内在关系的转变。

第一章为本书研究的理论基础，介绍了技术与人文融合的历史规律和相互影响，阐明了技术与人文的互动必然成为中文数字字体研究的基点。

第二章以技术与人文的互渗为线索，梳理了中文数字字体发轫之前的时代背景、技术准备与审美范式，揭示了我国印刷字体落后的原因和亟待解决的历史问题；分析了字体技术的更迭对字体设计的影响，论述了技术变革对字体设计本身及其背后整个"人文语境"的改变。本章的内容呈现了印刷字体向数字字体过渡的历史断面。

第三章主要对印刷字体向数字字体过渡的重要节点——"七四八工程"的开启及重要组成部分——激光照排系统的研制加以梳理，对其所勾勒出的我国出版印刷业的全新图景以及中文数字字体的意义进行阐述。同时，这一章分析了新技术影响下，字体设计美学观念的变化，以及传统的美学标准和规范受到的挑战。由于数字字体在屏幕媒介中的传播是无法阻挡的历史进程，它的呈现方式和审美体系在此得以延续，预示着数字字体在屏幕空间中的新一轮构建。

第四章总结了西文数字字体发轫时期的历史经验，对 Adobe 桌面出版系统格局下西文数字字体的形成与发展进行梳理和回顾，阐释了数字字体技术在全球应用环境和字库应用领域中的作用；分析了技术进步、社会文化、审美旨趣对西文数字字体设计实践的影响，同时总结了西文数字字体技术与设计经验对中文数字字体的借鉴意义。此章的内容，不仅有助于我们判断自身发展的合理性和局限性，也有助于两种设计文化的融合与交流。

　　在前面讨论了中西字体设计各自的重要历史节点之后，第五章和第六章主要对 20 世纪 90 年代以来中西方字体技术的汇流与碰撞进行考察，梳理了此间中文字体技术、显示技术及传播媒介的演变方向，探讨了中文数字字体在社会文化语境变迁、技术革新的深刻影响下，设计实践、理论研究和审美观念层面所展开的全新思考。这两章考察的内容距离现在很近，当下的字体设计实践是在多种媒介混合使用的情况下进行的，屏幕媒介将是理解当下、昭示未来的重要载体，具备着传统媒体无法企及的多重属性。数字媒体技术以强大的驱动力修改着字体审美的维度，围绕着屏幕介质及数字技术，中文数字字体的现代性和人文性才刚刚展开，因此这两章的内容对未来字体设计的发展具有导向性作用。

第一章　技术与人文的融构——中文数字字体设计研究的基点

工业革命以来，技术对人类社会物质和精神层面的影响日益扩大，技术作为社会生产力与社会诸多因素相互促进、相互影响的关系更为密切。随着科技革命的影响日渐深入，技术已经成为社会构建的动力机制和一种文化现象，涉及了社会与人文的复杂关系，在此意义上技术与人文形成了一种互相嵌入的关系，技术的"人文语境"也被人文主义技术哲学、技术社会学、技术美学等领域所重视并加以探讨。以技术的社会性而言，正如德国技术哲学家 F. 拉普评论的，技术是复杂的现象，它既是自然力的利用，同时又是一种社会文化过程，对它可以以技术为中心，也可以以社会文化为中心来探讨。[①] 斯托登·梅尔也曾指出："脱离了它的人文背景，技术就不可能得到完整意义上的理解。"[②] 20世纪五六十年代技术的文化传播的功能和意义得到进一步扩展，技术与文化、艺术的关联愈加紧密，这无疑为设计艺术学的研究提供了思想层面的理据支撑。

具体到字体设计领域而言，包含以下两个方面。

一方面，今天的字体设计和排版方式是基于历史的积淀和传承发展而来的，是各种技术、技巧和观念等因素日积月累的混合产物。举例来说，中西文铅排的概念和规范在今天电脑化的设计与编排中仍然得以延续。正如吉姆斯·菲利指出的："在我们今天所使用的电脑排版系统的背后，我们可以看到

---

① ［德］F. 拉普:《技术哲学导论》，刘武译，辽宁科学技术出版社 1986 年版，第 57 页。
② 肖峰:《人文语境中的技术》，中国社会科学出版社 2011 年版，第 2 页。

古登堡对排版进行的大量创新与改进仍在发挥着作用。"① 这种历史的积淀实际上蕴含了其自身独特的人文因素，在集体无意识层面产生影响，从而极大地影响了字体设计的面貌。

另一方面，技术的变革不仅影响了字体设计，还极大地改变了字体设计背后的整个"人文语境"。举例而言，文字的印刷排版分为小型办公排版和大型印刷工业排版系统，计算机技术出现之前，铅活字的设计、制作同时应用于两个系统，针式打字机的出现为两个系统的发展方向奠定了物质基础。于是，小型办公排版系统方面，针式打字机扬弃了传统钢字，首次形成了点阵字体；于大型印刷排版系统方面，针式打字机的原理被应用于第一、二代照相排字机械，一定程度上启发了中文激光照排机的开发。"由于所有的设计都是由技术而产生，因此，设计的发展自然与技术的发展密不可分"②，字体亦然。受字体技术的限制，汉字一直无法实现机械化生产，不仅使汉字饱受非议，面临灭亡论的危机，也使印刷字体发展缓慢和滞后。20 世纪 50 年代末 60 年代初，随着字模雕刻机引进中国，汉字印刷字体设计才有了设计的自觉意识，开始了设计实践和理论的双重探索，从而为整个汉字的"人文语境"带来了新变化。

因此，本章将重新回顾技术与人文两个概念，考察二者是如何在人类历史中纠缠、碰撞，进而考量其对字体设计发展的影响。从这一角度，我们将能够更好地探讨"数字字体"在未来的发展。

第一节　技术与人文的关系概述

一　技术、人文的基本内涵

技术，在技术哲学和艺术设计学研究中都是重要的基础性概念。无论在

---

① ［美］吉姆斯·菲利奇：《字体设计应用技术完全教程》，胡心仪、朱琪颖译，上海人民美术出版社 2006 年版，第 3 页。

② ［美］昆汀·纽瓦克编：《什么是平面设计》，初枢昊译，中国青年出版社 2005 年版，第 34 页。

何种文化背景下，技术都是发展的，技术的概念也往往是一个发展的概念。在中国传统的认识中，"技术"早期作为医、卜、相等方术的统称，与"工艺""技巧""技能"等词汇相通，最早见于西汉司马迁的《史记·货殖列传》。在西方，古希腊时期的先哲们①对技术或技艺早有论及，现代《牛津英汉双解词典》②中将技术（Technology）解释为通过技术、技巧得到的经验（与音乐、艺术上称为感情或表现的相对）。17 世纪英国哲学家弗兰西斯·培根提出将技术作为实践性史学加以研究，18 世纪法国哲学家狄德罗在其编撰的《百科全书》中将技术定义为"工具和规律的结合体系"。进入 20 世纪以后，技术已经成为当代社会的主要特征之一，并且被理解为一种复杂的社会现象，包括除了工具和机械体系以外的手段、方法、传播、工艺和思想。③ 总结起来，技术是人类在社会实践中根据实践经验和科学原理创造出各种物质的手段、方法、技能、技巧的总和。④ 技术概念的动态变化体现在古生代的"技能""技巧"说，新生代的"技术手段"说和今生代的"实践性应用体系"说。

接下来，我们审视"人文"这一概念。"人文"一词我国古已有之，《易经·贲卦·象传》中记载："文明以止，人文也。观乎天文以察时变，观乎人文以化天下。"这里的"人"是指世间，与天文相对，"文"也不仅指人事，乃"诗书礼乐之文、升降进退之容、弦歌雅颂之声"⑤。由此可见，中文语境中的"人文"指涉的是人世间的各种自然现象和文化现象。现今，我们经常使用的"人文"概念是西方术语的翻译。在西方，"人文"一词源于拉丁语（Humanus），指人的文化、动机和选择。⑥ 在这里，"人"可以理解为自然本体，"文"是指社会发展到较高阶段显现出来的状态。这个概念在 14 世纪到

---

① 古希腊时期，科学、哲学、艺术常常被作为同一个层次的概念和知识范畴加以讨论。

② ［英］郝恩贝（AS Hornby）、［英］巴恩维尔（EC Parnwell）编著：《牛津英汉双解词典》，李北达等译，牛津大学出版社 1983 年版，第 425 页。

③ 参见陈凡、张明国《解析技术》，福建人民出版社 2002 年版，第 4 页。

④ 参见肖峰《现代科技与社会》，经济管理出版社 2003 年版，第 58 页。

⑤ 朱维铮：《何谓"人文精神"》，《探索与争鸣》1994 年第 10 期。

⑥ 参见翟墨主编《人类设计思潮》，河北美术出版社 2007 年版，第 156 页。

16 世纪的欧洲文艺复兴运动中逐渐浮现。19 世纪，西方学者开始用"Humanitas"（人文主义、人道主义或人本主义）来专指文艺复兴时的那股文艺思潮。此后，"人文"这一概念通常与人文主义、人文科学和人文精神三个概念联系在一起使用，这三个概念也与艺术设计学的联系非常紧密。人文科学通常与自然科学相对，是以人的社会化存在为研究对象，揭示人性的本质和人类社会发展规律的科学，涵盖了语言学、艺术学、哲学、史学等。人文主义，如前所述，是指 14—15 世纪文艺复兴时期的文化思想运动，强调人性的尊严、人格的完整以及人的现实需求和自我发展，人的一切特性和价值是首要的意义。随着这一主题的深入发展，人文主义设计思潮逐渐形成，人的发现和大写的"人"成为文化艺术创作的中心，也成为现代设计思想的核心。人文精神是自古希腊起贯穿和影响西方社会的人文传统理念，古希腊人认为"真正的人""理想的人"才是"自由"的人，因此"人文精神"体现着对人的关怀、对人的主体存在的思考，体现着人的终极价值。在此意义上，人文精神具有历史性、民族性的特征，是真善美的统一，是理想与现实的统一。

二　技术与人文——从融合走向对峙的历史轨迹

从历史的角度出发，技术与人文的碰撞与交融发展中，既有对峙分裂的历史，也有和谐相融的历史——这与不同时期社会文化背景下工具的发展、理解技术的角度有着直接的关系。

在古生代的中国抑或西方，原始先民均将科学活动与其他活动朴素自然地融合在一起，科学、技术与人文不自觉地统一是这一时期最显著的特征。王琥先生在《中国传统文化研究》中对我国古代先民的科技与人文的融合关系有着精辟的论述，他认为先进的科学观是先进价值观的主体，不仅直接导致社会的经济水平发展、技术程度提升、人文传统改善、自然形态收益，还间接导致一个人、一个群体、一个社会从思想意识到思潮观念的深刻变化[①]。中国古代的科学观包括了古代先民对整体认知的"宇宙观""物质观"和

---

① 参见王琥《中国传统文化研究》，江苏美术出版社 2010 年版，第 97 页。

"人生观",统称为"自然观";还包括古代先民整体认知的人与人关系的人文关怀的"价值观""道德观""信仰观",统称为"人际观";另外还包括人与物关系的"利益观""条件观"和"消费观",统称为"物用观"。建立在科学认识和科学方法上的"三观"构成了完善成熟的体系,逐渐转换形成全社会的文化坐标,在社会实践中形成了重大的成果①。在西方,古希腊时代的思想中自然是一个自我运动的有机整体,自然科学尚未从自然哲学中独立出来,并且自然哲学也没有建立在实证科学的基础上,所以具有思辨性和直观性,科学研究者往往是百科全书式的人物。恩格斯就曾指出,最早的希腊哲学家同时也是自然科学家。在古希腊人的意识中,科学精神与人文精神共生共存,对自然科学的研究也更关心人的心性和人的本性,肯定人的理性自由和精神自由。正如希腊文 NUOS 的含义正是"灵魂""心灵"之意。在哲学中,NUOS 精神代表了个体自由的能动性和超越性,体现在设计当中就是一种突破限制、主动创造的超越精神。

经历了中世纪的黑暗后,文艺复兴解开了宗教对人的禁锢,通过理性主义恢复了人的尊严,从而使技术与人文和谐发展。对人性的发现与尊重、对人自身的关注与重视,一方面削弱了宗教神权对科学技术的束缚,另一方面也重拾了对自然世界的观察,实验科学随之壮大起来,它的发展不仅促成了自然科学与哲学的分离,也使自然科学与其他人文科学相区别,甚至导致了分裂和对立。但总体而言,科学为人文的发展开辟了道路。

技术与人文的分裂甚至冲突真正开始于 19 世纪中后期,之前两者的紧密关系随着机械技术的进一步发展而打破了,科学理性占据了人思维的中心,工具理性逐渐取代了价值理性,这种绝对理性主义使技术背离了人文,滑向了理性"宗教"的泥潭,甚至导致了人的异化,于是技术与人文的冲突便不可避免。如果把蒸汽机、机器和分工看作 18 世纪中叶以来代替旧世界的基础,那么第二次工业革命以来所建立的"工业世界",其实质就是工业化发展模式的经济市场化、全球化、现代化。阿尔温托夫勒在《第三次浪潮》中指

---

① 参见王琥《中国传统设计思想研究》,江苏美术出版社 2010 年版,第 13—17 页。

出，第二次浪潮把人类生活劈成两半——生产和消费，而生产与消费的分裂也导致了政治、社会、文化的深刻矛盾与冲突。① 如政治和意识形态领域出现的极权主义倾向，它以对既定利益生产需求的操纵达到与经济技术相协同为目的，从而发挥隐性作用，人们往往在其蒙蔽中选择屈从。也正是由于这种极权主义的压迫，人们长期麻木在物质产品的消费中逐渐丧失了反抗意识。20 世纪中后期的技术革命是围绕信息传播、计算机、互联网、新能源、新材料等技术进步展开的，数字新媒体的出现消解了印刷媒介所彰显的严肃理性的文化传统，视觉文化、消费文化、大众文化所建构的碎片式、产业化的文化形态，使文化和艺术逐渐丧失精神价值追求。技术在提供无限可能性的同时也导致了单向度的人的形成和人被技术的全面异化。

从人们崇信权威，孤立、片面地看待一切事物开始，人文学科和人文精神不可避免地被无情驱逐，人文学科也逐渐萎缩，甚至必须屈从于自然科学才能得以生存。

三 技术与人文——从对峙走向融合的历史必然

早在 19 世纪，马克思就已预见了科学技术与人文精神相互联系、相互渗透、相互统一的趋势，并在《1844 年经济学哲学手稿》中揭示道："自然科学往后将包括关于人的科学，正像关于人的科学包括自然科学一样，这将是一门科学。"②

第一，这种融合的基础来自后现代自然科学领域的自行矫正。由于现代科学的发展受机械决定论的影响所派生出来的那种严格的规律性、连续性和可预测性受到了质疑，科学不仅仅是客观事实的描述，而且是社会构建的产物的声音得到强化，因此把科学看作人类的历史活动，强调科学与其他文化的联系，特别是与各种人文文化间的联系，强调人的价值取向在科学活动中

---

① 参见［美］阿尔温·托夫勒《第三次浪潮》，朱志焱、潘琪等译，生活·读书·新知三联书店出版社 1984 年版，第 7 页。

② ［德］马克思、［德］恩格斯：《马克思恩格斯全集》第四十二卷，人民出版社 1972 年版，第 128 页。

的作用的观点逐渐涌现。另外，这种融合统一还表现在大量新兴学科的兴起和交叉学科、边缘学科的交叉与渗透中，科技与人文的融合必定会加速学科之间的互动，扩大人类的视野，推动社会的发展。

第二，这种融合来源于技术本体认识的进化。在机器出现之前的手工工具时代，技术属物的特征非常明显，工具的使用完全依赖人的全程操作去完成，与这种工具关联的操作活动构成了复杂的技艺、技巧，这种技术包括了使用工具的硬件部分，也包括了操作技术延伸的软件部分——技艺，这可以说是"技术的早期形态"①。这种技术与艺术之美浑然一体，完全不同于"现代技术出现后使人操作活动变得单一化、重复化和机械化的特点"②。而机器的出现被一些学者视为技术发展史上的断裂，机器从技术上摒弃了人文性并设定了新的世界观。马尔库塞曾这样评价道："现代技术世界以数量化的唯物主义、工具理性标尺来衡量一切，使得现代世界被物化，现代人日渐失去其丰富的自然本性，成为机械化的'单面人'。"③ 而信息时代的来临改变了以往的情况，信息技术的出现愈加以人的需求为向度，技术属人的一面占据上风，趋向了人性化、艺术化的特征，主要表现在，信息技术摆脱了机器的束缚，人在非物质的空间中得到了最大化的自由，并成为人和机器共同的中心。另外，当代技术的特征还表现在它使物质意识二元区分趋于模糊，如越来越多的信息形式可以被数字化、符号化，甚至被计算，从而人工的和自然的、物质的和心智的现象之间的界限也不再那么清晰和绝对；虚拟技术还将实在与非实在作为认识和感觉的对象，使两者趋于界限的模糊等。可以说，信息技术的发展瓦解了传统技术所造成的二元对立，从而使技术的人文属性得以彰显，在此意义上，技术与人文的融合是大势所趋。

第三，技术社会构建和文化传播论的传播和普及。技术的社会属性决定了技术从其产生之时起就是一种以社会形式存在的物质手段，其实质是"在

---

① 肖峰：《人文语境中的技术》，中国社会科学出版社 2011 年版，第 108 页。
② 同上。
③ Herbert Mareuse, *One Dimensional Man*, London：Routledge&kegangpaulltd, 1964, p. 230.

社会的整合与调适下，使技术成为社会相融技术的过程，或者说是新技术、新发明向社会渗透并融合于社会的过程"①。在此过程中，一切社会活动及其他各个层面无一例外地被技术所同化，这就构成了技术社会的基本形态。另外，技术在本质上也是一种文化活动，与人文活动一样，需要精神、境界、意志、激情等形式作用于技术研究者的世界观、人生观和价值观，从而成为推动科技发展的巨大动力。技术还常常与灵感、直觉和想象联系在一起，直接参与意识创作活动。技术传播本身也是一种文化传播，在广义的文化层面产生传播效应及意义扩散。所以技术的文化传播是科学技术渗透到社会文化生活当中，成为决定文化性质和形态的因素，同时技术文化也成为社会文化的一个重要组成部分。"社会的文化是技术性的，而社会的技术是文化性的，甚至，技术成为一个社会文化形态的内核，成为该文化样式的决定性因素。"②

第四，这种融合还来源于技术价值取向的人文因素的回归。在技术价值取向的讨论中，曾一度把效用视为技术的内在价值核心，在追求效益最大化的过程中以牺牲人性需求为代价，因此，显示出非人文或非人性的特征。这种认为技术不涉及人的价值取向，无是非善恶的价值中立论越发受到质疑，正如赫伯特·马尔库塞指出的那样："不能把技术本身同它的用处孤立开来；技术的社会是一个统治体系，它已在技术的概念和构造中起作用。"③ 在这种对技术价值的反思和追问中，技术价值的相对独立性得以凸显，并引导了人们对于技术人文价值的思考，利益不再是技术价值的唯一向度，技术负荷着人们的目的和意愿，无不包含着人们的意志和追求，是人生存意义的张扬。诚如埃吕尔所言："技术的特点在于它拒绝温情的道德判断。技术绝不接受在道德和非道德运用之间的区分。相反，它旨在创造一种完全孤立的技术道德。"④

---

① 陈凡：《论技术的社会化——对技术的社会学研究》，《社会学研究》1992 年第 5 期。
② 肖峰：《人文语境中的技术》，中国社会科学出版社 2011 年版，第 129 页。
③ 吴盛国编：《技术哲学经典读本》，上海交通大学出版社 2008 年版，第 89 页。
④ ［荷］E. 舒尔曼：《科技文明与人类未来》，王小兵等译，东方出版社 1998 年版，第 12 页。

在高科技发展的今天，技术价值的人文性回归恰恰为技术的人文构建和社会构建铺平了道路，无疑也促进了其他人文学科的发展，艺术设计学也成为其中的受益者，高度人性化成为艺术设计的首要标准。这不仅丰富了学科发展学理层面的建构基础，还为学术研究提供了更加多元的维度，因此成为本书研究的理论基础。

以上笔者考查了技术与人文在人类发展史上对峙与融合的纠缠关系。可以说，对于这种关系的清晰认识，将会极大地启发我们对中文数字字体设计的理解研究。从这一角度，我们应该认识到，技术作为一个过程，同时也是一种文化现象——实际上，以数字化技术为基础的媒介技术进一步扩大了技术的文化传播意义。中文数字字体作为技术进步催生的一种全新的设计形态必然要建立自身的设计秩序、价值理念及社会功能。在此基础上，中文数字字体可以被视为在以往铅活字印刷字体技术与设计规范基础上的一次重大的转型，并且由于其形成与发展本身处于社会、文化的变革时期，是在传播方式、文化内涵和产业发展等因素的动态变迁下形成的，因此，它的发生、发展及现代性的建立过程势必受到技术、社会、文化和审美等因素的影响。从设计学角度出发，对技术与人文互动关系影响下的中文数字字体进行考察，将跳出以往就设计论设计的局限性，对解读和分析中文字体设计的未来发展有着重大意义。

第二节　中文数字字体设计中的技术与人文"积淀"

回顾文明之起源，"文字的创造，本出于超时空的信息传递需求的驱动"①。文字是语言的书面表达形式，成文的法令、契约对社会群体生活起到了规约和规范的作用，维系并协调着复杂的社会关系，这也标志着"人类从

① 刘志基：《汉字体态论》，广西教育出版社1999年版，第2页。

蒙昧走入文明的进程"①。在这种文明进程中，文本加工技术以及物质载体的流变无疑是具有革命性意义的。从原始契刻到柔软的书写，再到机械化生产和数字印刷技术，从骨头、岩石、植物、纸张到精密的计算机磁盘和芯片，物质载体和技术工艺的不断更新不仅提高了信息传播的效率，而且改变了传播活动的方式和性质。纸张和印刷术的发明是人类历史的里程碑，也是中国对世界文明进程做出的贡献。弗朗西斯·培根有一句名言，印刷术改变了"这个世界的面貌和状况"②。技术本身就是一种文化因素，不仅催生了新型文化样式，而且塑造了新文化样式的自身体系和核心价值。信息的大量复制打破了精英文化对知识的权利垄断，进而为大众文化的兴起开辟了新的路径，同时细化了社会分工，促成了新兴产业的发展，进而导致了社会结构的变革。

活字印刷术产生于我国宋代，布衣毕昇发明了完整的活字印刷工艺，与他同时代的邻乡人沈括在《梦溪笔谈》中简明地记录了这一工艺技术的完整过程，但此项技术并没有成为我国主流的印刷方式，在此后大约1000年的时间里，我国的印刷技术始终保持着一种传统手工的方式。直到19世纪，西方活字印刷术传入我国，带来了先进的印刷方式、印刷机械、印刷理念、印刷技术，国人才逐渐认识到现代出版印刷的力量，客观上为我国近代出版印刷及平面设计的发轫积蓄了力量。雕版印刷时期刻工和排印工匠不仅扮演着"设计师"的角色，而且形成了一套自我完善的审美标准，忠实于传统书法家们古籍精椠范本的临摹是主要的设计方法和价值，而铅活字时期印刷字体最初的设计实践和美学探索却是由西方传教士开始的（图1-1、图1-2）。

---

① ［俄］伊斯特林：《文字的产生和发展》，左少兴译，北京大学出版社2002年版，第49页。

② ［美］伊丽莎白·爱森斯坦：《作为变革动因的印刷机》，何道宽译，北京大学出版社2010年版，第3页。培根指出："印刷术、火药、指南针曾改变了整个世界，变化如此之大，以至没有一个帝国，没有一个学派，没有一个显赫有名的人物，能比这三种发明在人类事业中产生更大的力量和影响。"

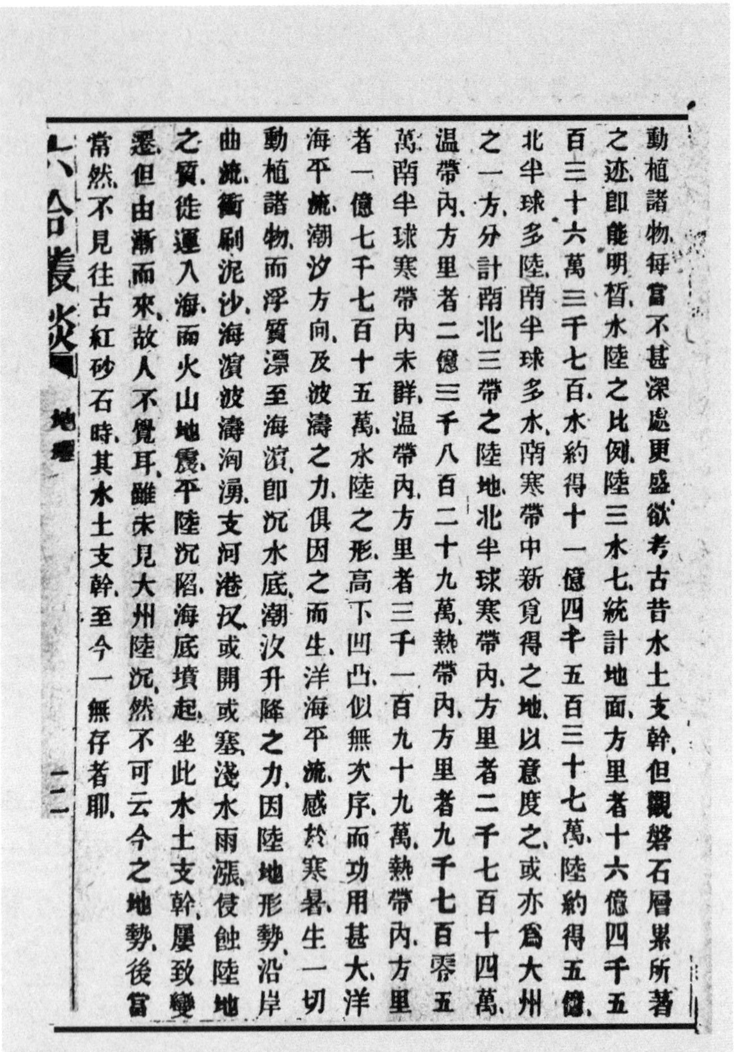
動植諸物每當不甚深處更盛欲考古昔水土支幹但觀磐石層累所著之迹即能明晳水陸之比例陸三水七統計地面方里者十六億四千五百三十六萬三千七百水約得十一億四千五百三十七萬陸約得五億北半球多陸南半球多水南寒帶中新覓得之地以意度之或亦爲大州之一方分計南北三帶之陸地北半球寒帶內方里者二千七百十四萬温帶內方里者二億三千八百二十九萬熱帶內方里者九千七百零五萬南半球寒帶內未詳温帶內方里者三千一百九十九萬熱帶內方里者一億七千七百十五萬水陸之形高下凹凸似無次序而功用甚大洋海平流潮汐方向及波濤之力俱因之而生洋海平流感於寒暑生一切動植諸物而浮質漂至海濱即沉水底潮汐升降之力因陸地形勢沿岸曲流衝刷泥沙海濱波濤洶湧支河港汊或開或塞淺水雨漲侵蝕陸地之質徙運入海而火山地震平陸沉陷海底墳起坐此水土支幹屢致變遷但由漸而來故人不覺耳雖未見大州陸沉然不可云今之地勢後當常然不見往古紅砂石時其水土支幹至今一無存者耶

六合叢談 地理 一二

图 1－1 上海最早铅字样本，1851 年墨海书馆铅字印本

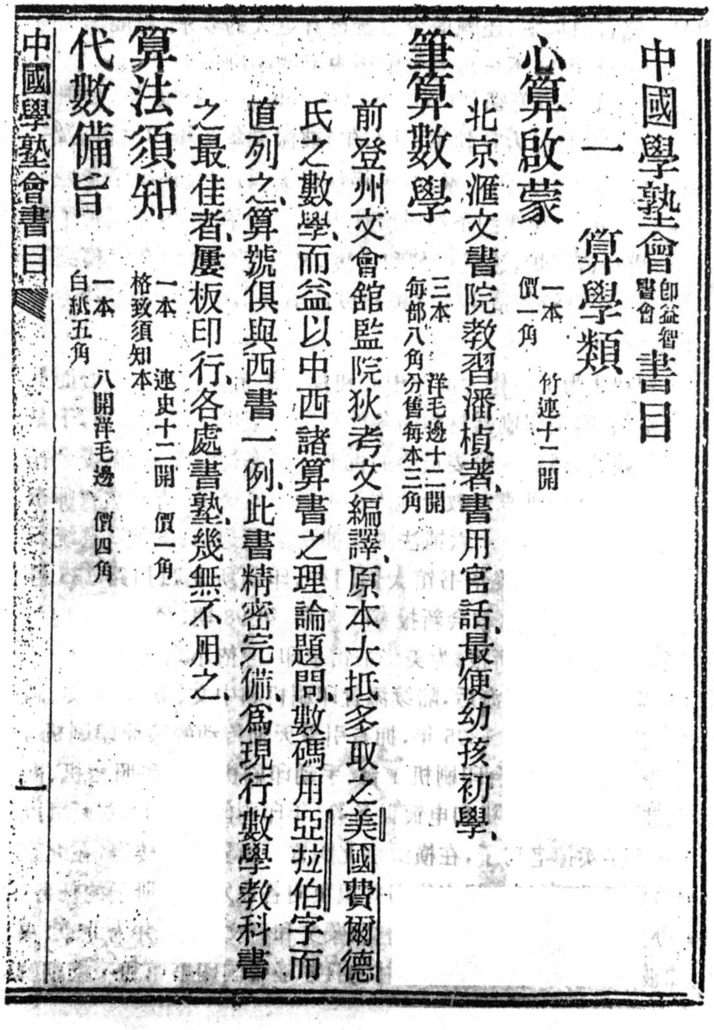
中國學塾會（印益智書會）書目

一　算學類

心算啟蒙　一本　價一角　竹連十二開

北京滙文書院教習潘楨著，書用官話，最便幼孩初學。

筆算數學　三本　洋毛邊十二開　每部八角分售每本三角

前登州文會館監院狄考文編譯，原本大抵多取之美國費爾德氏之數學，而益以中西諸算書之理論題問，數碼用亞拉伯字而直列之，算號俱與西書一例，此書精密完備，爲現行數學教科書之最佳者，屢板印行，各處書塾幾無不用之。

算法須知　一本　連史十二開　價一角　格致須知本

代數備旨　一本　八開洋毛邊　價四角　白紙五角

中國學塾會書目　一

图 1－2　美华书馆字体，1905 年，原书开本 15.5×10.5（张静庐：《中国近代出版史料·初编》，上海书店出版社 2011 年版，夹页）

在西方，德国金匠古登堡在毕昇之后 400 年发明了铅活字印刷术，这一技术为欧洲的机械化、工业化打下了基础并得到了广泛的应用和发展。“1448—1450 年，欧洲 246 个城市建立了 1099 个印刷所”①，“印刷所给数以

① 董进泉：《黑暗与愚昧的守护神——宗教裁判所》，浙江人民出版社 1998 年版，第 347 页。

百计的城镇添加了新的文化元素"①。这一印刷文化兴起的最直接表征就是书籍革命和基于科学实验方法的字体设计实践。从传统的手抄书过渡到相同副本批量复制的印刷书，不仅书籍产量激增、成本低廉，而且书籍样式上已经初具了现代书籍设计的一些特征，"这一切都是阳模雕刻机打败抄书人的胜利"②。在科技理性的影响下，字体设计也带着强烈的科学理性的意味，几何学、数学的科学实验方法被大量运用到字体设计中，如德国书籍设计师阿尔伯莱希特·丢勒③在对设计的几何形式和比例关系进行分析后提出了运用黄金分割原理设计整套字母表，法国设计师乔佛雷·托利④采用严格的数学方法和网格体系设计整套字体（图1-3、图1-4）。1692 年在法王路易十四的命令

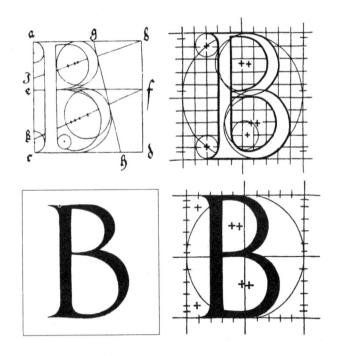

图 1-3　阿尔伯莱西特·丢勒（Albrecht Durer）字母 B 构图

---

① ［美］伊丽莎白·爱森斯坦：《作为变革动因的印刷机》，何道宽译，北京大学出版社 2010 年版，第 43 页。

② 同上书，第 31 页。

③ 利用模数关系和"黄金分割"原理分析创建了字母表。

④ 依据严格的数学比例关系和网格设计整套字体。

下，法国成立了专门的印刷管理委员会，由数学家尼古拉斯·加宗带领负责新字体的研制，并完成了"帝王罗马体"的创刻。[①] 它的设计完成建立在科学的分析和严格的几何方格基础上，每个字体方格分成 64 个基本单位，每个方格单位再分成 36 个小格子，这样下来，整个版面由 2304 个小格组成。

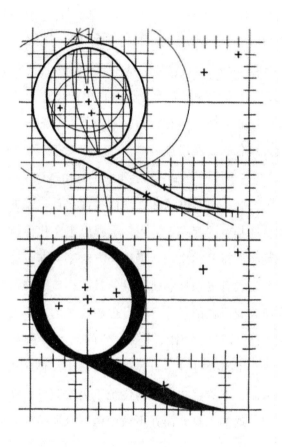

图 1 - 4　乔佛雷·托利（Geoflroy Tory）字母 Q 构图（Philip. B. Meggs：*Meggs' history of Graphic Design*，Hoboken New Jersey：John Wiley&Sons，inc，2006，p. 108）

当西方现代印刷工业逐渐走向成熟时，我国正值明朝中期至清朝中期。清朝的《古今图书集成》是我国最大部头的铜活字印本，共 64 部，每部 5020 册[②]，

---

①　Phillip B. Meggs, *Meggs' history of Graphic Design*，Hoboken New Jersey：John Wiley&Sons，inc，2006，p. 117.

②　参见许寿椿《汉字复兴的脚步》，学苑出版社 2014 年版，第 24 页。

"这部书所使用的铜活字采取了最耗时和资金的人工雕刻,而非铸造"①。而令人惋惜的是,耗费如此大人力、物力、财力和时间才完成的活字在使用一次后便被熔铸钱币。自19世纪初开始,随着传教士在华布道活动的展开,先进的铸字机和字模生产设备逐渐进入我国,意味着雕版印刷的终结。经过不断改进,铸字技术也由手工铸字进入机械铸字的时期,铅字的生产效率得到了大大的提高。"初期浇铸铅字皆为手拍铸字炉,每时仅出数十枚。经数年改用脚踏铸字炉,每时可出七八百枚。至1913年,商务印书馆引进'汤姆生自动铸字炉',每架日可铸字一万五千余枚,且出炉即用,免去旧式铸字之铲边、磨身、刨底等环节。"② 后又有将铸字和排版合二为一的西文排浇活版机器传入中国,最为知名的是摩诺排铸机Monotype和立诺排铸机Linotype(图1-5)。可以说"西技东传"奠定了社会革命的物质基础,客观上推动了我国印刷出版业的繁荣发展,同时也意味着现代平面设计启蒙的开始,字体及版面结构的变化就是最基本的起点。首先,承载思想文化传播功能的书籍开始大量印制,而中英文混排开始出现,将中文方块字与非等宽、等高的西文排布于一个版面本身就具有复杂性和挑战性。其次,传统书籍的开本需要适应印刷机械的要求而改变以往的尺寸,字号也由传统的大字变为小字,竖排变为横排,这样原本已经固定的字距、行距、空间都发生了巨大的改变(图1-6、图1-7)。另外,由传教士主导开发的"传教士字体"由于文化背景的差异和技术条件的限制,本身就缺乏中国传统审美的基础,加之文字被视为西方对中国进行文化渗透的工具,而并不被中国民众所接受。近代印刷技术成熟于欧洲而非其故乡中国,以及传教士字体不被国人所认可的复杂的社会文化原因,在此不展开讨论,但不可否认,除了技术、程序、成本和社会需求的因素,文化传统及国人的审美习惯也是主要的原因之一。

---

① 李约瑟:《中国科学技术史》(造纸与印刷卷),科学出版社1990年版,第338页。
② 吴康卿:《制造活字铜模之步骤》,刘龙光主编《艺文印刷月刊》第二卷第十一期,上海新四军历史研究会印刷印钞组1985年影印版,第18页。

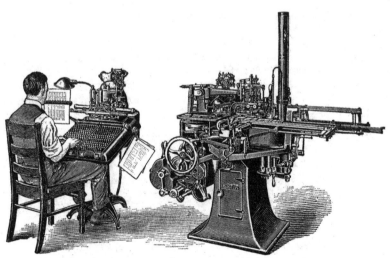

图 1−5 （上）LinoType 铸排机铅条；（下）MonoType 铸排机（刘龙光主编：《艺文印刷月刊》第一卷第七期，上海市新四军历史研究会印刷印钞组 1985 年影印版，第 35、38 页）

　　技术作为物质生产的手段，它的形成和发展必然与社会物质生产的发展相平衡，虽然印刷术在社会变革、文化变革中的功能和意义对于中西方而言大致相仿，但近代中国的活字印刷技术是在被动接受和引进中艰难前行的，同时缺乏社会生产力、社会制度、文化观念等综合因素的配套辅助，因此，活字印刷技术代表的近现代工业制造技术无形中拉开了中西方现代化的差距，同时也使中西方字体设计行业呈现不同的历史境遇和发展态势。

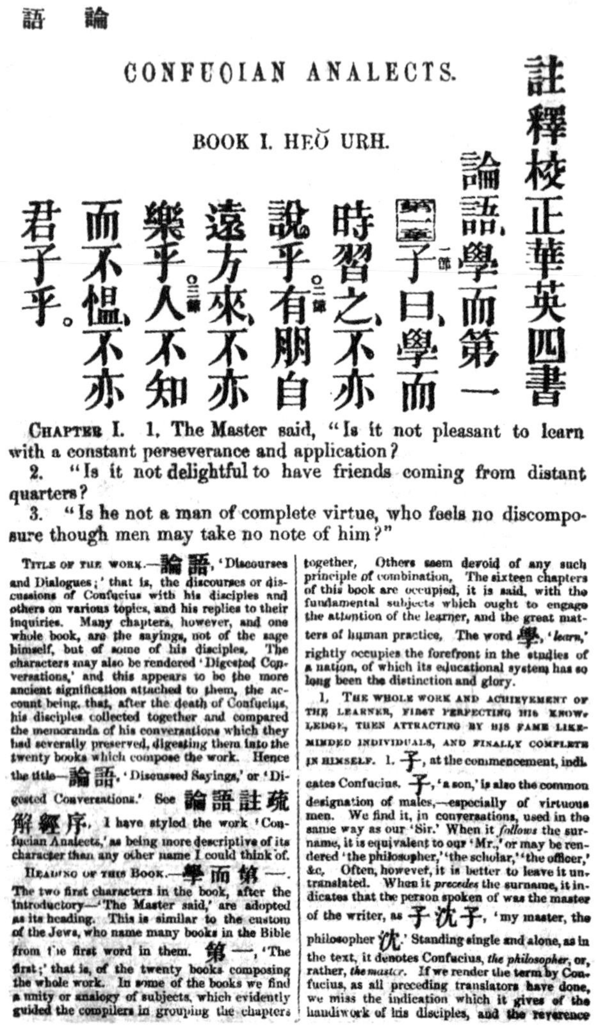
論語

CONFUCIAN ANALECTS.

BOOK I. HEŎ URH.

註釋校正華英四書

論語學而第一

第一章 子曰、學而時習之、不亦說乎。有朋自遠方來、不亦樂乎。人不知而不慍、不亦君子乎。

CHAPTER I. 1. The Master said, "Is it not pleasant to learn with a constant perseverance and application?

2. "Is it not delightful to have friends coming from distant quarters?

3. "Is he not a man of complete virtue, who feels no discomposure though men may take no note of him?"

TITLE OF THE WORK.—論語, 'Discourses and Dialogues;' that is, the discourses or discussions of Confucius with his disciples and others on various topics, and his replies to their inquiries. Many chapters, however, and one whole book, are the sayings, not of the sage himself, but of some of his disciples. The characters may also be rendered 'Digested Conversations,' and this appears to be the more ancient signification attached to them, the account being, that, after the death of Confucius, his disciples collected together and compared the memoranda of his conversations which they had severally preserved, digesting them into the twenty books which compose the work. Hence the title—論語, 'Discussed Sayings,' or 'Digested Conversations.' See 論語註疏解經序. I have styled the work 'Confucian Analects,' as being more descriptive of its character than any other name I could think of.

HEADING OF THIS BOOK.—學而第一. The two first characters in the book, after the introductory—'The Master said,' are adopted as its heading. This is similar to the custom of the Jews, who name many books in the Bible from the first word in them. 第一, 'The first;' that is, of the twenty books composing the whole work. In some of the books we find a unity or analogy of subjects, which evidently guided the compilers in grouping the chapters together. Others seem devoid of any such principle of combination. The sixteen chapters of this book are occupied, it is said, with the fundamental subjects which ought to engage the attention of the learner, and the great matters of human practice. The word 學, '*learn*,' rightly occupies the forefront in the studies of a nation, of which its educational system has so long been the distinction and glory.

1. THE WHOLE WORK AND ACHIEVEMENT OF THE LEARNER, FIRST PERFECTING HIS KNOWLEDGE, THEN ATTRACTING BY HIS FAME LIKE-MINDED INDIVIDUALS, AND FINALLY COMPLETE IN HIMSELF. 1. 子, at the commencement, indicates Confucius. 子, 'a son,' is also the common designation of males,—especially of virtuous men. We find it, in conversations, used in the same way as our 'Sir.' When it *follows* the surname, it is equivalent to our 'Mr.,' or may be rendered 'the philosopher,' 'the scholar,' 'the officer,' &c. Often, however, it is better to leave it untranslated. When it *precedes* the surname, it indicates that the person spoken of was the master of the writer, as 子沈子, 'my master, the philosopher 沈.' Standing single and alone, as in the text, it denotes Confucius, *the philosopher*, or, rather, *the master*. If we render the term by Confucius, as all preceding translators have done, we miss the indication which it gives of the handiwork of his disciples, and the reverence

图 1－6　《注释校正华英四书》内页，1899 年（清光绪二十五年）（姜庆共、刘瑞樱：《上海字记——百年汉字设计档案》，上海人民美术出版社 2015 年版）

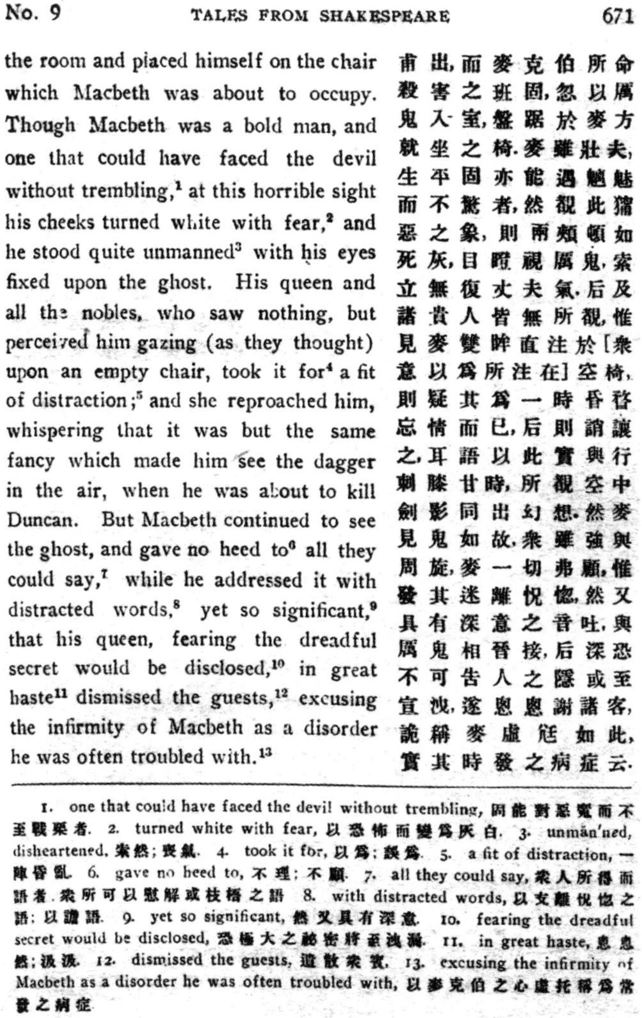

No. 9　　TALES FROM SHAKESPEARE　　671

the room and placed himself on the chair which Macbeth was about to occupy. Though Macbeth was a bold man, and one that could have faced the devil without trembling,[1] at this horrible sight his cheeks turned white with fear,[2] and he stood quite unmanned[3] with his eyes fixed upon the ghost. His queen and all the nobles, who saw nothing, but perceived him gazing (as they thought) upon an empty chair, took it for[4] a fit of distraction;[5] and she reproached him, whispering that it was but the same fancy which made him see the dagger in the air, when he was about to kill Duncan. But Macbeth continued to see the ghost, and gave no heed to[6] all they could say,[7] while he addressed it with distracted words,[8] yet so significant,[9] that his queen, fearing the dreadful secret would be disclosed,[10] in great haste[11] dismissed the guests,[12] excusing the infirmity of Macbeth as a disorder he was often troubled with.[13]

甫出，而麥克伯所命殺害之班固，忽以屬鬼入室，盤踞於麥方就坐之椅。麥雖壯夫，生平固亦能遇魑魅而不驚者，然視此獷惡之象，則兩頰頓如死灰，目瞪視屬鬼，索立無復丈夫氣。后及諸貴人皆無所覩，惟見麥雙眸直注於〔衆意以爲所注在〕空椅，則疑其爲一時昏眩惝恍而已，后則誚讓之耳。膝甘時，所視空中剌劍影同出幻想。然麥見鬼如故，衆雖強與周旋，麥一切弗顧，惟發其迷離悅惚，然又具有深意之音吐，與屬鬼相晉接，后深恐不可告人之隱或至宣洩，遂悤悤謝諸客，詭稱麥虛怔如此，實其時發之病症云。

1. one that could have faced the devil without trembling, 固能對鬼覭而不至戰栗者。 2. turned white with fear, 以恐怖而變爲灰白。 3. unmanned, disheartened, 索然；喪氣。 4. took it for, 以爲；誤爲。 5. a fit of distraction, 一陣昏亂。 6. gave no heed to, 不理；不顧。 7. all they could say, 衆人所得而語者；衆所可以慰解或枝梧之語。 8. with distracted words, 以支離悅惚之語；以讝語。 9. yet so significant, 然又具有深意。 10. fearing the dreadful secret would be disclosed, 恐極大之祕密將至洩漏。 11. in great haste, 怱怱然；汲汲。 12. dismissed the guests, 遣散衆賓。 13. excusing the infirmity of Macbeth as a disorder he was often troubled with, 以麥克伯之心虛托辭爲常發之病症

图 1-7　《英文杂志》第二卷第 9 号，中英文混排内页（出处同上）

当中国社会还封闭在"文化自闭"的盲目乐观中，而以技术进步为标志的工业革命使西文很早便实现了机械化处理，并在计算机出现不久迅速进入自动化、智能化阶段，而汉字却在两个转折时期都遭遇了历史尴尬。工业时代文字处理的典型特征是机械化，铅字是这一时期文字处理的核心。"一套拉丁字母拼音文字的活字，连同大写、小写、数字及其他印刷符号在内，总计

不过 100 个不同符号,而一套汉字活字至少要制备 20 万个活字,并不罕见。"① 铸字之前需要雕刻铜模,浇铸铅字后打纸型,铅活字印刷还要经过以火熔铅,以铅铸字,铅字排版,浇铸铅板的流程。在编排过程中还要考虑铅字在整个文本中出现的次数,字体、字号的变化,铅活字的总数量必然是巨大的。汉字的技术属性不强是个不争的事实,著名语言学家周有光先生说:"任何文字都有技术和艺术两面性,可是拼音文字技术性强,而艺术性弱,汉字技术性弱而艺术性强。"② 他认为这是由两种文字系统的文化性质决定的,表意文字的图像性较强,象形基因并未退化殆尽,因而艺术性较强;而表音文字进入机械化较早,艺术基因变弱了,因而技术性强于艺术性表达。汉字的这种艺术化表达倾向的副作用就是偏好艺术,忽视技术,这也为汉字的工业化、数字化进程带来不利的影响。汉字的数量庞大且形态复杂,无法用增加机械复杂性来解决问题,自动化的输入和输出也就无法完成,因此,我国的铸字机械和字模雕刻机长期依赖引进,即使有国人和民族工商业者自发生产也停留在仿制阶段,在帝国主义、殖民主义国家对中国的市场掠夺和垄断中被迫停止,引进和仿制一直延续到 20 世纪 70 年代左右。

科技的发展需要有人文精神的强力支撑,"技术仿制"客观上可以加快社会、经济的发展,"文化仿制"则意味着文明的失落,因此文化不可能依赖引进。正如沈清松所言:"自西学东渐以来,我国不断输入西方技术,恰逢固有人文精神萎缩之时,后者不能为之先导,只能被动依赖,无力自觉地选择和转化科技。"正是这样的危机意识和救亡图存的信念使我国先进的知识分子在文化艺术领域掀起了社会思潮,一大批近现代设计先驱踏上了去西方学取先进设计理念的"设计救国"之路。与文化学者们通过大量美术字③实践实现现代化的救赎理想一样,我国 20 世纪二三十年代的印刷字体实践也是异常活跃的,以拥有当时先进铅活字印刷技术的商务印书馆和中华书局为代表的近

---

① 钱存训:《中国纸和印刷文化史》,广西师范大学出版社 2004 年版,第 202 页。
② 周有光:《汉字的技术性与艺术性》,《语文建设》1991 年第 1 期。
③ 通过装饰、变形等手段实施的艺术化的字体。

现代印刷出版机构创制了大量品质精良且极具传统美学精髓的印刷字体。如由张元济主持①，钮君毅写字，徐锡祥镌刻，通过照相制版和电镀版技术完成的二号楷体活字；由书法家陶子麟根据唐末《玉篇》复刻的古体活字（仿宋），通过照相及铅胚镌刻完成的一号、三号铅活字各一副；由韩佑之以宋元精椠为范创制的仿古活字（仿宋）；钱塘丁三在、丁辅之兄弟效仿欧宋体书写，朱义葆、徐锡祥合刻，通过照相原稿，然后直接雕刻铅质活字，精制铜模，范铸铅字②的"聚珍仿宋"等。此外还有华丰、华文、汉文、求古斋等铸字制模厂创制的铅活字字体，在此不一一详述（图1-8至图1-10）。

图1-8　商务印书馆铅活字范例（张静庐：《中国近代出版史料·二编》，上海书店出版社2011年版，夹页）

① 参见王绍曾《记张元济先生在商务印书馆办的几件事》，高翰卿等《商务印书馆九十五年》，商务印书馆1992年版，第29页。文中提到张元济兴趣广博，至于商务不断改进印刷技术，如1909年创制二号楷书铅字。据此悉张元济参与主持此项工作。

② 参见金建陵《丁氏弟兄与"聚珍仿宋体"》，南京市民间文艺家协会编《藏书》2008年第6期。西北大学孙明远老师在"字道——文字设计对话"研讨会的发言中总结，丁三在拟用黄杨木雕刻种字蜡型电胎法制作字模，再行铸造活字。但由于资金问题，又受当时化学、工业技术尚欠发达的限制，因此可能采取照相原稿，然后直接雕刻铅质活字的方法进行开发。

"自新中国成立到1960年，这十年并没有添刻新字体"①，因此这些铅活字在新中国成立后经过修补、整理基本奠定了60年代以前我国印刷字体的基本样式。虽然我国20世纪初期的印刷字体实践非常活跃，但遗憾的是，一方面虽然引进的机械能够加快生产速度，但汉字机械化的根本问题尚未解决，字模的生产和活字的制作仍需耗费大量的人力、物力和财力，客观上导致了中文印刷字体落后于西方和日本；另一方面，建立在工业技术基础上的机械美学、现代主义设计思想并未影响到此间印刷字体设计实践，因此没有与美术字的现代主义形成遥相呼应的对称发展，无形中延迟了印刷字体现代性、规范性的生成。直到60年代以后，由于意识形态领域的政治需要，印刷字体设计才得到了重视和长足的发展，甚至奠定了数字字体的设计基础。

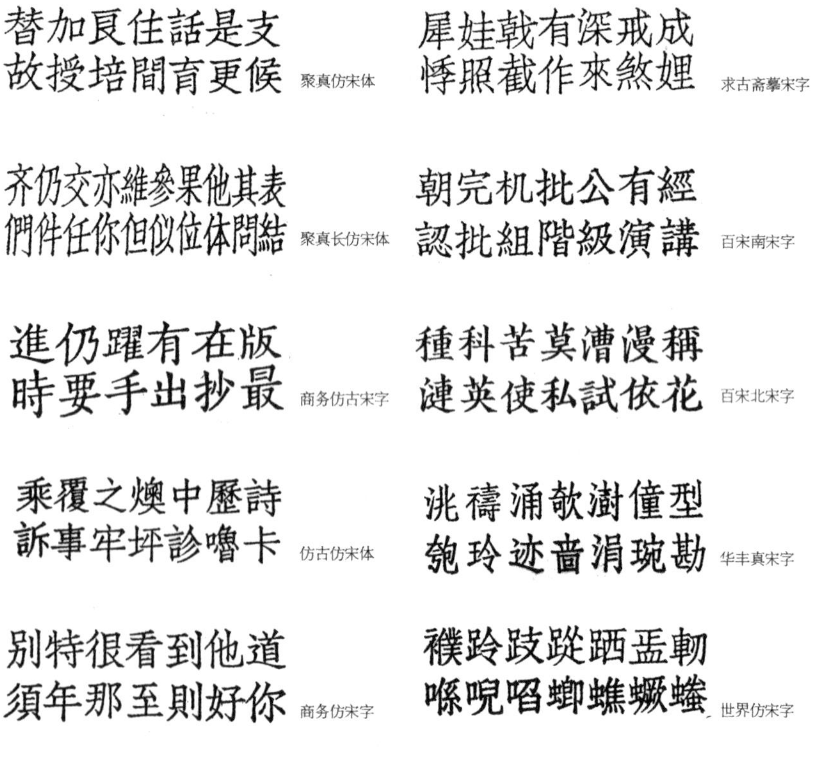

图1-9　仿宋体开发字样

_____

① 上海新四军历史研究会印刷印钞分会：《活字印刷源流》，印刷工业出版社1990年版，第81页。

謀追贅賻阪闈賬
賵阮謗陘賭迦謙
商务正楷
眼眷岑敗岡宅皋
珀省柄栻皆岫散
求古斋正楷
輭痢特蟲苗痢與
佛巴阿里疾藥珠
商业正楷
新全女童洋漆等
男布裝商袋麻美
艺文正楷
亦京仁字汪安丘
伍芝子满他前仟
汉文正楷
改溶拉巴故烏孺
接学找骨打教米
华文正楷
賴准娄徽境蒔錫
略欣桓孰涉廊洋
华丰正楷

图 1－10　楷体字开发字样

在同样的社会历史背景下，汉字改革运动巨浪来袭，第一阶段是以卢赣章、王照为代表的切音字运动；第二阶段是以吴稚晖、章炳麟和一批激进的文化学者及改革家们为代表的，主张废除汉字；第三阶段是为以吴稚晖、章炳麟为代表的探讨汉字改革方案。改革者们尝试以不同的方式找出中国落后的根本原因，救民族于危亡，而汉字则成了众矢之的。实际上，去汉字化是在“落后就要挨打”的政治背景下受西方语言中心主义影响而产生的反思和反映，未免有其时代的局限性。这种论战在 20 世纪 50 年代进入了高潮，中国文字改革委员会就是在这种背景下成立的。“文字必须在一定条件下加以改革，语言必须接近民众。”① 在毛主席的大力倡导下，草书楷化成为汉字简化

① 中国文字改革委员会：《中国文字改革问题》，北京新建设杂志社 1952 年版，序。

的指导方针，他指出："作简体字要多利用草体，找出简化规律，作出基本形体，有规律地进行简化。汉字的数量也必须大大减缩，只有从形体上和数量上同时精简，才算得上简化。"① 1958 年国家正式确定了当前文字改革的任务："简化汉字，推广普通话，制定和推行汉语拼音方案。"② 1964 年，原文化部发布的《印刷汉字通用字形表》成为我国印刷字体字形规范的标准。经过专家学者的不断交锋，"去汉字化"所造成的传统断层在 20 世纪 80 年代不断遭到质疑和批判。20 世纪 80 年代电脑化、信息化热潮已势不可当，汉字电脑化、信息化成为历史的必然，以计算机为代表的新技术与汉字传播的需要，使一些专家们意识到汉字的改革必须向着适应汉字信息处理的新方向发展。我国著名的语言学家、计算机专家马希文就十分具有预见性地指出："汉字在历史上就有过多次改革，都与一定的技术发展有关、以新的技术为物质基础。例如：有了毛笔，就有了隶书、楷书；有了印刷术就有了宋体；后来改用铅笔了，就有了仿宋体……而这种改革的动力显然是信息技术的改变。"③ "笔画形状的进一步简化已经无助于新的信息技术了"④，"把拼音化作为适应新技术革命的唯一方案，既不能使全社会理解，也很难从技术界得到支持"⑤。其实西方学界对两种文字体系一直存在不同的声音，20 世纪后也对"语言中心论"做出过批判和修正，如德里达就表示："尤其是表音文字，扎根于过去的非线性文字中，我们必须废弃这种文字。"甚至说："我由此开始借助中国的文字来解构西方语言中心特权的来源。"⑥ 麦克卢汉从语言学的角度指出："因为表意文字甚至超越了象形文字，构成了一种复杂的格式塔，同时囊括了所有感官。表意文字无法实现感官的分裂和专业化，也不能承受视觉、听觉和语义的分裂——而这正是表音文字的关键所在。所以中国人完全无法获得

---

① 费锦昌：《中国语文现代化百年记事（1892—1995）》，语文出版社 1997 年版，第 171 页。
② 中共中央文献研究室编：《建国以来重要文献选编第十一册》，中国文献出版社 2011 年版，第 19 页。
③ 马希文：《逻辑、语言、计算——马希文文选》，商务印书馆 2003 年版，第 465 页。
④ 同上书，第 468 页。
⑤ 同上。
⑥ ［法］德里达：《论文字学》，江堂家译，上海译文出版社 1999 年版，第 126 页。

工业和应用性知识中固有功能的大规模专业化和分化。"① 与语言学的去汉字化不同，设计学对于汉字所具有的文化基因却视若珍宝，常常被设计师视为设计的内在逻辑和可利用的视觉元素。汉字的表意性融哲学和美学于一体，复旦大学的张新教授就指出："文字的肌理能决定诗的存在方式。"② 因此，汉字不仅可以成为设计语言的形式、视觉排布的语法，也可以成为一种设计思维、设计方法和设计的诗性表达。这正是汉字的独特之处，也是中国文化所独有的，是平面设计的重要基石。

新中国成立后，我国开展了一系列体制化改造、文艺思想改造等意识形态方面的规训，语言文字作为有效宣传的工具和媒介在其中发挥着巨大的作用，字体设计的重要性也凸显出来。在整旧创新的方针指导下，1955—1964年，原文化部相继出台了《关于书籍、杂志使用字体的原则规定》《关于汉文书籍、杂志横排的原则规定》③ 等印刷出版物中使用的字模、字体、版面的相关规范，并于 1961 年成立了我国第一支专业的字体设计队伍，标志着我国印刷字体设计真正的开端。这一时期印刷字体创作达到高峰，"30 多年来，我国设计了数十副字稿，生产活字与铜模有 30 多种字体，100 多个品种、规格的活字和铜模"④。20 世纪 80 年代开始的电脑化热潮改变了整个社会的文化样态，激光照排和桌面出版系统使铅字印刷行业受到重创而迅速萎缩，以致已经趋于成熟的印刷字体体式及规范还未被总结成理论成果就消亡了。因此，长期以来印刷字体设计依然只是刻工和排印匠师们的重复性劳动以及充当印刷行业的主体，没有得到高度理性的总结与分析，也没有在院校及社会中形成规范性的理论体系去指导设计实践。进入数字时代后，数字字体技术和设计转入以字库公司为代表的商业体系中，字体在商业环境中大量应用，并在

---

① ［加］马歇尔·麦克卢汉：《古登堡星汉璀璨》，杨晨光译，北京理工大学出版社 2014 年版，第 102 页。

② 孟凡：《汉字主导的义化谱系》，山东教育出版社 2014 年版，第 4 页。

③ 中国出版科学研究所、中央档案局编：《中华人民共和国出版史料 1949》，中国书籍出版社 1995 年版，第 82 页。

④ 钱惠明：《印刷字体设计》，中国印刷及设备器材工业协会《印刷科技实用手册》，印刷工业出版社 1992 年版，第 555 页。

大众传播的勃兴中得到前所未有的发展。

自 1946 年世界第一台电子计算机"埃尼克"在美国宾夕法尼亚大学诞生以来，计算机的发展非常迅猛，经过 30 年左右的发展在 20 世纪 80 年代前后，人类社会全面进入了电脑化、信息化的全新时代。信息时代最主要的技术工具是电脑和软件，但在计算机诞生初期，计算机仅有主机实现了数字化、电子化，输入和输出设备还是机械化的，而且那时没有键盘、交互屏幕的操作方式，输入信息要先制作穿孔纸带，再通过光电输入器把纸带上的信息输入电脑（图 1-11）。输出信息靠由英文电报机改造的计算机控制打字机及使用铅字的行式打字机，这种输入和输出方式无法用于汉字。[①] 可以说，这一时期，汉字的信息化处理仍然是历史难题。给中文数字字体带来生机的是英文处理的自动化原理，这源于第一个桌面出版工具——英文打字机的出现，"它将现代排印系统的一些关键要素结合起来"[②]，其主要特点是打印元素静止不动，通过纸张滑动的机械运动来完成，通过这样的行动轨迹产生了字形的点阵存储、显示和输出技术，字形由计算机的数字化点阵信息加以表达。比如针式打印机的打印头由若干直径不足 1 毫米的点阵组成，通过击打就能打出许多不同形状的点子方阵，击打时在有笔画的位置让针头落下，没笔画的位置让针头抬起，就完成了文字的打印输出。[③] 基于这样的原理，汉字的自动化处理只要改写输出软件和字形点阵信息就可以实现。字形的表达还需要有显示设备的辅助，荧光屏是重要的媒介，在 20 世纪 60 年代初被用作计算机显示器时，"字形库"的概念就产生了。70 年代末 80 年代初，电子化点阵字库是中英文字库的初始形态，现在很多应用环境中仍然能够见到汉字点阵"针式"打印的原型，如城市环境中的 LED 屏幕显示、出租车信息发布窗口等（图 1-12）。一些低分辨率的屏幕介质上，以及小字号显示的情况下，点阵

---

① 参见许寿椿《汉字复兴的脚步——从铅字机械打字到电脑打字的跨越》，学苑出版社 2014 年版，第 60 页。

② ［美］吉姆斯·菲利奇：《字体设计应用技术》，胡心仪、朱琪颖译，上海人民美术出版社 2006 年版，第 7 页。

③ 参见许寿椿《汉字复兴的脚步——从铅字机械打字到电脑打字的跨越》，学苑出版社 2014 年版，第 63 页。

字库仍然在使用。但这些字符的图形不是由字母的照片生成的，而是由数字公式通过电子化的方式在屏幕上显示这些图形。1965 年德国赫尔公司发明的第三代阴极射线管照排机就是这种原理，但显示分辨率比黑白电视机荧光屏的分辨率高 20 倍，字体显示的清晰度有了较大幅度的提高。在这样的技术条件下，"七四八工程"启动，开始了普遍意义上的中文信息处理的研究，其子项目——汉字精密照排实现了出版印刷一体化进程，为我国的印刷出版行业开辟了新的格局，同时也意味着中文数字字体的开端。值得强调的是，点阵构成的汉字是汉字显示最重要的原理。"曲线"字库的产生实际上解决了汉字压缩存储空间的问题，进而决定了字库存在的形式，字形可以根据显示或输出的需要而进行转换。正因中文信息处理的现代化进程并未与世界拉开太大的距离，早期的探索为之后的发力积蓄了力量。

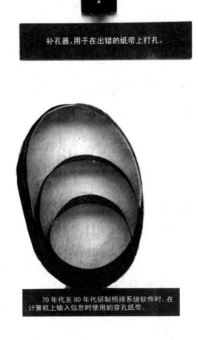

补孔器，用于在出错的纸带上打孔。

70 年代至 80 年代研制照排系统软件时，在计算机上输入信息时使用的穿孔纸带。

图 1 –11　穿孔纸带及补孔器（摄于王选纪念馆）

图 1 –12　城市空间中 LED 屏幕上的点阵字

　　每次技术的革新必定引发社会的文化特征和审美范式的转变，正如德国字体设计巨匠赫曼·萨普夫（Hermann Zapf）阐释的，字体设计遵循着因新受众、新媒体与新技术的产生而发生着不可避免的变革需求。麦克卢汉认为，一方面，媒介技术是人的本质力量对象化的体现，凝结着人的创造性意志；另一方面，新旧媒介的更替，会影响人的感知模式和艺术形式的更替。自汉字输入计算机开始，中文数字字体的设计实践将在数字媒介的平台上实施和传播，并与数字化技术相融，与现代审美同构，因此，中文数字字体将以技术与人文的融合与互动为基点开启全新的模式。

第二章　中文数字字体的历史积淀
（1959—1974 年）

一方面，自 20 世纪 60 年代计算机发明以来，计算机逐渐朝着实用化方向发展，因此，计算机介入了印刷排版系统，使西文信息处理经由机械化进入自动化处理阶段，从而推动了西文字体设计的较快发展。比较而言，汉字系统之庞大、字形之繁难都阻碍了汉字机械化生产及信息处理的进程。60 年代，我国通过引进国外的字模雕刻机，才实现了汉字的机械化生产，同时促成了字体设计意识的萌发，产生了字体设计的专业队伍。但长期的引进和仿制并未从根本上解决汉字生产的效率，因此更无法加快印刷出版与字体设计的节奏，铅活字生产的重负促使汉字必须实现信息处理的电脑化，与世界信息化的浪潮同步。

另一方面，使用工具的革新是创造力发挥的开始，这一时期的印刷字体设计在机械美学的影响下逐渐摆脱了手写的痕迹，呈现出标准化、规范化的趋向，并在科学、理性的指导下融合了中国传统审美与现代美学观念，同时，在其社会属性上表现出政治意识形态支配下的为政治服务的教化功能。

本章将简要回顾技术变革对字体排印进程的影响，及中文印刷技术的革新对于中文字体设计的影响，阐述中文数字字体的原始母型是如何伴随着技术的革新而呈现的。同时，总结在这一历史积淀的过程中，"人文因素"是如何在与"技术因素"的互动中塑造了字体设计的审美范式，从而极大地影响了中文数字字体的设计实践和理论探索。

第一节 影响字体排印进程的技术沿革

自古登堡发明铅活字印刷技术以来，整整四百多年的时间里，铅字排版印刷的技术基本没有改变，直到 19 世纪后半叶，英文打字机和铸排机的出现打破了这种稳定的状态。几乎同一时期，第一台西文手动照排机也在匈牙利诞生了，这三者的发明改变了西文印刷排版技术的发展方向，同时也为中文信息处理由机械化进入数字化时代提供了重要的启示。同时，20 世纪 50 年代开始计算机的诞生标志着人类社会进入了新纪元，计算机图形学的发展奠定了人机交互系统及数字字体技术的基础，具有伟大的历史意义。

技术的每一次跨越总是建立在之前经验的积累之上。作为第一个桌面出版工具的英文打字机的历史地位不容忽视，因为它不仅为电脑时代的桌面出版系统铺平了道路，也为西文铸排机的创制提供了参考性的原理，还为第一代手动照排机奠定了坚实的基础，可以说，它的出现形成了字体排印技术之链最原始的驱动力。

一 数字字体技术的原始根基——计算机图形学的发展

计算机的诞生对人类的生产和生活产生了极其深刻的影响，尤其随着计算机及其外围设备的产生而发展起来的计算机图形学，不仅为计算机辅助设计、产品设计、动画设计、广告设计、印刷设计及字体设计等设计学科提供了重要的技术资源，其中关于图形、图像及文字的处理方法，以及对交互式系统的构建，也为计算机文字信息处理以及桌面出版系统奠定了基础。

随着美国宾夕法尼亚大学的实用电子计算机"埃尼克"和在曼彻斯特大学开发的"宝贝"BABY 的诞生，人类社会进入了数字化发展的第一阶段，但当时的计算机还仅限于科学计算，并不普及。1950 年，美国麻省理工学院研制的"旋风"计算机开始配置 CRT（阴极射线）图形显示器，计算机得以实现通过屏幕进行文字、图形视觉化表现，但此时的计算机还不具备友好的人机交互功能。60 年代初，计算机图形学的奠基人萨瑟兰德（I. E. Sutherland）发表的博士论文《速写板：人机交互图形系统》证明了计算机交互式图文的生成、修改及显示的可行性和可应用性，奠定了计算机图形学的学科地位。60 年代中期，美国麻省理工学院林肯实验室孔斯（Seven A Coons）教授和法国工程师贝塞尔（Bézier）先生先后发展了计算机图形学中曲线、曲面的表达方式，并提出了通过四条任意边界曲线表示自由曲面，使曲面边界达到高阶连续的平滑程度的方法和贝塞尔曲线理论，这种方法最早应用于汽车外形设计（图 2 - 1）。

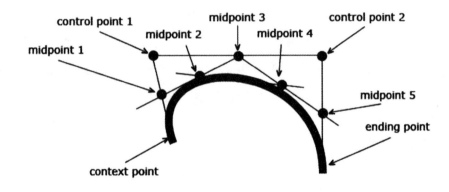

图 2 - 1　贝塞尔曲线（笔者绘制）

通过点、线、面、体等几何元素以及灰度、色彩、线型、线宽等非几何形态来表达图形是计算机图形学的重要内容之一，从技术处理的角度，这些图形既可以用线条来进行信息表达，也可以用明暗进行表达。通过对线条节点的控制，可以进行曲线的放大、缩小、拟合、拼接、光滑等处理，这些原理不仅成为交互式图形软件的基础，也对文字和图形的描述方式产生深远的影响，成为数字字体处理技术的原始根基。

进入 20 世纪 70 年代以后，由于集成电路技术和计算机硬件设备的不断优化，特别是体积小巧的微处理器的出现使微型计算机①的研制成为可能，预示着个人电脑时代的来临。同时，阴极管显示器和光栅扫描显示器硬件设备的出现极大地推动了计算机图形学的发展，促使文字信息处理进入新的历史时期。1976 年，美籍华人王安博士的国际计算机同仁公司推出的"新一代文字处理机 WPS"样机，采用阴极射线管为显示器，文字可以通过屏幕显示进行修改、调整和移动，工作效率比办公室打字机整整提高 14 倍②。此后，基于电视技术的光栅扫描显示器出现，使文字显示的功能进一步提高，被显示的文字和图像以点阵的方式存储于字符库当中并显示在屏幕上，这就形成了第一批电子字库，也是数字字体的最初形态。随着显示处理器和存储器的发展，字符可以用直线或曲线轮廓来定义，显示处理器还可以实现各种线形（虚线、点线和实线）③，数字字体得到了进一步发展。1975 年，美国麻省理工学院的程序员菲利普克诺斯研发了字母模块设计技术，将字母分解为单元元素进行重新组合。这一时期，用于文字信息处理的软件也在不断更新和发展，1984 年苹果公司推出了第一台具备图形用户界面和文字、图形修改软件的麦金托什（Macintosh）电脑，标志着专业排版时代的到来。

二 字体排印技术的更替

（一）打字机的出现

英文打字机的出现改写了人们日常交流中手写的历史，开创了西方办公室自动化的全新格局（图 2 - 2）。

---

① "牛郎星""克摩多尔""苹果"、施乐公司的"奥拖"、坦登公司的"TRS"都是当时著名的微电脑品牌。

② 参见林立勋《电脑风云（上）》，电子工业出版社 1998 年版，第 152 页。

③ ［美］Donald Hearn、M. Pauline Baker、Warren R. Carithers：《计算机图形学》，蔡士杰译，电子工业出版社 2014 年版，第 17 页。

图 2 - 2　英文机械打字机（设计师刘伟收藏）

　　1867 年美国制造了第一台实用打字机，并已具备了键盘、色带、卷纸筒等元件。之后，被誉为"打字机之父"的克里斯托夫·拉森·肖尔斯对此进行了改进，不仅使打字机打出的文字有了大小写的区分，而且还将字母顺序进行了重新安排，发明了著名的"QWERTY"键盘模式，奠定了今天计算机键盘的布局形式（图 2 - 3）。1919 年，便携式打字机研制成功，小巧、轻便的机器仅有两三千克重，方便外出携带使用。

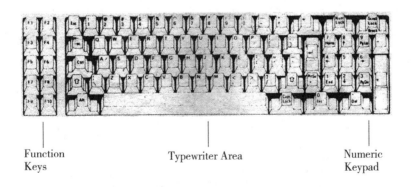

图 2 - 3　受英文机械打字机的启发，克里斯托夫·拉森·肖尔斯发明了影响至今的键盘，图为早期 IBM 电脑键盘样式（许寿椿等编著：《文字编辑于电脑打字》，中央民族学院出版社 1990 年版，第 4 页）

随着打字机技术的日益完善，打字机不仅替代了抄本、誊写、复写成为办公排版的重要工具，形成了新的制造行业，同时也使打字成为西方社会的一项专业技能和文化技能。相对于西文而言，汉字字数众多，无疑减慢了中文打字机的发展速度，而中国和日本同属汉字文化圈，对于中文打字机的研制几乎同时起步。中文打字机最早出现在 1912 年，由周厚坤在美国研制设计，后经商务印书馆的大力支持，由舒震东改良而趋于实用，1919 年制成"舒式华文打字机"在国内发售，并获得了上海总商会第一次展览会优等金牌奖。① 日本的"邦文"中文打字机由活版技术专家杉本京太于大正四年（1915 年）研制成功，并成立了"日本书字机商会"。② 日文的汉字数量较少，机械制造水平也较为先进，因此在华文打字机的开发上发展较快。1935 年俞斌琪仿制日文汉字打字机成功，在上海设置了俞氏中文打字机制造厂，生产打字机并铸造锌合金活字。

最初的打字机都属于手工式的机械打字。相对于字符数量较少的西文打字机，中文打字机最大的不同在于没有键盘设置以及置有超大中文铅字字盘③。就整个打字流程来讲，需要经过选字、引字、打字及复位字盘的过程，更重要的是机械打字改变不了字形和字号，如需更换必须重铸铅字并重刻字锤（图 2-4）。

20 世纪 60 年代中后期，英文针式打字机的出现彻底改变了中文机械打字的窘境，通过模仿针式打字机的构造原理，中文针式打字机不仅弃用了沉重的铅字，且针式打印头的构造也成为点阵字体实现的参考依据，为中文的数字化提供了重要启示。

---

① 参见范慕韩《中国近代印刷史初稿》，印刷工业出版社 1995 年版，第 33 页。
② 参见北京市印刷工业公司技术资料组选编《文字制版技术（上册）》，北京市印刷工业公司 1979 年版，第 250 页。
③ 中文打字机最核心的主体是装有 2450 个硬质金属合金的超大字盘，字盘内部被分割成 70×35 个字格，重量达四五十千克，而且除了常用字外，还需具有备用字盘和铅字。

图 2-4 "双鸽"牌中文机械打字机（邢立先生收藏）

1968 年日本精工株式会社推出第一台商品化、实用性的针式打字机。20 世纪 70 年代初，在美华人李信麟创办了第一个针式打字机生产公司，专门致力于针式打字机的制造。虽然美国各大公司，如施乐、ITT、IBM 都曾瞄准过针式打字机的市场，但日本公司还是几乎掌控了针式打字机的市场。针式打字机是计算机的外部输出设备，也是桌面出版系统的重要工具。相对于机械打字机，它能够打印出各种字号、字形，并能在软件的控制下排印出各种页面格式，这使小型文字排版有了较为丰富的变化性和操作的便捷性。针式打字机最重要的部件是打印头，它不再是铅制字头，而是由若干直径不足 1mm 的细针（9 根、16 根、24 根）组成的字头，通过针的起落和平移打出点子方阵（如 7×9、15×16、24×24），击打时有笔画的位置针头落下，没有笔画的位置针头抬起，从而完成文本的打印。这些点阵输出的原理对西文和中文具有通用性，使用相同的设备，只需要改写输出软件和字形的点阵信息就可以实现中文的点阵输出。

（二）铸排机的使用

可以说，英文打字机的发明极大地推动了大型排版印刷时使用的排铸机的出现，使西方印刷排版很早就实现了机械化和自动化，并完成了最初的整行排铸机向单字排铸机的过渡。

排铸机是将印刷过程中的铸字和排字一体化的重要机械。1883 年，默根泰勒（Mergenthaler）发明的雷诺铸排机（Linotype）问世，它将捡字、铸字及排版整合在一起，对加速西方印刷出版事业的发展做出了重要的贡献。直到 20 世纪 50 年代前后，由于照相排版技术的成熟而逐渐被取代。我国虽曾致力于铸排机的研制，但始终未得到广泛使用。

图 2 - 5　铸排机工作原理：铜模排成行，空格自动调整，后自然铸成铅条（刘龙光主编：《艺文印刷月刊》第一卷第七期，上海市新四军历史研究会印刷印钞组 1985 年影印版，第 34 页）

排铸机的设计受到打字机原理的极大启发，整个过程通过手指按动字键，铜模会自动下落，循序顺槽成行，字距随之自动调整后将一行字符一次性铸成整行铅字，字模回归原位。[①] 初期技术一经排铸错误不易修改，因此，并未在经常需要校对、修改的书籍排印和其他印刷品中广泛应用（图 2 - 5）。

---

① 参见许锡良《立拿排烧机制发明史》，刘龙光主编《艺文印刷月刊》第一卷第六期，上海新四军历史研究会印刷印钞组 1985 年影印版，第 30 页。

1890 年发明的莫诺单字铸排机（Monotype）不仅矫正了条铸机的弊端，而且实现了更换字体和字号大小的进步（图 2 - 6）。它的创新之处在于将打字键盘用于活字生产，排版工人可以在键盘上将按键和格式命令以打孔的形式记录在纸带上，纸带上的信息会记录下每个字母的宽度、走格以及行长和缩进等操作命令。

图 2 - 6　由铅字组成的铅条（Robert Bringhurst，The Elements of Typographic Style，Seattle：H&M Publishers，1992，p. 118）

记录在纸带上的信息本质上与向软件程序键入数值命令时计算机程序所记录的过程十分接近，只是空间距离的计算标准不同。比如莫诺单字铸排机的字宽按照统一标准"单位"进行归类和表示，英文字母中最宽的"M"或"W"是 18 个单位，其他大部分字符是 9 或 10 个单位，而今天的数字字体的计算标准是按更加接近字体真实比例的更大单位来衡量的。

西文印刷排版的机械化也刺激了国人的自主性意识，1926 年王宠佑依据莫诺铸排机原理进行了"中文排烧机"[①] 的研制，以待解决中文印刷出版过程中铸字、排版和印刷无法同时机械化的问题，但此试验产品并未实现大规

---

① 贺圣鼐：《三十五年来中国之印刷术》，张静庐《中国近代出版史料·初编》，上海出版社1953 年版，第 264 页。

模生产。20 世纪 60 年代我国大陆地区和台湾地区均进行过铸排机的研制活动①，但均未大批量投入使用。总结而言，铸排机在我国使用并不广泛，最主要的原因有两点。一方面，汉字繁难，不能简单借鉴西文铸排机的原理和方法进行改造，因此在技术和机械操作层面都受到很大限制；另一方面，这一时期照相排版技术快速发展的同时，数字化、电脑化的浪潮已成为不可逆转的大趋势，技术转型朝着自动化、信息化的方向发展，技术的更迭速度实在大大地超越了铸排机。

（三）照相排版技术

1896 年，匈牙利人 Engenporzsolt 利用打字机和照相术的原理研制了第一台西文手动照排机。② 其原理是将文字拍成阴文底片，然后按照字符顺序排列贴在玻璃片上制成透明的字模版，通过人工选字，将选中文字对准镜头拍摄，底片移动一个字符的距离，再移动字模版拍摄下一个文字，直到完成全部文字，经过显影处理后得到阳文字稿（图 2 - 7、图 2 - 8）。

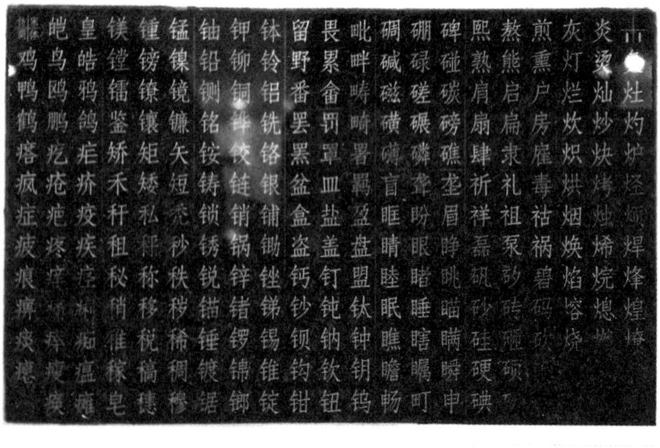

图 2 - 7　玻璃板字模

---

① "1965 年，受《中国台北联合报》和《中央日报》之托，制出中文全自动铸排机，连装两报试用。"1958—1969 上海中华印刷厂、上海印刷技术研究所、上海和丰涌铸字机厂都进行过将手动铸排机改制成自控铸排机的试制。

② 参见翟铭、杨新岚编《当代排版技术》，印刷工业出版社 1994 年版，第 4 页。

图2-8 手动照排机（摄于印刷博物馆）

据史料记载，1936年，国人柳溥庆、陈宏阁二人应用照相原理设计制造了排字机，"既能排制各种大小字号之文字，且备有隶体字及其他美术字之字模，可以排印各种书籍、杂志"①。遗憾的是，由于战乱，此项发明未能推广使用。此后，我国台湾地区和大陆地区同时加紧了对照排机的研制，1958年，留美华人桂中福将其发明的中文照相排字机在我国台湾地区推广；1962年，上海劳动仪表厂（现上海光学机械厂）成功试制了第一代照相排字机②，我国进入了"发展冷排，改进热排"的过渡时期。

第二次世界大战之后，计算机的发明和光学技术的进步使照排机的研制

<hr>

① 曹振英、邱泽编：《实用印刷字体手册》，印刷工业出版社1994年版，第146页。
② 参见潘岳山《上海文字排版的机械化自动化》，中国印刷协会技术协会《中国印刷年鉴1981》，印刷工业出版社1982年版，第52页。

进入新的阶段，光学式自动照排机应运而生，1956年，美国的PHOTON公司完成试验。这种被称为二代机的自动照排机是利用键盘作为输入设备，通过机械在字模版上选字，字符信息被译成代码打在纸带等存储介质上，字符孔携带着文字信息输入计算机编辑成版面自动完成工作任务。它在本质上与第一代手动照排机类似，对于繁复的汉字系统并不具有很强的适用性。1969年，上海中华印刷厂、复旦大学、北京新华印刷厂、清华大学等单位都进行了二代机的研究试制。进入20世纪70年代后，随着计算机硬件和外部设备的快速发展，第三代数字式照排机很快推出。这种照排机已不再是单一的照排设备，它已变成了计算机系统的一种输出设备，并且采用了数字式字库，将文字符号分解为点阵信息存储于计算机，进行编辑时将点阵代码提取，在CRT（阴极显像管）上扫描照相从而得到文字底片。文字分割密度越高，字形质量越好；显示屏的分辨率越高，文字显示的效果越好。1965年由西德的赫尔公司（Hell）率先发明，至1975年欧美已广泛使用，十分流行。此时，我国也有三家科研团队在进行第三代照排机的研制工作。[1]

三 技术更迭对文字编排的影响

潘岳山先生曾指出，由于所有的设计都是由技术而产生，因此，设计的发展自然与技术的发展密不可分，就像约翰·古登堡发明的活字印刷术，"就起因于他对金属活字和印刷机的发明"[2]。从以上两小节的梳理中，我们也可以看到，技术的发展使字体设计和编排的规则不断受到挑战和改变。

（一）可变的字形、大小和空距

一般而言，无论中文或西文都是一种线的结构，所以线条是文字形态最

---

[1] 飞点扫描式照排机、字模管式照排机、全息存储式照排机都属于第三代CRT照排机。中国科学院自动化研究所采用飞点扫描方式进行字形存储；云南大学和云南出版局采用字模管存储方案；上海印刷技术研究所、华东计算所（电子工业部32所）等十几个研究单位组成了技术团队，采用全息存储器方式进行汉字信息存储。

[2] ［美］昆汀·纽瓦克编：《什么是平面设计》，初枢昊译，中国青年出版社2005年版，第34页。

基本的构成元素。拼音文字是高度抽象化、机械化的文字体系，是由直线和弧线组成的几何形结构，线条并无形质的差异，粗细均等的线居多。线条围合而成的内部形态变化并不复杂，外部形态所构成的空间也相对简约。每个字母的宽度和高度不同，字母之间的距离、行间距离的微妙变化是理解西文字体设计的关键；而汉字则是线条的艺术，由直线与弧线构成的方块极为稳定，直线与弧线的程式很是考究，线与线的穿插交错形成内白空间和外白空间的变化，如同呼吸一般调整着整个版面的节奏。汉字的线条讲究筋骨，线的软硬可以决定一副字的风格；汉字的线条通过藏露与力势来塑造笔画的形式，同时笔画的形式又超越线条本身的意蕴唤起人们对笔意的联想（图2-9）。"万物纷错，有形之物象，取其轮廓，则可存于线中；漠然无朕，无形之心象，亦可抽取而融于线中。"①

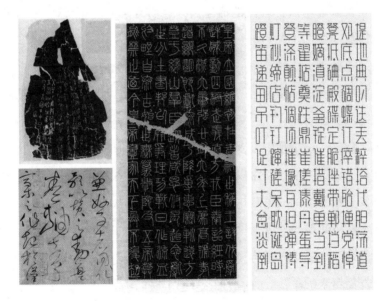

图2-9　汉字从古至今都乃线的艺术（左上为甲骨文，左下为怀素自叙帖，中为秦峄山刻石；邱振中：《中国书法167个练习》，中国人民大学出版社2005年版，第207、310、219页。右为雨线体，作者左佐；左佐编著：《字形设计》，松岗资产管理股份有限公司2015年版，第255页）

---

① 姚淦铭：《汉字与书法文化》，广西教育出版社1996年版，第140页。

如上所述，线是构造字形的基础。在铅活字时代，字形是被雕刻的铅块，是不可塑造的。同一字形有不同字号小大的变化，每个尺寸的字形都需分别铸造，以形成一副铅字字库。在照相植字机出现后，这种规则被改变了。照相排字可以在通过照相机拍摄字体后，按照比例缩放字形的大小，于是，一个字符可以生成小到脚注字体，大到标题字体的不同尺寸，这在铅活字时代是不可想象的。照相排字虽然可以对字形的大小进行整体改变，但组成文字的线条仍然是不可修改的，也就是说，如果想对字形进行笔画、结构的调整就必须在文字原稿上进行处理，字形设计与随意编辑仍然隔着一台印刷机械的距离。计算机图形学打破了这种技术的局限，开发出的众多页面描述语言使字符轮廓线独立出来，赋予了字形变化的可能性，通过对不同属性的点的控制，线条被数字化语言规范地描述出来，而且越来越精美，字符的轮廓也可以随意缩放和变形。

铅活字排版属于物理排字，字与字之间的空距也是由预设好的字面和字身大小决定的，同样字面和字身的比例关系也决定了上下行间默认的空距。但灰度均匀的版面不允许这种默认值的发生，因此需要加入空铅来调整适度的行间距，但这一切都是不可变的（图 2-10）。如果出现字形和空距的视觉问题，需要用锉刀去削挫铅字以改变它的字形和相邻铅字的空距，十分麻烦。这个问题到了数字时代的电脑排版时才得到完全解决（图 2-11）。但铅字时代的这些方法依然对我们今天的数字排版留下深深的烙印，"即使在 21 世纪非常轻灵的数字排版，其基本框架依然是坚实的物理性"，"凸版印刷时代经历数世纪发展出来的手法，深深地影响了字体的衍化历程，要想将字体与另起进展的今天的过程分开，是根本不可能的"①。

---

① ［美］昆汀·纽瓦克编：《什么是平面设计》，初枢昊译，中国青年出版社 2005 年版，第 66 页。

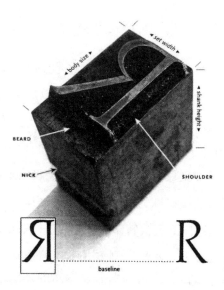

图 2－10　铅活字时期的物理铅块具有不可变的字距，计算机时代字符之间的字距是可以自由调整的（Robert Bringhurst，The Elements of Typographic Style，Seattle：H&M Publishers，1992．p. 300）

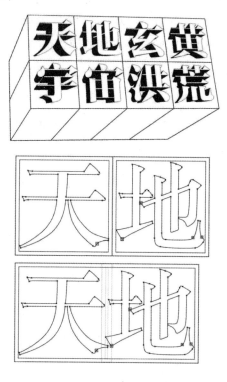

图 2－11　可变的字距（笔者绘制）

（二）轻与重

铅活字印刷实际上是凸版印刷的一种，它是依靠机器的压力将浮雕式的铅字排成活字版压印在平面媒介上。照相排字和以后的激光照排都属于平版印刷，而平版印刷本质上是一个照相的过程。版面上所有的图文区域和空白部分被投射到一块涂有感光剂的印版上，利用油和水相抗拒的原理，透明部分亲水抗油不着墨，图文区域亲油抗水吸附油墨，印刷时，印版会先浸水再涂油墨，涂上油墨的印版被识别为空白部分而被排斥，被吸收的即是印刷图文部分的表面，这样印刷图文就被转印到纸张或被印刷的媒介上。

从字体设计的角度出发，两种印刷方式不仅给受众带来了不同的心理感受，同时也带来了某些字体设计规则的改变。著名字体设计师朱志伟老师在接受采访时曾拿出老版和新版的《毛泽东选集》进行过对比，铅活字的压印明显要实和黑，压力不明显的平版印刷出的文字显得淡而轻①。黑而实的文字增添了文字内容的厚重感，轻而淡的文字干净、整洁，使阅读更加流畅。由此可见，两种文字质感确实影响使用者对阅读过程的心理感受。

另外，考虑压力的原因，铅字本身在铸造时就需要将凸起的字面到字肩的浮雕部分处理成斜面，防止铅字长时间受压而断裂。出于同样的考量，凸起的铅字与纸面接触时会出现溢墨的现象，为了防止这种现象，又不能改变坚硬的铅字本身，就必须在字体原稿设计时做出相应的规则改变。因此，在字体设计时，笔画交叉处要做减细的处理，防止油墨溢出时交叉处过黑，以保持和其他笔画的粗细一致。而且由于经常使用，铅字容易受到不同程度的磨损，磨损后的铅字，印刷出来的文字容易出现断笔或笔画粗细不均，如在字体设计原稿时，宋体字的横笔不宜过细，正是此理。

照相排字出现后，迫使字体设计的规则继续改变。照相排字是利用光线透过透明底片将文字图形感光到胶片，感光后的文字会出现字体膨胀、收缩的光晕和光损现象。因此，面对光晕现象，文字原稿中笔画交叉处需要进行

---

① 参见朱志伟老师访谈。

特别的"凹陷"处理，西文的处理方式被称为"墨孔"或"油墨孔"，中文的处理方式被称为"挖角"。虽然称谓不同，但原理是一致的。"凹陷"是字体外形中被刻意夸大处理的缺口，以便油墨可以填入缺口，形成完整的字形。另外，光损效果会使文字笔画出现细部更细，粗部更粗的缺陷。因此不及时修改、调整文字原稿中的画笔粗细，会导致印刷字体品质的下降（图2－12）。

图2－12　英文中的油墨孔或墨孔在印刷过程中会被填上油墨。这种"**Bell Centennial**"是专门为电话簿设计的。汉字照相排字中的"**挖角**"（笔者绘制）

（三）不同工艺下字库定义的流变

字库一词并不是我们今天特有的，它来源于法语，意为"制模"或"铸造"。在传统的铅活字时代，西文铅字是将同一尺寸的铅字放置在一个或多个抽屉里。中文铅字数量庞大，一套字库就是一副字，包含了同一字体的单一尺寸的集合，至少有六千个左右的字头，被放置在设计好的字盘和排字架内，并按照检字法分类。贺圣鼐在《三十五年来中国之印刷术》中有过描述："将全副铅字分为繁用及冷门二类，繁用字则造塔形轮转圆盘以贮之，冷门字则设推方盘以贮之。"①

铸排机的出现，使字库与铜模联系到一起，因为铸排机的按键与不同的字模箱相连，键入文本后，字模会被选出再铸成铅字或铅字条。因此，一套字库就变成了一副字模。

机械式打字机也是依靠活字元素进行打字的，字库的概念与用于印刷的铅活字一致，只是数量较少，一个中文铅字打字机的字盘内装有 2000 多个活字。但针式打字机发明后，字库的概念随之改变了，因为不再使用活字，所以一套字库变为一套点阵字模②，比如一套宋体点阵字模可以是一套 15×16 或 24×24 的点。

照相排字机的发明终结了"热字"时代，开启了"冷字"排版的时期，意味着不再使用铅字铜模来定义字库。照相排字机的字库被存储在一定规格的字模板上③，经过拍照，文字就被拍摄到照相底片上，再经过显影处理晒出文稿。技术的不断进步使字模版的材质和大小有了很大变化。20 世纪 70 年代默根特勒照相排字机所用的字模版用的是照相底片，尺寸也缩减到 2－3 英寸。我国上海照相制版厂生产的字模版是由 4－4.5mm 的双层玻璃胶和而成，字模版上的文字，字身大小有 4 种，分别是 3.75mm²、3.85mm²、3.88mm²、4mm²。这些文字虽小，但可以放大到标准化的应用比例而不失真。④

照相排字机发展到第三代时采用的是通过阴极射线管显示文字进行照排的方式，字库的概念在此时有了新的变化。由于文字图像不再是通过照片底片生成，而是将文字图像分解成方形点阵并用"0""1"的数字代码进行表

---

① 贺圣鼐：《三十五年来中国之印刷术》，张静庐《中国近代出版史初编》，上海出版社 1953 年版，第 261 页。

② 参见黄武双《计算机字体与字库的法律保护：原理与判例》，法律出版社 2011 年版，第 4 页。

③ 我国字模版有两种规格：66mm×106mm、77mm×110mm。字版按印刷通用字形表分为繁用字、常用字和备用字三个级别。繁用字多以连串词编辑，常用字和备用字多按部首编辑。

④ 参见北京市印刷工业公司技术资料组选编《文字制版技术（下）》，北京市印刷工业公司 1979 年版，第 247 页。

示，因此形成了第一代数字式字库（图 2 – 13）。① 随着技术的不断成熟，第二代数字字库产生了，它可以将字符的轮廓以分段直线进行表述，但放大后存在很大问题，明显的平直区域破坏了整个字符的轮廓，线段与线段交汇的折痕使字符的外形极不平滑，如方正宋三体放大后仍然可以看到折线的痕迹，但这却是早期中文数字字体的真实面目。后来，基于图形结构处理"GAP"的发展，曲线描述法得到很大进步，其中 PostScript 作为众多曲线描述法中的一种，被定义为字形描述的国际标准以及国际页面描述语言标准改变了这一状况，经过不断改进终于成为数字时代全球字库的国际标准。

铅活字时代字模库　　　　照相排字时代字模版　　　　数字时代字库

图 2 – 13　字库形态的演变（左摄于上海字模一厂；中出自 Summer Stone：on Stone：The Art and Use of Typography on the Personal Computer，San Francisco：Bedford Arts Publishers，1991，p. 15；右为笔者绘制）

第二节　中文印刷技术革新的推进

一　中国铅活字印刷的重负及行业改造的影响

让我们将目光投向我国的字体设计，看一下中文印刷技术的革新又给中国字体设计带来了哪些挑战和改变。

19 世纪初至 20 世纪 80 年代前后，我国的印刷出版一直以铅活字印刷为主导，据统计，"我国铸字耗用的铅合金达 20 万吨，铜模 200 万副，价值人

---

① 参见翟铭、杨新岚《当代排版技术概论》，印刷工业出版社 1994 年版，第 8 页。

民币 60 亿，每年需要补充消耗铅 5000 吨，不但能耗大，环境污染严重，而且出版印刷能力极低；一般图书从发稿到出书在出版社压上一年左右，科技图书甚至要拖两至三年"①。

铅活字印刷的整个流程非常烦冗，涉及了铅字雕刻和铸造、排版和印刷三种操作。铅字和铜模是铅活字印刷的单元部件，字模是铸造铅字的母型，在铜模与铸字机的组合下，活字即被铸造出来。20 世纪 50 年代前，我国的字模生产还沿用 30 年代的陈旧工艺，"雕刻铅字经电镀后用手工镶模"②。此外，通过铜模翻制的铅字可以作为字种③，以备再次制作成铜模使用。50 年代初，字种在长期翻制中也出现了笔画断裂、字面不平、大小不一、粗细不匀的问题；字模经过多次翻制，已严重走样，尤其推行简化字后，很多字模需要重新刻制。而且，公私合营后我国字模厂只剩三家，据何步云《活字小史》中推算，按照七千余字一副字模，要刻制简化字和偏旁简化类推字约有三千字左右。如果要将四种字体、八种规格刻齐，需要 8 万多个铅坯。以当时的刻工力量，需 10 年才能完成。虽然当时制模速度比新中国成立前提高了几倍，但仍需六七年时间才能完成。④ 在此情况下，制模技术和设备亟须改进。

1956 年我国第一次从日本引进了"本顿"字模雕刻机⑤，1958 年和 1965 年又陆续引进了 30 台，并邀请日本技师到北京新华字模厂进行技术培训，从此开始了我国机刻字模的技术革命，为字模标准化生产创造了条件（图 2 - 14）。字模雕刻机的使用大大提高了工作效率和质量，制出一个 5 号铜模用不了 15 分钟，且字模精细，笔锋尖锐，不仅效率大增，文字质量亦明显提高。同时，铜模的种类也有所增加，从最初的长条镶模发展出小片模（阔边活芯字模），

①　丛中笑：《王选传》，学苑出版社 2012 年版，第 178 页。
②　北京工业志编委会编：《北京工业印刷志》，中国科学技术出版社 2001 年版，第 394 页。
③　字种也叫底子字，是用来做铜模的铅字，把铅字经电镀紫铜心子，做成铜模再浇铸铅字，故称为字种。
④　参见何步云《中国活字小史》，上海新四军历史研究会印刷印钞分会编《活字印刷源流》，印刷工业出版社 1990 年版，第 81 页。
⑤　关于本顿雕刻机在后一节中有具体的论述。

字模生产工序从原来的76 道减少至16 道，节省铜料200 吨（图2 – 15）。[①] 虽然字模生产实现了机械化操作，但技术的掌握和消化吸收还需更长的时间，更需有质量过关的其他零部件的整体配合，因此，在很长的时间内我国字模质量仍然存在很多需要解决的问题。

图 2 – 14　本顿字模雕刻机与局部（摄于中国印刷博物馆藏）

图 2 – 15　（左）片模（右）镶模（摄于上海字模一厂）

---

① 　根据1954 年铅活字印刷主要原料消耗量的报告，黄铜合计85426 公斤，紫铜5798 公斤，铅304018 公斤。上海档案馆，档案号4202 – 2 – 25。

新中国成立后百废待兴，印刷出版事业承担着社会主义性质的精神文化建设的主要任务，因此，为了改变战乱导致的印刷出版业的疲弱状态，我国对印刷出版行业进行了一系列社会主义改造，确立了"统筹兼顾、分工合作"的出版、印刷分离的方针，确保了我国印刷出版业朝着独立化、专业化的方向前进，为公私合营的社会主义改造创造了先决条件。铅活字排版印刷一直是我国印刷出版中的主流工艺，重负之下严重影响了印刷排印的速度和品质，我国首先对制作工艺环节进行了整顿，开始了铸字铜模业的社会主义改造。

新中国成立初期，我国铸字铜模工业以京沪两地较为集中和发达。上海地区自 1906 年乔獬松在上海开办松蕴铸字所开始，至 1908 年后，共有 20 多家铜模生产企业[1]，但都是手工操作，日产量仅几十个，而且没有统一规格，字体也仅有老宋体一种。[2] 根据《北京工业印刷志》中统计，1909 年至 1952 年，北京地区有工商注册的铸字铜模生产厂家增至 13 家。[3] 新中国成立前，这些铸字铜模厂都是私营企业，社会主义改造期间，根据中央指示"对于私营出版业、发行业和印刷业，必须积极地、有计划地、稳步地进行社会主义改造"。至 1956 年，经过"公私合营"后国家将京沪两地的铸字铜模厂简化为三大字模厂：北京新华字模厂[4]、上海字模一厂[5]和二厂[6]。"文革"期间上海字模二厂迁至湖北丹江，改建为文字六零五厂[7]。此后，三大字模厂承担起全国的字模与铅字生产，为中国文字改革和汉字简化、统一印刷字体做出了

---

[1] 上海申报馆、世界书局、吴顺记等先后生产字模，之后还有华丰、华文、汉文、陈森记、卢桂记、求古斋、沙正兴、永新、明记等。

[2] 根据《上海市铸字铜模工业行业规划与改组改造方案（草案）》中基本情况的记录：全业共三十七户，均系私营，职工总数 433 人。50 人以上大型厂 2 户，不足 50 人的大型厂 5 户，10 人以上的小型厂 2 户，不足 10 人的小型厂 28 户。

[3] 这 13 家字模及铅字生产企业在 1956 年与其他十家材料生产小厂联合组成"公私合营北京印刷材料厂"。

[4] 北京新华字模厂的前身是 1950 年建立的第二新华印刷厂，1955 年原文化部出版事业管理局将第二新华印刷厂进行了调整分配，十几个人成立了字模所。1960 年新华字模制造所合并了 1956 年公私合营后的北京印刷材料厂，组成北京新华字模厂。

[5] 上海华丰字模生产厂 1956 年公私合营后，有 22 家中小型厂并入，改名上海字模一厂。迁移至湖北丹江后，为安顿其职工家属设立了中国民族文字字模厂，大部分职工退休后也随即进入该厂。

[6] 上海华文字模生产厂公私合营后并入 14 家中小型厂，改名上海字模二厂。

[7] 参见宋原放主编《上海出版志》，上海社会科学院出版社 2000 年版，第 854 页。

重要的贡献。1968年为了更好地贯彻"统筹兼顾"的出版原则，国家发布了印刷字模统一分配的通知，明确了北京和上海两地字模生产的任务和分工，实现了资源的共享，并出台了由中国印刷物资公司负责全国字模的统购统销的决定（图2-16）。

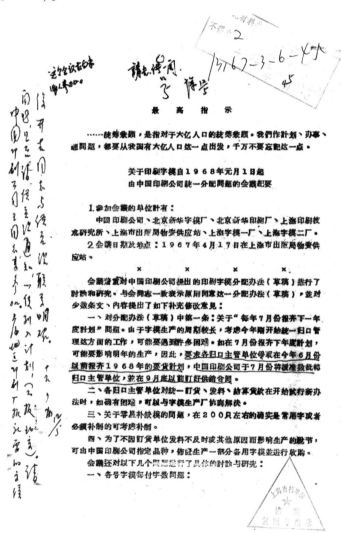

图2-16　字模统一分配的指示档案（上海档案馆藏，编号：B/67-3-6-45）

应该说，社会主义改造不仅是满足新时期、新意识形态下对印刷工业的性质的单一改造，更是整合资源，集中优势力量进行生产力布局的调整，改善生产关系的有力措施，为专业化、工业化生产提供了有力保障。统购统销方案的出台对铅活字时代的字模生产是有利的，避免了重复性劳动，节约了人力、物力。但对于电脑时代的数字字体设计来说它的弊端就显现出来，因为数字字体设计的初期经历了将中文字稿数字化的过程，由于字稿和铜模原稿是一样的，所以各字体公司的字库产品也就大同小异，不仅消减了数字字体的创造性，也忽视了字体设计的风格与品质。

二　中国提高印刷文字质量的举措

从设计的角度而言，汉字的规范标准是提高印刷文字质量的前提，汉字的构字形态、笔画特征、间架结构和整体排布则是提高印刷文字质量的保障。汉字形体的发展是个动态化的过程，虽在今文字阶段后趋于稳定，但大量存在的各种异体字、方言字、简化字以及生僻字、繁难字导致了字形的杂乱、无序，严重干扰了文字准确记录、快速传递信息的社会性功能，同时也是印刷文字品质低下的重要原因。针对此类问题，国家采取了一系列提高印刷文字质量的举措，一是汉字简化的规范性整理，二是文字排版相关规定的出台。

汉字简化是在汉字改革的大背景下应运而生的。新中国成立后，文字作为文化思想和意识形态领域规约的利器，受到极大重视，简化字运动得到了有计划、有步骤地推进。①

汉字简化的主要成就有三：整理异体字、简化字表及印刷通用汉字字形。关于异体字的解释有不同的说法，但归纳起来有三种，一是与正字相对；二是同音同义，但写法不同；三是音义不完全相同但写法不同。王凤阳在《汉字学》中曾解释过，各个时代所运用的文字中都有对立统一的两种字体，一个是为了社会书面交际的畅通而通用的标准体，为政府所推行，民众所使用；另一个是标准文字的应用体，为了提高个人记录的效率而存在。这实际上解

---

① 1955 年吴玉章在文字改革委员会第一次全体会议中提出了当前文字改革的主要任务："要发动全国讨论《汉字简化方案（草案）》，继续整理汉字，编订汉字标准字表，还要拟出汉字拼音化初步方案，并展开群众性讨论，同时进行广泛的试验。"转引自费锦昌《中国语文现代化百年记事》，语文出版社 1997 年版，第 194 页。

释了异体字的存在条件。接着他指出了如何理解异体字："文字体系和文字的社会性是理解标准体的关键；文字的记录性和书写时顺应手的运动生理是理解文字的应用体的关键。"[①] 这是因为以隶变为界，汉字被分为古文字和今文字两个历史分期，古文字阶段属"写"字阶段，字形变化较大；唐代后随着楷字的定型[②]和印刷术的出现，印刷字体则趋于程式化、规范化，字形变化越来越小，判定异体字的标准也随之变化。与汉字简化有关的另一个概念是"俗体"。一般而言，俗体被视为与正字相对的字形，不仅是一种异体字，而且是一种不合乎汉字规范的字形，其主要特点体现在产生于民间，使用于民间，理据来源于民间。有趣的是，古代的繁体字是正字，简体字是俗字，而在新中国成立后的简化字运动中，简体字与繁体字的关系颠倒过来，简体字为正字，繁体字为俗字。不论如何，历史中已存在的简体字已从不合法的暗流中涌出，成为汉字简化的重要依据并建立了新的规范，同时为提高印刷文字质量奠定了坚实的基础。

1950 年，在新中国成立前汉字简化工作成果的基础上国家着手汉字简化工作，编制了《常用简体字登记表》。1955 年 1 月，中国文字改革委员会公布了《汉字简化方案（草案）》共 517 个简化字[③]，在 1956 年国务院全体会议第 23 次会议通过了此项方案并决定在 1959 年以前分四批在全国推行完毕。1955 年 7 月，针对全国各报社、出版社、杂志社和印刷厂试用第一、二批简化字，57 个简化汉字从 5 月 1 日起正式试用。[④] 1964 年，国家公布了简化字推行以来的阶段性成果《简化汉字总表》，收录了《汉字简化方案》中的 532 个字和《偏旁简化字表》中的 1382 个字。在此基础上经过不断调整和补充，1986 年国务院重新发表了《简化字总表》。

汉字的规范化进程以 1965 年发布的《印刷通用汉字字形表》为重要成

---

① 王凤阳：《文字学》，吉林文史出版社 1989 年版，第 182 页。

② 唐代楷书，标志着楷字的定型。

③ 参见傅永和《汉字七题》，河南教育出版社 1993 年版，第 21 页。

④ 文化部档案室保存原件：《中国文字改革委员会关于做好试用第一批简化汉字准备工作的通知》，中国新闻出版研究院、中央档案局编《中华人民共和国出版史料 1949 年》，中国书籍出版社 1995 年版，第 82 页。

果，它不仅成为当时全国各地制作字模的范本，同时也为电脑时代汉字的信息化处理打下了基础，如《信息交换用汉字编码字符集·基本集》就是此规范基础上的产物。

除了对汉字的规范化整理外，为了提高出版印刷质量，国家还相继出台了活字规格系列化规范和文字排版相关规定。1955 年原文化部出台的《关于书籍杂志使用字体的原则规定》就首次关注了由于印刷技术不够精良，印刷质量差以及字号大小的问题而引起视觉疲劳、损伤眼力的问题，因此制定了诸如"一般杂志应使用老五号字或大于老五号字的字体排印，小五号字之宜用于短文、布白、引文等处，对于六号字的使用应有较为严格的限制"① 等原则规定，有意识地加强了印刷排版的设计规范。另外，原文化部同时发布的《关于推行汉文书籍、杂志横排的原则规定》中提到"对横排书的版式设计，各出版社应该结合本单位出版物的特点进行研究，既要防止纸张利用率过低的偏向，又要照顾到使用美观的要求"②。

三　中文信息技术的前期探索

信息时代的来临，也在中文字体设计中产生了回响。计算机的使用必须以将世界各国的文字输入计算机内进行处理为前提，对于汉字而言，中文信息处理的过程需要以汉字输入、存储和输出的实现为基础，汉字表意系统的特殊性决定了无法参照西文信息处理的经验，这也成为东亚文化圈其他各国和地区同样面临的实际问题。

我国对汉字信息处理的准备是从对汉字编码的探索开始的，主要解决的是汉字输入问题。1880 年，丹麦人就编制过汉字电报码本用于电报传输汉字，电报码是用 4 个数字编码汉字，如"爸"为 3640，由于此方案是无理编码，只能靠机械记忆，效率极低。1928 年出现了四角号码汉字编码法，但由于重

---

① 《文化部关于书籍杂志使用字体的原则规定》，中国新闻出版研究院中央档案局编《中华人民共和国出版史料 1955 年》，中国书籍出版社 1995 年版，第 400 页。
② 《文化部关于推行汉文书记、杂志横排的原则规定》，同上文，第 413 页。

码太多而被废弃。20 世纪 60 年代以后出现了更多的编码方案，如杜定友的"字根研究"理论；林语堂发明的"上下型检字法"；江德昭发明的"首尾码"等。

20 世纪 80 年代后个人电脑的普及使汉字处理电脑化浪潮在中国形成，迎来了汉字编码的高潮，即"万码奔腾"时期。此间，汉字编码、汉字键盘输入、汉字操作系统开发、汉字设备（汉字打字机、汉字排版及激光印刷系统）以及汉字系统支持的中文信息处理等领域的研究得到了突破性的发展。1969 年邮电部科学研究院成功设计制造了第一台能够存放 1 万个 20×20 点阵的汉字字库的电子式中文电报快速收报机[1]，揭开了汉字信息处理的序幕。虽然我国错过了世界电子计算机产业发展的三个黄金时代，但在信息化、电子化的研究领域还是紧随时代的步伐，与世界几乎同步。伴随着新时代的到来，中文数字字体的原始母型已是呼之欲出。

第三节　中文数字字体的原始母型

一　必然性与偶然性——中文印刷字体设计专业化的开端

（一）专业化开端的必然性——雕刻机的引进与字稿设计的兴起

自字模雕刻机引进后，字稿设计便应运而生。由于雕刻机需要以字体绘写的原稿为基础物料，两者缺一不可，这种巨大转变催生了字稿设计行业，促使字体设计朝着专业化的方向发展，因此，被视为中文印刷字体设计专业化开端的历史必然。

字模雕刻机由美国人本顿于 1884 年发明，1912 年日本大藏省印刷局引进该机器，但似乎并没有利用于活字设计中。直至 20 世纪 40 年代末津上制造

---

① 参见刘益东、李根群《中国计算机产业发展之研究》，山东教育出版社 2005 年版，第 132 页。

所成功国产化本顿机，50 年代开始使用于字体设计领域。① 机刻字模技术引进之前，我国铜模制作除个别有手写原稿贴于木头或其他活字材料上进行雕刻外，大多采用原寸直接雕刻之法，所以还未有设计字稿这一概念。字模雕刻机的使用需要预先绘制文字字稿，再按照比例缩放，制作各种尺寸的字模，因此，字稿设计是其先决条件。

为了配合字稿设计的需要，我国首先在北京成立了字体设计专业小组，开始了团队化字稿绘写的实践。"1956 年年初，北京新华字模厂建立后，成立了写字组，进行印刷字体的研究和设计。"② 新中国成立前，我国自主生产的铜模只有楷体和仿宋体，宋体和黑体是从日本引进的。新中国成立后，报纸上所用的宋体只有两种，都是从日本引进的，一种是秀英体（万启盈先生称秀颖体），另一种是筑地体。秀英体曾是 1936 年中华书局出版的第一版《辞海》中正文用字，字体纤细秀美，后来《人民日报》引进了这种字体进行排版，受到很大欢迎。筑地体则较为粗长，字形夸张。基于宋体字的缺乏，1957 年，写字组创写了第一副宋体字稿，命名为 571 稿③，适用于书刊和报纸的排印。1961 年设计了书版 611 稿，用于排印《毛泽东选集》；1964 年推出报版宋体 641 稿，排印《人民日报》。

可以说，字模雕刻机引进后，我国的印刷字体设计才有了自觉意识，字稿的创写也成为新兴而专门的学问。新兴领域必然需要专业性、规范性、严谨性的规范作为指导，因此决定了之后我国印刷字体设计的研究方向。

（二）专业化开端的偶然性——"莱比锡"与活字字体研究室

偶然性一般被视为具有影响事物发展方向的作用，正如"莱比锡"国际书展的铩羽而归对我国印刷字体设计的专业化进程起到的催化作用。

长期以来印刷字体作为印刷工业的附属品，未从国家层面得到应有的重

---

① 西北大学孙明远老师提供。
② 北京工业志编委会编：《北京工业印刷志》，中国科学技术出版社 2001 年版，第 394 页。
③ 字稿名称是以创写时间 1957 年 1 月命名的。之后的 611 稿、641 稿沿用同样传统，以记录时间命名。

视。1959 年莱比锡国际书籍博览会在民主德国召开，我国送展的 280 多件展品中，与文字排版有关的仅有《梁祝故事说唱集》获得排字印刷银质奖章，《和平的音讯》获得版式设计比赛奖银质奖章，《民歌》获得版式设计比赛奖铜质奖章①。此次比赛无疑暴露了我国字体设计意识的薄弱与设计力量的严重不足。作为新时期、新意识形态传播与推广的利器，这种疲弱的状态必须得到改善，印刷字体设计的专业化、科学化发展势在必行。在此背景下，同年 11 月，由出版界前辈胡愈之先生倡导，上海出版局汤季宏主持，拟定集合上海地区的优势资源，从技术革新和创设字体等方面展开研究工作，"考虑在 1960 年第一季度建立印刷技术研究所，成为上海印刷技术的神经中枢"②。组建过程中，活字字体研究室成立，研究室集合了刻字匠师、美术编辑、书法人才、上海出版专科学校学员四方面的力量，以"整旧创新并举，当前以整旧为主"为方针指导，开始了字体设计的研发活动。同时，1960 年原文化部出台了《关于组织有关部门改进和创造新的印刷字体的通知》③，文中总结了我国印刷字体存在的问题，并明确提出改进字体设计的重要方向。这是我国

---

① 《莱比锡国际书展获奖名单》，上海档案馆藏，编号 B167 - 1 - 332。

② 《上海市印刷工业公司成立技术研究所的初步打算》，上海档案馆藏，编号 B167 - 1 - 586。

③ 全文如下：好的印刷字体，对适应图书的艺术装帧要求、活跃报刊的版面、提高印刷质量，都有着重要作用。目前，我们的汉字印刷字体存在着三个问题。第一，简化字和简化偏旁字的印刷字体，与原来繁体字的印刷体不协调。第二，印刷字体的种类太少，不能满足出版物版面编排和装帧设计的需求。第三，现有的印刷字体，多是二三十年前的旧体，不够美观，和我国文化教育事业日益繁荣昌盛的客观形势不相应。因此必须改进和创造新的印刷字体，以适应文化教育事业不断发展的需要。在改善印刷字体的工作中，当前亟须做的几件事情：第一，对现有比较好的印刷字体，进行修正，发挥其风格特点的长处，克服其缺点。第二，设计好的简化字印刷字体，使简化字和简化偏旁字在各个特点上，与繁体字协调起来。第三，创造多种多样的标题用字体，如长形的、扁形的、笔画粗的、笔画细的、行楷体、美术体，等等。第四，创造具有新的风格特点的宋体、楷体（毛笔楷体）、仿宋体和教科书体（钢笔楷体），用来排印出版物的正文。印刷字体需要不断改进不断革新，因此是一项长期的经常性的工作。过去几年中，北京、上海和其他省区的出版印刷单位，都创造了一些具有独特风格的印刷字体，对活泼报刊的版面，提高印刷质量，起了很好的作用，受到读者的欢迎。建议各省市自治区的文化局，在可能范围内，有计划地推动和组织报社、出版社、印刷厂，以及美术工作者、书法家和其他方面的印刷字体爱好者，共同协作来改进和创造新的印刷字体。北京、上海是印刷工业比较集中的地区，字模制造力量比较强，书法家、美术工作者也比较多，希望集中一些力量，在较短的时期内，首先改进和创造出几种能广泛采用的字体来，并望在此基础上将研究和制作印刷字体的专业队伍逐步建立起来，以便和业余队伍相结合更好地开展印刷字体的改进和创造工作。（据原文化部出版局编《出版工作文件选编 1958—1961》刊印）

第一次站在国家文化出版事业的全局高度对印刷字体设计提出的建设性意见，并对印刷字体设计队伍的组建提供了指导性的支持，是引导我国印刷字体设计走向规范化、专业化进程的重要标志。

从建立之初，活字字体研究室（以下简称"研究室"）就开始对印刷字体设计的专业化发展进行有计划、有步骤的研究和探索。通过制定课题研究规划确立阶段性目标，并且基于实践制定统一、明确的设计目的，建立了规范化的团队设计制作流程。"结合研究创需总结并阐明创写活字字体的原理和技术规律，初步建立起我国自己的活字字体学科。"①

首先，专业化建设体现在制作流程的统一性和规范性当中。研究室最开始着手的是宋一体、黑一体的设计创作活动，成立了 3 人左右为一组的"创宋""创黑"小组，但此时一幅字稿的设计由一人完成，效率很低。因此，从宋二体开始采用集体设计、分工负责的流水作业方式进行，每一组成员分工不同，按照写铅笔稿、字稿画线、字稿填色的工序完成整个字体创作过程，再统一修正全幅字稿。研究室还制定了一套偏旁套写的设计方法，打破了过去按照部首次序设计的方法。根据《印刷通用字表》中 6196 个常用字，将统一声旁或形旁相近的字集在一起，编成一本声旁字表。设计时，将同声旁选出一个字进行绘写，然后与形旁套写；形旁则分别设计出若干宽窄不一的形旁作为规范，套写时做适当调整。与此同时，针对华丰、华文、汉文等老厂和中华书局、商务印书馆印刷厂的旧字模进行的修整补齐工作也同步进行。根据 1962 年印研所的课题研究规划报告显示，宋一体、黑一体的创写基本完成，需要开始下一阶段的"整宋""整黑"及"创宋""创楷"的任务。

其次，专业化建设体现为字稿辅助设计坐标纸的科学研制（图 2 - 17）。字稿的绘写需要在大小规格不一的绘写纸上进行，具体的尺寸因字模生产厂家的不同有所变化，而且绘写纸的尺寸不同，印刷于绘写纸上的坐标网格也各有不同。如日本字体设计中的绘写纸有 2 英寸、3 英寸、4 英寸（1 英寸 = 25.4

---

① 《1966—1970 年上海市各地方研究所第三个五年计划期间研究任务的初步设想》，上海档案馆藏，编号 B167 - 1 - 787。

毫米）的规格，一般而言，12point 以下（含 12point）使用 2 英寸字稿。① 我国字体设计的专用绘写纸分"南北"两系，南系为 44mm×44mm，北系为 65mm×65mm②，坐标纸上的网格也依据不同字体和尺寸有所差别。钱惠明老师在《印刷字体设计》中谈道："这种坐标格子纸，精度较高，用浅蓝色印成 24×24 格。中间有十字线，上下均分，左右对称。"③ 据徐学诚老师介绍，这种精准性高、便于印刷字体绘写的科学性的坐标格子纸是上海印刷技术研究所活字字体室内成员的集体发明，是在设计实践中逐步摸索出来的结果。

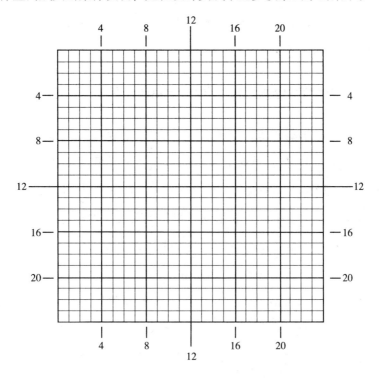

图 2-17　坐标格子纸（笔者绘制）

　　坐标格子纸的出现大大提高了印刷字体设计的精确性、专业性，使字面大小在科学、合理的范围内进行，保证了笔画粗细的规格化，重心调整的一

---

①　西北大学孙明远老师提供。

②　黄克俭教授提供。

③　钱惠明：《印刷字体设计》，中国印刷及设备器材工业协会《印刷科技实用手册》，印刷工业出版社 1992 年版，第 523 页。

致化以及其他元素形态的高度统一。不仅如此，坐标格子纸的使用还有助于规范团队开发时，每个成员不同的设计习惯，建立有序的设计流程。印刷字体设计与制作不再依赖于个人技艺，而是在统一的设计规范下进行，标志着印刷字体设计专业化的进程。

最后，专业化建设还体现在实践与理论研究的同步进行中。20 世纪 60 年代初，印研所所长朱文尧就曾提出，要通过实践探索一些活字创写的经验和理论。研究室通过不断的研究、设计与实践，印刷字体设计在理论提升方面也得到了长足的发展，对字形、笔形、重心、结构以及视错觉等字体设计规范进行总结，并印制了 9 本文集，发表了 58 篇文章。①

二　中文数字字体的母型——中文字稿的创写

随着新技术的不断融入，我国进入了铅活字排印、手动照排、激光照排三者并行的时代。由于不同系统性能的区别，三者所需字库类型亦有不同（铅活字铜模字库、玻璃字模版、数字字库），但都采用了同样的中文原稿，区别在于字模版和数字字库需要依据系统特征对文字原稿进行技术处理。因此，中文字稿的历史地位不容忽视，它奠定了玻璃字模版和数字字库最初的样式——可以说它的创写标志着中文数字字体的母型初步确立。

字体设计的崭新风格与技术进步是分不开的。当技术发展到一定程度，印刷字体的设计也随之进入了"创写"的新阶段。"创写"有超越、开创之意，实际上是将字体创作推向了更高的境界，不仅存在着创作者对客观对象的经验积累和凝练，同时也融入了创作者更为主观的意象化表达。整个 20 世纪 60 年代至 80 年代，中文字稿的创写遵循着"民族化、群众化、多样化"的方向进入了黄金时期，打破了长久以来我国印刷字体乏善可陈的局面，涌现出多种类型的高质量字体样式。不仅解决了书籍、杂志和报纸等印刷出版

---

① 何远裕回忆，上海大学提供。当时中国有三个主要地区进行字体研发与设计，其中北京是最早开展字体设计活动的，上海是最大的字体设计研究点，除此之外，湖北丹江文字六零五厂也有二十多人的字体室。

的基本用字需求，同时也极大地丰富了受众群体的视觉感受。"从 60 年代开始至今已整修和创新了四十余副原稿，有二十多副已刻成一百多种规格的铜模。"① 此间，各大报业凸显了其政治意识和设计责任感，其中《人民日报》对字体设计的繁荣起到了有力的推动作用。

宋、仿、黑、楷是我国印刷字体常用的四大种类字体，中文字稿的创写活动首先从完善和扩充这四个品种开始。宋体和黑体除了正文字外还增加了细、中、粗系列，能够满足标题及地图用字的需要。

为了丰富版面用字，特色的标题字成为这一时期字体设计师们的主要研究对象。20 世纪 50 年代末，《陕西日报》的牟紫东为《人民日报》创写了特色标题字——长牟体，同时设计了粗、细两种扁牟体，一副扁黑体。同一时期，姚志良为《解放日报》创写了非常具有年代感的美术标题字——小姚体。这两款字体结合了当时变体美术字的风格和印刷字体适阅性的特征，对于印刷字体而言具有突破性的进步。而且就当时的政治环境而言，以设计师个人名字命名的字体实属罕见，至今仍被传为一段佳话。

由于技术的制约，印刷字体一直局限于仅有的几种字体，照相排版的发展相对解放了这种限制，设计师重新将有机、鲜活的，带有新颖书风的书法字体纳入创作视野，设计出行楷、新魏、隶书等带有传统书法风格又适用印刷排版标题字的字体样式。如上海字模一厂邀请著名书法家任政先生设计书写了行楷体，邀请韩飞青先生书写了新魏体；上海照相制版厂邀请北京著名书法家刘炳森先生书写了隶书体；上海印刷技术研究所邀请戴占勋先生书写了行楷体，都是流传至今的经典之作，在数字字体时代仍然绽放异彩。此外，还有宋黑体、黑变体、细圆体等字体应用于各大报纸，为字体设计另辟蹊径起到了良好的示范作用。

值得一提的是，我国先进知识分子对印刷新字体的创作给予了极大关注。1963 年钱君陶先生在中国人民政治协商会议上海市第三届委员会第二次全体

---

① 谢培元、范玉珏：《汉字印刷字体的现状和发展》，范慕韩主编《中国印刷业大全》，浙江科学技术出版社 1994 年版，第 109 页。

会议上提出，我国印刷活字仅有正方、长方、扁方三种类型，长扁两种不能与正方者混用，因此遇到地名、人名等专名时只能加用直线或曲线区别，因此，建议创制斜体印刷活字，以丰富用字品种。张秀民先生在《中国印刷史》跋中写道："序文中建议创造优美的印刷新字体……希望能有更多的书法家、美术家参加此项工作，铸造出颜、柳、欧、赵楷体行书籍隶书体、篆书体（作标题用）等多种醒目妩媚、美观易读的新印刷体来。"①

第四节　印刷字体设计审美范式的时代表征

一　机械美学影响下的中文字体设计审美

一种字形往往携带了这个时代的技术和审美信息。工业革命以来机械化生产不可逆转的发展将机械美学的观念慢慢植入了人们的日常生活，潜移默化地改变着人们的审美习惯。

汉字的机械化生产是从西方传教士开始的，虽然在早期印刷字体设计的美学实践中，西方传教士也做出了积极的努力，但汉字系统的独特性和中国式审美价值取向西方人难以深入理解和掌握，因此，在国人掌握了字体技术后，传教士字体很快被国人自主开发的印刷字体所代替。正如日本需要从中国购买仿宋和楷体②一样，这两种字体与中国书法艺术传统渊源最深，风格韵味和间架结构是外国人很难习得的。机刻字模开始了我国真正意义上的印刷字体设计后，老一代字体设计师在"边研究、边设计、边实践、边提高"中总结道："设计活字字体最好要练好正楷字，这是从实践得来的一些宝贵经验。"③

---

① 张秀民:《中国印刷史》，上海人民出版社 1989 年版，第 861 页。

② 20 世纪初，汉文正楷被日本三省堂购去足体（字面较大）全套并翻制字模。"日本向中国出售明朝体和黑体，中国向日本出口楷书体（日本称清朝体）和仿宋体。"

③ 上海印刷技术研究所活字字体研究室的设计师们集体总结出了印刷字体设计相关规范，并印制了内部参考资料作为研究成果和设计总结。转引自《活字字体设计》第五章，上海印刷技术研究所内部资料，第 1 页。

在此意义上，把握中文字体设计的审美范式需要从理解方块字本体构成和楷书传统开始。

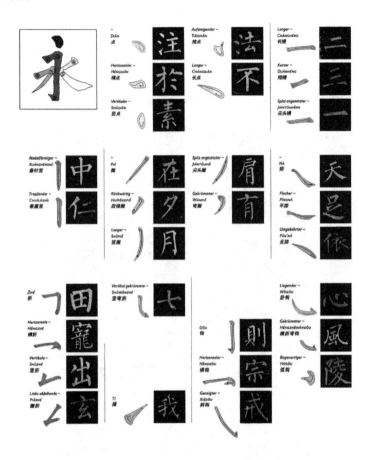

图 2 – 18 汉字最小的组成单元即笔画，从楷书中将具有代表性的笔画拆分出来，既为汉字字形规范奠定基础，又为字体设计提供参评（Susanne Zippel：Fachhinesisch Typografie 中日韩字体编排指南，Mainz：Verlag Hermann Schmidt Mainz，2011，p.114）

　　印刷字体审美范式的形成与楷书有着不解之缘。从文字学的角度看，楷书体式的定型使雕刻范本有了可参照的标准字体；从书法学角度看，楷书出现后基本确定了汉字书写法则，尤其是晚唐柳楷直接影响了汉字笔形和结构的形态特征，成为印刷字体设计参照的蓝本。钱存训先生曾言："楷书维持其形体不变而成为中国文字的标准形体，相信其原因很多：一是由于其笔画较其他书体为简单而易识；二是石刻经典以楷书为标准为一般人所尊重；三是自晋、唐以来书法家所写的书法成为初学的学生所临摹的标准；四是自印刷术发明以来，楷书易于刻画，成为书本上的标准字体。"① 新中国成立后简化字的具体操作方法之一就是草书楷化，这种做法一方面肯定了草书构形的简化及速于书写的特性，另一方面肯定了楷书形体、笔画及结构的标准化，两者结合体现了书写体与印刷体的统一。1965 年国家发布的印刷字体设计规范标准"宋体楷化，笔形以书写楷为依归"② 也是对楷书实用价值的肯定。

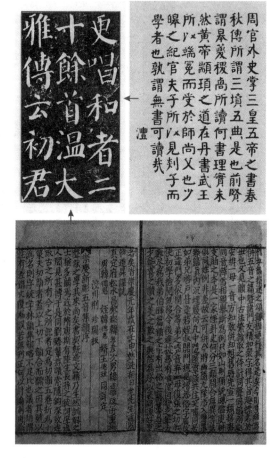

图 2–19　肥者学颜，即以颜体为蓝本。无论雕版还是书法作品皆有以此为原型的创作。下图为宋刻本（宁晋荆氏刻《崇庆新雕五音集韵》）；右上图为清，浅沣从颜体楷书演化出动力形式（邱振中语）

---

① 钱存训：《书于竹锦》，上海书店 2004 年版，第 156 页。
② 廖洁莲：《一字一生》，华中科技大学出版社 2012 年版，第 15 页。

　　从设计学的观点出发，楷书起顿分明、结构均匀、形体方正、应规入矩，为印刷字体设计之法最为合宜。民国时期出现了印刷楷体创刻的高峰，每款字皆有历代名家范本作为参考，既保留了原型的神采及法度，又体现了对范本的高度概括和提炼，凝结了更高层次的审美建构，但此时的铅字铜模仍是手工整字雕刻，因此未能完全脱离书写的特性。之后为配合字模雕刻机设计的字稿则要求一种"中性"的设计，是介于书写与机械间的过渡层面。因此，寻求书写性与机械化之间的平衡关系构成了印刷字体设计的审美表达。可以说，机械复制遵循的原则是标准化、程式化，书写意境是规范中彰显"个性"，而印刷字体设计要求是在规范之下不断消除"个性"，寻找"共性"的过程，因此书写的特性是经过转换隐匿于印刷字体的内部。

　　图 2-20　以《康熙字典》为蓝本，由徐学成先生创写的"康熙字典体"又称"宋七"。整体上是遵照楷法的宋体，字体削弱了奏刀时产生的锐角，部首起笔及收笔处做圆润浑厚处理

宋体字作为最早出现的印刷字体，经过从书写到雕刻的漫长孕育、演化才逐渐形成，它源自对唐代楷书的摹写则是不争的事实，在当代印刷史、文字学和版本学研究中有颇多的印证。臧克和先生指出："唐代楷字定型，是唐宋之际文字传播方式由人而异到雕版印刷转换的内在因素。"① "唐代负责抄写佛经的'写经生'参照楷书来抄写，逐渐形成一种'汉字写书体'，后来发明了雕版印刷术，楷书成为雕版印刷最早参考的字体。"② 这里的"汉字书写体"自然指的是定型后的楷书。宋体字在产生之初由于只是以名家书法字体（楷书）作为范本，基本上保留了书法字体的特色，因而未有统一的字形和特征，受当时社会审美的影响，"尤其崇尚唐朝时期的柳公权、颜真卿、欧阳询和虞世南书法家的字体。当时的刻书都是由书法家缮写后，再交由刻工雕刻成版"，"凡宋刻有肥瘦两种，肥者学颜，瘦者学欧"。③ 后为适应刀刻技术的需要，雕刻匠师趋于选择方正平直、布白均匀的颜柳楷书进行改良，几何特性得到了强化与统一，出现了"非颜非柳的肤廓字体"，即字形方扁，横竖粗细对比十分强烈的洪武体，成为之后我国长期使用的老宋体的原型。余秉楠老师曾就老宋体的审美感受指出："老宋是从北宋刻书发展来的……点、撇、捺、挑、勾圆而不挺，粗壮有余，秀丽不足。"④ 可以说，宋体字经长期演化才摆脱了楷书欹侧曲势和内恢外拓，字形体态亦从书家原作中分离出来，收拢于方形块体当中，成为被人们所接受的印刷字体的典范，可谓"字贵宋体，取其端楷庄严，可垂永久"。

以五四新文化运动的文化启蒙为界，之前，我国的美学研究被称为"有美无学"，之后以王国维、梁启超、蔡元培、鲁迅等启迪者为代表，在西方美学和艺术理论的基础上建构了中国美学思想，标志着新美学在我国的确立。王国维先生在康德美学理论"第二形式"的基础上提出了"古雅"的现代美学范畴。王国维先生总结的"古雅"即是对第二形式的本土化及补充，他认

---

① 臧克和：《金石学走向系统研究》，《中国文字研究》2011 年第 14 辑。
② 任政、钱沛：《楷书基础知识》，上海人民出版社 1987 年版，第 245 页。
③ 叶德辉：《书林清话》，中华书局 1999 年版，第 154 页。
④ 余秉楠：《美术字》，人民美术出版社 1980 年版，第 14 页。

为审美意识的物化形式加之人心灵的自我形式，即中国传统文学中的神、韵、气、味为第二形式的价值取向。这种在我国现代化转型中呈现的审美特征曾一度引导着以"工艺美术"为名的设计发展，遗憾的是我国的印刷字体一直隔绝于设计之外，即使在 20 世纪 30 年代出现的印刷字体多样性的实践探索中，也多出于实用主义和个人审美经验的自觉，未与我国美学研究发生合流。60 年代初，印刷字体的设计意识和实践萌发不久，中国印刷代表团考察日本，印刷技术研究所所长朱文尧先生带回了佐藤敬之辅先生关于印刷字体设计研究的资料，翻译后作为字体室的内部参考资料供设计师参阅。在日本字体设计研究的影响下，我国的字体设计师们结合我国传统书法理论和美学思想，同时对科学理性的视知觉理论进行初步探索，经过总结、编辑，形成字体设计创作的重要文献（图 2 - 21、图 2 - 22 为日本字体设计研究的部分内容）。如已故字体设计师谢培元先生曾总结道："设计新字体的开端阶段，必先订立结构、笔形、粗细三个类别的规范，以此达到新字体稳、整、匀的目的。"[①]笔形塑造的基本做法是消除书写中笔画纵横求变的倾斜之态，将书法字体中左低右高的横画定刻为水平，左右倾斜的竖笔定刻为直，并将书法字体的提按顿挫及转笔凝练为三角形的装饰角字隐匿于笔画当中，以强化笔形塑造和转折特点，技法纯熟的匠师两次奏刀即可完成三角形的塑造。书法字体中的撇、捺造型因所处位置不同而变化尤多，因此将撇捺中的微妙变化进行归纳总结，保留其行笔中的节奏、样态和笔锋中的力与势，成为笔形塑造的要义。对于书写的提炼和平衡即便在现代感极强、装饰性衬线完全消失的黑体字中，亦可以寻找到其踪迹。在铅活字时代的印刷黑体，横画和竖画起笔和收笔略粗于中间行笔处，点和撇捺中的起笔和收笔形成的弧线，除了技术的要求之外，更是出于将书写笔势保留于字体当中的考量。黄克俭教授曾言，华文黑体的笔画几乎没有完全等线的，主要动机也是对于书写传统的提炼和继承，同时他强调不同笔形的塑造也意味着一套全新字体风格的确立（图 2 - 23）。

---

① 平野初伏：《经营位置之一——第二中心线的运用》，上海印刷技术研究所《印刷活字参考资料》，1962 年，第 165 页。

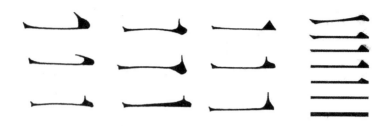

图 2 - 21 （左）木版印刷时代"横"的形状；（右）"横"的程式化过程（选自《字体设计规则：明朝体汉字编》，富士通印刷出版株式会社内部资料 1993 年版）

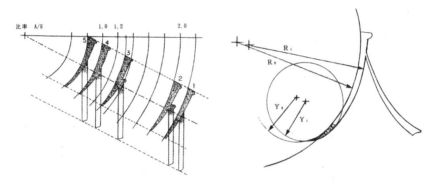

图 2 - 22 汉字笔形塑造的机械化制图样式。左为单人旁的曲线率，经过半径 A 与全长 B 之比变形书写，即从左上向右下书写；右为以不同曲线率合成的书写，即从右上向左下书写（出处同上）

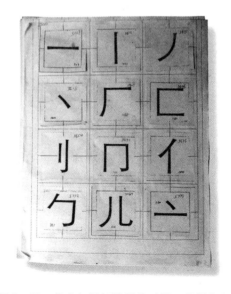

图 2 - 23 华文细黑部件原稿（摄于常州华文）

相对于笔形的凝练，结构属于更高层次的平衡，也是汉字审美的更高境界，涉及笔画位置、字体空间、布白、重心的变化。可以说，研究印刷字体的空间结构实际是分析字形的分割和比例、部分与整体各要素间的平衡关系。传统书论中关于楷书结构的研究俯拾皆是，流传甚广的如张怀瑾的《玉堂禁经》、欧阳询的《三十六法》、陈绎的《翰林要诀》、李淳的《大字结构八十四法》、黄自元的《结构九十二法》都为印刷字体设计的创写提供了重要的启迪，可谓"书贵变不离其本，字贵新不悖其源"。相对传统书写的自由体式，印刷字体设计是秩序化的表达，必须在遵循传统书写规范的同时，加以多层次转化，以符合视觉生理的规律和时代的审美需要。

汉字构成是由最基本元件笔画—偏旁—独体字—合体字的结体过程，笔画为最小的构形单位，最少的笔画只有 1 笔，最多的达 64 笔，笔画交织合成偏旁部首的单元模件，构件以不同方式组合，形成单元汉字（图 2 - 24）。通过基本元件和单元构件的有机组合、穿插避让、呼应制约，构成汉字方形内部结构，形成中文字体千差万别的面貌，汉字的构成也被称为"条理化、有序化的呈现，具有互相作用、互相牵制的'内在动力'"[1]。汉字构成讲求对称平衡，视觉研究表明，一个汉字保持着视觉平衡的样式，左右或上下两部分实际上并不是完全对称的，如果达到实际对称，则图像本身已丧失了平衡。为了达到平衡对称，汉字字形布局上，先民不惜牺牲字形表词的明确完整，将义素或音素偏于一脚，进而造成直观上与之相对的义素和音素构形的某一部分混合整体。汉字分独体字和合体字，独体字中这种对称结构随处可见，合体字中形声字约占现行汉字 90% 以上，形符和声符的空间秩序一般为左形右声，形旁示义，声旁示音。为了服从于这种字形自然布局的审美要求和视觉效果的优化，形声字左边义符多安排变形简化的形体依附于右侧不变形的音符，如条（繁体为"條"），从木攸音，而义素"木"与音素"攸"的一部分"夂"混同一体。[2] 汉字视觉样式上的平衡格局，不仅与视知觉的生理趋

---

① 王作新：《汉字结构系统与传统思维方式》，武汉出版社 1999 年版，第 61 页。
② 参见刘志基《汉字文化综论》，广西教育出版社 1996 年版，第 255 页。

向有关，同时与中国传统文化心理相应（因篇幅有限，在此不展开论述），也促使汉字书写中出现了抑左扬右的结体规律。汉末崔瑗云："抑左扬右，兀若竦崎。"指的是压制左侧偏旁，扬显右侧的笔画，具体表现为左窄右宽、左松右紧、左收右放、左低右高的体式，进而形成了撇细捺肥、左细右粗、主宾倡随的书写原则，也是书写艺术审美特性的表达。同时，根据艺术心理学理论研究的总结，方形的重力倾向于下和右，人阅读时沿着从左至右的轴线移动，而"物体的重力就沿着轴线产生张力，这种张力会与观察者的眼睛产生某种联系"，张力会产生跳跃感，对汉字而言调试这种跳跃感的方法就是适度地调整笔画的粗细和笔画分割形成空间的比例关系。另外，视觉对象的方向特性也是影响左右平衡关系的重要因素。物体的形状产生方向感，传统宋体字的右侧装饰角产生的重力虽大于起始角，但通过视觉力的方向弥合了物理的不平衡，抑左扬右也变得合理。印刷字体设计深受以上结体和现代美学规律的影响，老一代字体设计师们经过不断的分析、总结，探索出以科学度量、定量分析的方式加以规范的设计方法。科学化的印刷字体设计是在网格中完成的，细小的网格辅助了汉字空间塑造的标准化和定量化。相对于传统手工雕刻全凭匠师们的手眼观察，科学的度量方法可以使笔画粗细的设计精确在0.1毫米的方格中，确定主笔画的粗细比例后，其他副笔画的粗细变化在网格中也可以得到较为精准的测量。如老宋体的横竖笔画的粗细比例达到1:4，副笔画的粗细与竖画相等，为达到视觉相等的效果，副笔画会相应加粗或减细，网格起到了很好的参照作用。再如仿宋体的横画呈右侧耸肩状，参照楷法，"横画向上倾斜势为5-7度，这个角度甚为妥当，超过了则太斜，不及则太平"①，因此仿宋体绘写时的倾斜角度为5度左右，字高和字宽的比例为4:3.7合宜（图2-25）。如果按照左右结构的分割比例可以根据一定的规律性将汉字大体分为几种等级类型，部件比例分别为二等分、三等分、2:1、1:2、1:3、2:3、3:2等（图2-26）；遇到多竖笔字时，按照左细右粗的原则可以计算笔画的粗细比例，如"由"字从左至右的竖笔比例为3.5:3.5:3.9，"圃"字的

① 此规范出自著名书家邓散木先生。

比例为3.1∶3∶3∶3.1∶3.4。（如图2-27）

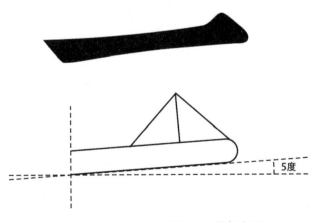

图2-24 汉字笔画差异悬殊，少至1笔，多至64笔（Susanne Zippel：Fachhinesisch Typografie 中日韩字体编排指南，Mainz：Verlag Hermann Schmidt Mainz，2011，p.117）

图2-25 仿宋体的倾斜角度（笔者绘制）

注意结构				种类	併合规则	举		例
一、四种併合				左右併合	左宽右狭	列	形	耐
种类	併合规则	举	例		左狭右宽	吹	详	汤
上下併合	上下相等	齐 炎	爸		左中右相等	树	街	搁
	上大下小	怎 替	劈		左中右不等	彻	涨	修
	上小下大	从 奇	签	包围併合	半包围	可	庆	闻
	上中下相等	意 等	蓝		全包围	田	回	国
	上中下不等	谷 贫	壹	交叉併合	独体字	农	永	隶
左右併合	左右相等	双 放	钉					

图 2-26　汉字结构等级类型（活字字体设计初稿，上海市出版局专业训练班内部资料，1965 年）

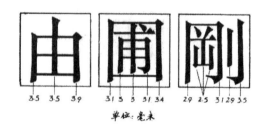

3.5　3.5　3.9　　3.1 3　3.1 3.4　　2.9 2.5　3.1 2.9 3.5

单位：毫米

图 2-27　汉字笔画粗细比例关系（《黑体二号印刷活字研究设计报告》上海档案馆藏：档案编号 167-1-739 5-7）

　　笔画是汉字最小的构形单位，笔画的疏密多寡、穿插交错完成了对方形块体的空间分割。疏密多寡决定了裁割空间内部的黑白节奏，传统书法研究中有"繁则减除，疏当补续"的观点，但为达书境而"别误"的做法在印刷字体设计中是不合法的，黑白停均是理想的节奏状态。通过对笔画位置的微调可以使内部空间调整至相对均匀，修正主、副、内、外、少、多画笔粗细、长短，注意交叉笔减细的方法可以保持汉字黑白视效的一致性。笔画穿插交错形成了众多交点，交点与笔画围合形成了开放式与封闭式的内外空间，横竖为主的笔画分割会形成规则平稳的空间，斜线为主的笔画分割形成了不规则的欹势空间，在此统称为内白与外白空间。白，有字间之白，字外之白，行间之白，行外之白，布白得宜、松紧有度有助于整个版面的气息连贯，通透流畅，是印刷字体设计的难点所在。笔画不仅起到了分割的作用，反过来也起到了空间塑造的作用，为众多新样式字体产生提供了可能性。

汉字结构中的空间、布白和重心都受物理学中"力场"的视觉生理左右，笔画在完成空间分割后所形成的不规则形态需符合力的分布规则、均匀和简化结构，从而形成稳定的视觉平衡。这种平衡来自方形四角轴线交叉的中心点向外发散的力的平衡，"在中心点上，所有的力都是平衡的"，"在轴线上其他点的力量都不如中心点的力量大，但它们同样也产生吸引作用"[1]。如果将一个点放在轴线上的任何位置，那么这个点就会产生一种朝着中心运动的趋向（图 2-28）。汉字的结构以中宫为平衡点向不同方向进行笔画的分散，向外扩展的笔画在方形结构中被力的运动收缩向中心位置，进而形成稳定的结构，因此无论笔画形态如何变化，向中宫靠拢是为结体规则，中宫收紧符合汉字书写艺术的审美旨趣，正如包世臣在《艺舟双辑·述书》中所言："凡字无论疏密斜正，必有精神挽结之处，视为字之中宫……然后以其字之头目手足分布于旁之八宫，则随其长短虚实而上下左右皆相得矣。"[2] 中宫既是汉字结构稳定的支撑点，也是物理学意义上的绝对中心点，中心点偏上，或左或右则是视知觉的重心点，也是每个字的重心所在（图 2-29）。汉字形态由繁入简，不规则的结构多有存在，如上下左右组合及独体字的特殊情况，每个字的不同部分都有自己的中心，在形成行及文本时，重心的位置变化会出现

---

① ［美］鲁道夫·阿恩海姆：《艺术与视知觉》第一节"一个正方形中隐藏的结构"，中国社会科学院出版社 1984 年版，第 4 页。

② 包世臣：《艺舟双辑》，华东师范大学古籍整理研究室选编校点《历代书法论文选》，上海书画出版社 2014 年版，第 635 页。

高低起伏、上下参差的现象，视觉跳跃性极大，因此重心端稳尤为重要。20世纪 60 年代初，我国老一代的字体设计师们就探索了简化字重心、新笔形中心等问题，并形成了理论规范，此外就复合字的中心问题产生了"第二中心线"理论，对当时的字体设计起到了积极的作用，至今影响着许多字体设计师的创作实践。

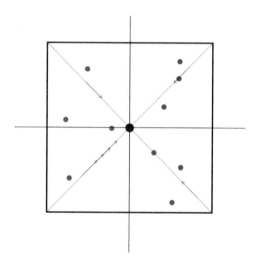

图 2－28　方形中心位置是所有力的集中点，方形对角线上点的力朝着中心点运动，对角线周围点的力虽然不如中心点和线轨迹点的力强，但也会朝着中心点的力凝聚，因此方块汉字笔画虽然分散，但力还是朝着中心汇聚（笔者绘制）

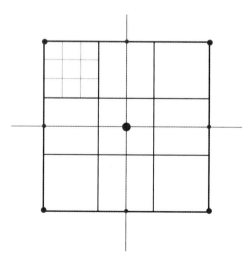

图 2－29　中宫是方形四周八面的中心，是支撑方块汉字的稳定中心（笔者绘制）

二　政治因素影响下的字体审美

按照马克思主义美学的观点，"美是人本质力量对象化"，人作为审美主体必然制约着包括文艺创作在内的一切生产活动，与近现代主体本体论的美学范型相一致。以中国字体审美的发展线索为例，在传统社会，文字的审美影响力，往往更多地与政治相连，有着特定的使用范围，甚至带有某种"特权"意味；近代以降，文字与科学技术的关系变得紧密，由于时代的原因，一度成为先进知识分子救亡图存的工具，字体的审美同样被赋予了进步或"更新"的政治含义；新中国成立后，文字参与剧烈的政治运动，并与社会大众发生了密切的联系。

在漫长的文字历史中，权威性与民主性这对相悖的概念同时存在。普遍意义而言，马克思主义语言学者认为文字是书写语言的记号体系，是一种社会现象和工具，可以满足社会一切成员的交流需要。在此意义上，文字是民主性的，没有阶级性可言。但对文字发展的不同历史时期而言，早期的文字是为了统治而非启蒙，为统治阶级和少数专业人员所垄断，统治者利用文字传播教化，以证明其统治的权威性及合法性。"《史记》中明确记载了秦始皇的丞相李斯等改大篆为小篆，依靠政治力量进行'书同文'的工作。"[1] 在文字创立早期，使用文字的只是少数的巫（司占卜或祭祀的人）或史（司记载氏族或国家历史的史官），尔后的使用者也是少数读书人或士人，"科举制度的发达，部分解释了百姓崇拜文字的原因"，这既源于士人对道统的屈服，又与其权力的梦幻有关。[2] 另外，"正统几乎与权威不可分割。旨在传达权力或地位中的字体通常会成为某一时期的官方正统字体"[3]。我国历代统治者都十

① 郑林曦：《中国文字有没有阶级性，会不会突变?》，郑林曦等《中国文字改革问题》，新建设出版社 1952 年版，第 4 页。
② 王铭铭：《人类学讲义稿》，世界图书出版社 2011 年版，第 182 页。
③ ［美］戴维·朱里编：《什么是文字设计》，杨文贺等译，中国青年出版社 2007 年版，第 25 页。

分重视正字法，于社会而言，代表着官方的规范与标准；于政治而言，代表着权威的传播。从两汉开始，统治阶级多次派文化官员立石刻经书写标准字形规范。隋唐以降，科举盛行，不仅出版了《干禄字书》《五经文字》等正字字书，而且还出现了沈括在《梦溪笔谈》中提到的"三管楷书"①，书体严谨工整，成为干禄仕子们进阶台阁的必修课。

就设计语境而言，文字使用的载体、字体的大小、字体的对齐方式、字与阅读者的相对位置以及字体本身的样式和排列都携带权威的视觉感知。现代视觉研究表明，人的感知可以确定深度信息，深度知觉的线索包括物体的大小、质地等信息，大的位图显近，组织质地的单元大的比小的显近。②

当字形的方正、笔直，排列的间距较大会与高大、静穆感受相互联系；字体存在的载体，像具有物理和感知重量的大理石、精致的皮革封面、质地精良的纸张等，也成为彰显权威性和崇高感的道具。而中心对齐与两端对齐的排列方式是物理学意义上平衡的图式，存在着某种心理暗示，即稳定性和正式性。如古罗马时期经常将大写字母端刻于公共纪念碑上以纪念某次军事胜利和人物的功绩，大写字母本身具有强烈的视觉张力，两端对齐产生较大的字间距，石质的坚硬与重量都会让人感受到信息的权威特征而长时间驻足观看。而我国文字书写的载体从甲骨、青铜到石碑无不整饬肃穆，彰显权力、礼法的威严，字形大小整齐划一，行款规整、纵横有度，如西周时期的"颂壶"上还有纵横线画出的方格作为辅助，这种文字营造态度造就了早期文字无可名状的凝重和威严。到了小篆时期，除了字形摆脱了繁复的装饰外，结构更趋于均衡对称，空间比例也极其严谨，秩序、规范无不传达出威仪之感（图2-30至图2-33）。

---

① 明代称"台阁体"，清代称之为"馆阁体"。
② 参见柳沙《设计心理学》，上海人民美术出版社2010年版，第50页。

图 2 - 30 刻于公元 114 年的 Trajan Column 底部的文字。政府要求石刻工恪守标准，笔迹统一。整体布局体现了罗马帝国强大的势力

图 2 - 31 秦峄山碑

图 2 - 32　青铜铭文（首都博物馆藏）

图 2 - 33　"颂壶"拓片

　　随着新的政治、经济及文化的发展，文字记录的内容逐渐失去了往日的神圣与威严，汉字的演变朝着便于书写的实用性方向发展，文字使用对象的范围也随之扩大。清末民初，新式学堂逐渐增加，据学者统计，民国时期我国 4 亿人口中，识字率为 20% 左右，也有学者认为只有 5%。① 虽然文字的普

---

　　① 参见赵锦花《20 世纪前便也乡村人口的识字水平》，《山西大学学报》（哲学社会科学版）2004 年第 6 期。

及率得到提高，但文字对于普通民众而言仍然遥不可及。新中国成立后，我国的文盲率达80%以上，工农子女占绝大多数。① 基于这样的事实，并根据当时政治、经济及文化发展的需要，毛泽东指出："从百分之八十的人口中扫除文盲，是新中国的一项重要工作。"② 1949 年，教育部召开了第一次全国教育工作会议，制定了"从1951 年开始进行全国规模的识字运动"的计划，同年，颁布了《关于开展1949 年冬学工作的指示》，标志着我国有计划、有步骤、有组织的全国扫盲工作的开始。扫盲运动的短视性和局限性暂且不论，它对于民众知识文化水平的提高具有积极的作用，同时为大众审美意识的增强做好了准备。

这一时期，以毛泽东为代表的东方马克思主义美学研究者从另外的维度展开了关于大众审美的研究，其基本立场是从被压迫民族的解放以及社会进步的角度出发，探讨审美意识形态在建构社会关系方面的作用，而关于"我们的文艺是为什么人"的美与艺术接受问题成为毛泽东美学思想的现实基点③。1942 年，毛主席《在延安文艺座谈会上的讲话》成为这一价值论的时代宣言。《在延安文艺座谈会上的讲话》紧紧围绕着文艺"为什么人"这一根本问题，基本形成了文艺为无产阶级政治服务，文艺为工农兵服务的"二为"思想。他说："什么是人民大众呢？最广大的人民，占全人口百分之九十以上的人民，是工人、农民、兵士和城市小资产阶级。"④ 可以说，在这一时期审美主体的人被定义为群体，主体被无限放大，为无产阶级人民大众的审美趣味服务的文艺观，赋予了大多数人的艺术参与权，极大地改变了艺术生产和消费方式，奠定了人民文艺新时代的美学面貌。

当时的审美集中表现在文艺与现实、政治的关系当中，作为文化传播的工具，字体首先必须承担起为政治做宣传的历史使命。在 1965 年关于创制二副

---

① 参见董渭川《新中国新教育》，中华书局1951 年版，第86 页。

② 毛泽东：《论联合政府》，中共中央毛泽东选集出版委员会《毛泽东选集》第三卷，人民出版社1967 年版，第984 页。

③ 参见王向峰《中国百年分例研究》，辽宁大学出版社2004 年版，第378 页。

④ 毛泽东：《在延安文艺座谈会上的讲话》，中共中央文献研究室编《毛泽东文艺论集》，中央文献出版社2002 年版，第58—62 页。

新字体的报告这样写道:"创制这二副字版,具有极为重大的政治意义,将从根本上改变我国印刷活字手工仿刻的历史;将以具有崭新民族风格和时代特色的新字体为文化事业更好地服务,同时,也是活字研究工作进一步实践提高的重要过程,这是党对活字研究人员的重大依托。"① 根据老一代字体设计师回忆,当时的字体创作,在字样完成,排印小的样张后即深入农村和工厂,让广大的人民群众参与评字工作,如1962年在完成《毛泽东选集》的正文字体设计后,大家想继续为经典著作设计字体,因此开始了"经典著作体"的字体设计课题研究,最后由徐学诚老师设计的康熙字典体受到青睐,不久完成了6196个字符的全套字体设计。另外,在字体审美创造和传达上,现实朴素与粗壮力量的字体是与人民群众高涨的革命情感高度契合的时代表征。以《毛泽东著作选读》的再版字体为例,该字体是在"宋二体"的基础上进行加粗处理完成的。"宋二体"又叫毛选体,是为《毛泽东选集》横排本正文字设计开发的,为体现经典著作的精神气度及民族化风格,字体吸收了古代刻本的特点,笔力遒劲、竖笔较粗,视觉效果稳重。1964年12月全副字体9200多字完成,送审后"唯对字体风格尚嫌细软,因此今年2月份在原字体基础上行将横直画加粗(横加50%,竖加25%)"② (图2-34、图2-35)。不仅书刊、报纸中的正文字体需要壮而有力,标题字体也朝着这一方向发展。姚体字和长牟体是为活跃报纸版面而设计的标题字体,姚体字笔画处理借鉴了宋体和黑体的形态和部分装饰性特征,整字结实有力,富有革命的战斗精神,而且由于容易被模仿和书写,大量应用于宣传标语、政治口号中;长牟体字则改变了传统宋体字横竖笔画的比例关系,横画加粗后字形浓烈厚重,不仅为毛泽东晚年阅读方便而设计制作"大字本"的专属字体,后来更成为毛主席语录、最高指示的指定字体。

---

① 《关于创制二副新字体的报告》,上海档案馆藏,档案编号B167-1-494。
② 《宋体二号印刷活字研究设计报告》,上海档案馆藏,档案编号B167-1-739。

27

SC006　　5-2

不得自行翻印、公布、出版。
上海市档案馆材料证明专用图章

宋体二号印刷活字研究設計報告

（一）研究目的：

这項研究課題是1963－1972年科学技术規划（专48－011）中心課題《創写汉文印刷字体》的研究项目之一。目的是通过对宋体字結构、笔形等研究，設計出一副字体端庄、清晰、匀整、閱讀效果好，并符合中国文字改革委員会規定的简化字和标准字形的宋体字，供排印瞭治理論书籍正文之用，以代替目前字体不整齐，简化字风格不配套，字形不統一以及經过一再翻制字模而走形的老宋体。

（二）研究經过：

由于我們对字体設計缺乏經驗，因此宋体二号的設計，是用边研究、边設計、边实践、边提高的方法进行的。开始于1963年下半年，曾設計了各种字样。在1964年2月第42次字样的基礎上，从五个方面探索了宋体字結构的特点，設計出290字作为正式字样。在征求了使用方面的意見后，报請上海市出版局审核批准。并在1964年6月份制訂出設計方案，各項規范以及方向性字样。

1964年7月，正式設計，10月下旬完成6197个常用字，12月份完成全副字体9200多字。在这副字体完成后，北京人民出版社即拟用以排印毛主席著作的选讀本，惟对字体风格偏嫌細软，因此今年2月份在原字体基礎上将横直划加粗（横加50％，竖加25％），到模印样后送审。

原来的宋体二号全副字，及經过加粗的一副，今年2月份已由北京人民出版社决定采用排印《毛澤东著作选讀》再版本。

（三）結构特点的探索和規范的制訂

字体結构与几何图形及視覺現象等有密切关系。活字字体是一門专門的学科，在我国还是缺門，虽然我們在1962年已进行过宋体字的研究，創写过一副宋体一号字体，但对于宋体字的特点还摸得很不够。因此1964年就要在这基礎上作进一步探索，并以規范的方式体現出来。

制訂規范的目的是：①作为表現宋二字体的結构、风格特征的依据。②集体設計时作为各人統一設計的依据。③作为活字粗細、大小、重心

上海市档案印
档　案
复制专用章

图 2－34　"宋二体"处理意见（上海档案馆藏：档案编号 167－1－739 5－2）

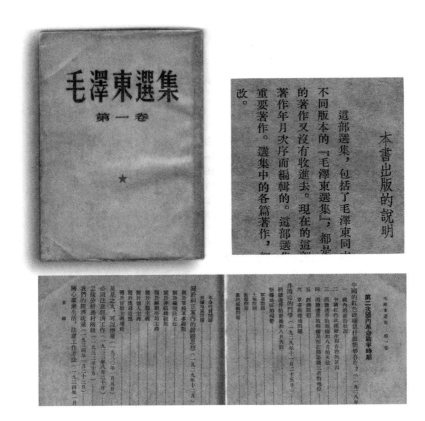

图 2-35　1951 年竖版《毛泽东选集》封面及内页文字（收藏版）

第三章　中文数字字体的初步形成
（1975—1990 年）

计算机的诞生，使整个世界经历了一场深刻的技术革命，宣告着信息时代的到来。20 世纪 70 年代以后计算机从计算用途向其他应用领域扩展，从处理数字、字符的功能进入文字处理阶段。可以说，西方"拼音文字"的电脑化处理是技术发展到一定程度的结果，因此，拼音文字很早就实现了智能化、自动化的书写革命。但汉字如要实现电脑化必须解决汉字编码、输入、显示、存储、编辑和输出问题。1974 年 8 月，"汉字信息处理系统"（七四八工程）正式启动，对我国信息处理展开了系统性的研究，其中子课题"精密汉字激光排版系统"以实现我国印刷排版一体化为主要研究目标。这一系统工程的推进和普及，对我国传统印刷出版领域以及相关的中文信息产业产生了延伸影响和关联效应，加速了印刷出版业的繁荣发展和 IT 产业的形成。

在此背景下，以技术革新为内在动力，社会文化领域精神需求不断扩大，在技术与人文的双重作用下，受众对图文设计有了更新、更高的要求，中文字库便有了快速成长的土壤。由传统技术生产的印刷字体被植入计算机，在屏幕的栅格系统上用打点和画线的方式进行设计，计算机将这些点、线转换成数据进行存储并实现显示和打印输出，形成了第一代中文点阵字库，这也是中文数字字体的雏形。"字库"的概念不仅反映了字符"存储及再现"的方式，而且包含了字体制作的合理化依据"字符集"的概念，因此成为数字字体设计的重要维度。与此同时，计算机辅助程序的介入使数字字体设计从单一、僵化的视觉符号过渡到多样化、可变性强的视觉语言。

字体设计不是孤立存在的，它的发展必然在更广阔的社会文化语境中展开。20 世纪 80 年代以后，字体的社会属性脱离了政治性的魅影，服务于更广阔的市场空间。使用者和受众的审美需求成为推动字体设计发展的强大动力。电脑信息时代的新技术、新媒介必然带来新的设计规范和原则，形成属于这个时代的表达方式。

第一节　我国出版印刷业全新图景的开启

20 世纪 70 年代，我国计算机事业逐渐起步，实现汉字信息处理的数字化成为这一时期计算机研究的重点攻关目标。

应该说，我国出版印刷业的全新图景的开启，是以"七四八工程"的奠基为伊始，以激光照排技术的发展与普及为推动，以满足社会文化发展的巨大需求为目标来完成的。它的启动成为中文字库产业化的前奏，为中文数字字体的设计制作带来了新的要求。

一　"七四八工程"的奠基作用

我国的中文信息处理研究早在 20 世纪 60 年代末就已展开，但系统化开发是以"汉字信息处理系统工程"为标志的。1974 年 8 月，由电子工业部、新华通讯社、文化部出版局等单位发起，得到国家计划委员会的正式批准开展"中文信息处理系统工程"研究，定名为"七四八工程"。国家将"七四八工程"的主要参与单位纳入国家"六五"和"七五"发展规划当中给予重要支持。汉字信息处理系统工程由汉字通信、汉字情报检索及激光精密照排组成，其中激光照排系统实现了我国印刷排版一体化、自动化的进程，直接推动了整个行业的繁荣发展。

总体而言，"七四八工程"在汉字信息处理发展历程上具有转折性的意义，它奠定了中文计算机化的基础，加快了以计算机为平台的中文信息处理、传递的脚步，铺陈了中文融入全球化信息革命的坦途。更重要的是，这场技术革命开创了中文信息处理产业化进程，一方面，以新技术为基础产生了新兴的信息处理设备企业，如方正、华光、四通等；另一方面，利用现代化的信息手段和信息技术进行信息传播，生产信息传递的商品并提供服务的企业，就孕育在这样的背景之下，与 IT 产业的发展紧密捆绑在一起。但必须强调的是，汉字信息处理的前提是解决汉字输入、存储和输出三个关键性问题，三者的研制为中文数字字体的诞生奠定了物质基础，因此具有不容忽视的历史地位。

首先，汉字输入的关键是使计算机之间建立汉字数据通信，也就是统一的汉字代码标准。20 世纪 70 年代后，东亚文化圈日本的汉字编码研究为中文编码体系提供了借鉴作用，日本的研究从日本的片假名开始逐渐发展成汉字信息处理技术。1978 年日本制定了工业标准 JISC6226《信息交换用汉字字符集》及编码体系，1979 年又出台了《信息交换用汉字字符集用的控制文字符集》，规定了汉字字符控制传输格式，对我国汉字信息处理具有较高的参考价值。一般而言，我国采用外部码、内部码和交换码来表示汉字①。其中交换码是为了使计算机之间交换信息时所保持的代码信息相一致而设定的，是信息交换的核心。为此，1981 年我国国家标准局制定了《国家标准 GB2312－80 交换用汉字编码字符集（基本集）》，收录了非汉字字符 682 个，包括一般符号、数字、拉丁字母、希腊字母、汉语拼音等，还收入 6763 个汉字，总计 7445 个图形字符，是此后所有信息交换标准的核心基础。

其次，是汉字存储。当计算机能够输入汉字字形后，就必须建立一个庞大的存储字形的"库"，一般又称为字模存储器或汉字发生器。为此，首先要研究和确立组成汉字字库的方法，或是点阵模图的汉字库，或是采用字根构成的组合字库，或是笔画组合类型的字库。每种类型的字库需要对汉字结构

---

① 外部码是汉字的输入代码，它因汉字的输入装置不同而异；内部码是在计算机内存储汉字时所需代码，通常用汉字在字库的物理位置来表示，一般因字库结构不同而不同。

进行分析，采用不同的分解和组合形式。不同的字库生成方式既可以确保字形显示的完整，也是保障在压缩存储还原过程中字形不失真的方法。

最后，是汉字输出。汉字输出是实现人机对话、文本编辑、表达信息不可缺少的关键一环，同时作为信息处理外部设备的打印机也是信息产业链中重要的组成部分。

一言以蔽之，汉字输入、存储和输出的研制是汉字信息处理的前提基础，其研究成果为我国办公室自动化系统的发展提供了重要的技术支持，与"七四八工程"一起推动着印刷出版业的繁荣发展，为技术革命下新的产业格局的形成奠定了重要基础。

二　汉字激光照排系统的研制及意义

（一）汉字激光照排系统的历史意义

批量文本的生产是由铅活字发展到使用计算机编辑，由激光制版再进行胶印，这个过程就是激光照排技术的整个历程。汉字激光照排研制的历史意义有两方面。一方面，激光照排系统的研制使我国印刷出版业摆脱了繁重的铅活字作业，其研究成果在报业得到了广泛应用，引发了报业及出版印刷业的技术革命，促进了我国报业进入电子化、自动化发展的新阶段，开辟了印刷出版行业的全新图景；另一方面，激光照排系统的研制还解决了精密字模存储和输出的关键问题，产生了折线字库这一特殊的汉字字库形式，作为中西字体技术汇流前阶段性的解决方案具有积极的历史意义。

自电脑化浪潮席卷全球以来，东亚文化圈中各国都在寻找信息与电脑对话的可能性。"日本的汉字信息处理的研究是从照排机开始的。"[①] 这也表明，将电脑与照排机联系起来将是汉字信息处理的突破。1974 年我国展开了国际性的相关调研，其中关于计算机介入印刷排版方面的调研结果表明，在西方发达国家和东亚的日本，以数字形式存储和输出字模的第三代照排机已经基

---

① 王选：《王选谈信息产业》，北京大学出版社 1999 年版，第 32 页。

本普及，第四代激光照排机已经有样机问世（1976 年英国蒙纳 Monotype 公司的激光照排机研制成功），但技术尚未成熟因而没有进入商业化推广阶段。但"激光扫描直接制版一旦与计算机相连，将是一项重大突破"①。在国内的调研中显示，我国已有 5 家单位从事汉字照排系统的研究，但都因为一些技术原因无法投入实际生产。另外，国内一些研究单位的技术储备为激光照排机的研制奠定了一定的基础，如邮电部杭州通信设备厂生产的高分辨率报纸传真机虽然采用了录影灯作为光源，但经过激光改良可以达到较高的输出速度；还有杭州通信设备厂和中国科学院长春光机所很早就从事激光输出设备的研制，因此，可以作为激光照排机研发的物质依凭。在此基础上，"七四八工程"小组经过多次研究论证后决定采用跨越式、前瞻性的技术攻关战略，直接从第四代激光照排机开始研发。

汉字激光照排系统的研制分阶段进行，前 5 年主要集中在"汉字激光照排系统"的模拟实验和原理性样机的研制上。1979 年《光明日报》首次报道了"汉字激光照排系统"主体工程研制成功，用计算机对汉字进行编辑、排版和输出将完成"汉字印刷术的第二次革命"（图 3 - 1）。1980 年，使用激光照排机排印了样书《伍豪之剑》，整个出版流程都在计算机控制下自动完成，样书得到邓小平同志的批示"应加以支持"，无形中为我国印刷出版业的未来发展指明了方向（图 3 - 2）。邓小平在第一次全国科学大会上提出了印刷技术发展的十六字方针——"激光照排、电子分色、胶印印刷、装订联动"②。汉字激光照排系统的成果主要应用于这一时期繁荣发展的报业，80 年代到 90 年代的 10 年，我国各大报业逐步摆脱了铅活字作业，实现计算机激光照排的历史转变，标志着我国的报业印刷进入新的历史阶段。

---

① 王选：《王选文集》，北京大学出版社 2012 年版，第 5 页。
② 范慕韩：《历史的辉煌，预示着未来的辉煌》，范慕韩主编《中国印刷业大全》，浙江科学技术出版社 1994 年版，第 3 页。

图 3-1　1979 年 8 月 11 日,《光明日报》报道了汉字信息处理技术研究成功的消息
(国家图书馆微缩版)

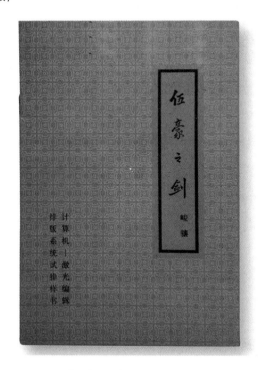

图 3-2　《伍豪之剑》样书（摄于王选纪念馆）

（二）汉字激光照排系统的关键技术

激光照排系统需要使用数字化手段处理汉字，所使用的精密字模不同于一般办公系统使用的普通字模，要求精度高、质量好，因此字形存储量是最为尖锐的问题。实际上，字形描述方法一定程度上决定了字形压缩存储的方式，汉字激光照排系统最关键的技术在于折线加参数的描述方式[1]，阶段性地解决了汉字存储量的关键问题，形成了中文字库存在的特殊形式。

对精密型汉字库而言，分辨率需要 25 线/毫米以上。激光照排机采用激光束扫描的方式输入汉字，激光光点的大小不会瞬间改变，因而不同大小的字符必须用不同点阵表示，如印刷排印中经常用到的 5 号字（10.5 磅）对应的字身点阵大小为 108×108，而此字形的点阵构成需占 1458 个字节[2]，7000 个左右的汉字共需 10206 千字节，不同字体加上不同字号，则需要几千兆字节的存储量，因此必须对于高分辨率汉字字形和数字化字模进行压缩处理。

折线描述利用汉字构成的模件化以及笔画构成规律性为资源，将横、竖、折等规则笔画，用折线描述的方法表示，即在汉字轮廓上选取合适的点，用直线将点连接成折线，就形成了汉字规则笔段的轮廓外形。点、勾、撇、捺等不规则笔画采取逐一折线描述。但在文字变倍过程中，规则笔段的宽度会变得粗细不匀而影响整个文字质量，因此需要对规则笔画进行特殊控制。这种参数描述方法实际上是 HINT（控制信息或提示信息）的一种形式，即用专门参数表示横宽和竖宽，在字形变小或变大的情况下遇到这一参数会提示当前处理的是横宽或竖宽，因而用特殊的变倍处理来使横宽和竖宽在任何点阵情况下保持一致。

---

①　王选、陈堃銶夫妇为汉字精密照排系统的奠基人，带领北京大学等科研单位承担汉字精密照排系统的研制工作。新华社为系统的第一用户，参与研制；北大与无锡计算机厂合作研制汉字终端，直到设备在新华社印刷厂正式使用；北大与潍坊计算机厂、杭州通信设备厂合作研制原理性样机和华光 Ⅱ、Ⅲ、Ⅳ 型机；长春光机所和四平电子所承担介入转镜照排机的研制。

②　参见郭平欣、张淞芝《汉字信息处理技术》，国防工业出版社 1985 年版，第 54 页。

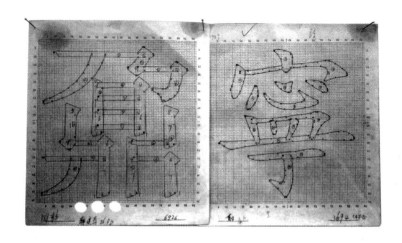

图 3 - 3　在坐标纸上绘制压缩信息用的字模稿。数字编号代表不同笔段的长度、宽度及起笔、收笔和转笔处的变化样式（摄于王选纪念馆）

控制信息（HINT）的主要作用是在字符变倍过程中保持字体不变形，尤其是由高分辨率缩小至低分辨率时起到了关键作用。西方自使用轮廓字体技术以来，HINT 技术发展飞快，可以对字形的敏感部位做出细致入微的附加描述，控制重要笔画的宽度，还能控制笔画之间的距离以及拐角处的对称性。无论是放大到 20000 × 20000 点还是缩小到 16 × 16 点，字形都会保持高度的品质。[①] 20 世纪 80 年代以后随着时代的发展，西方的 HINT 技术也有了更新的变化。

（三）编辑排印系统的一体化进程

我国编辑排印系统的一体化进程分为两个主要系统，一是用于大型激光照排系统的编辑排版语言和软件的开发，它是激光照排系统的重要组成部分；二是适用于小型电脑控制照排机的输出装置的微机照排，主要应用于中小型电脑书刊排版及办公室自动化。

用于激光照排的排版系统以山东潍坊计算机公司和北京大学新技术公司

---

① 参见王选《排版系统若干重要方向的发展现状和展望》，范慕韩主编《中国印刷业大全》，浙江科学技术出版社 1994 年版，第 118 页。

（方正电子出版集团前身）的华光电子出版系统及方正电子出版系统为主①。而微机排版系统的诞生则与个人电脑的普及关系最为直接，个人电脑的发展使它快速走入家庭和办公室，因此适用于小型办公环境的出版系统应运而生。1980 年，我国引入了英国蒙纳公司的激光照相排字系统，分别安装于北京和上海两地，在硬件引进的基础上开发实用型中文电脑照排系统，在一台微机上既有输入和编辑校改的功能，也有排版、显示和打印输出样张的功能②。北京新华印刷厂和中国印刷研究所共同研制，不仅研制出"中文版式设计语言""中文数据表格排版语言"，还建立了自动变倍中西文字库、中西文混排数学排版软件等，每种字体只存一种字号，其余字号由变倍技术自动生成，增加了字库的种类、字号和容量，可以排印数学、化学、物理、统计等大量数据的复杂表格和文理科类书刊。1987 年，该照排系统经过国家鉴定，被定名为"科印"微机照排系统，该系统因可以与微机相连进行编辑排版进而输出，颇受中小型用户的欢迎。1994 年，照排中心与我国台湾合资成立"汉仪科印信息技术有限公司"，转向专业的计算机字库开发。

　　与此同时，上海印刷技术研究所激光照排实验室也展开了类似的工作，致力于排版软件的研制工作，并与深圳市电脑文字处理系统公司等单位共同研制微型计算机编辑照排系统，字体室负责电子照排系统的字模开发。③ 除此之外，北京大学将研制的激光照排系统的字形发生器与控制器予以改进，使照排机和印字机可以共享字形和排版指令，构成了计算机排版的轻印刷系统。上海的前景系统、深圳天成系统、中国台湾九二八集团研制的"文渊阁"电子排版系统、中国台湾可靠资讯公司的"毕昇出版系统"等也具备了微机排版的多种功能。

　　如未来学家奈比斯特所言："在出版、印刷业中，写、编、排三者将出现合一的趋势，其直接动因是由于新技术革命。"④ 我国的编辑排版系统采取国

---

① 山东潍坊计算机厂（山东潍坊计算机公司的前身）曾是"七四八工程"的联合研制单位，后独立出来进行自己的电子出版系统的研制。

② 北京工业志编委会：《北京工业志·印刷志》，中国科学技术出版社 2001 年版，第 399 页。

③ 顾国安：《我国照相排字技术的发展》，中国印刷技术协会《印刷年鉴 1984—1986》，印刷工业出版社 1987 年版，第 26 页。

④ 刘国钧：《中国书史简编》，书目文献出版社 1982 年版，第 52 页。

产及引进并行，排版系统的自动化，开创了我国出版印刷的全新图景。但是，与排版系统相配套的字库技术是独立于排版系统而开发的，决定了字库技术必然需要建立自身的技术体系。

三　技术与人文相互作用——中文字库产业化的前奏

技术革命是推动中文信息产业发展壮大的内在动力。首先，汉字得以存储于计算机内进行信息交换，无疑是历史性的跨越。系统的硬件和软件的运行都需要中文字库的支持，成为推动中文字库发展进程的重要原因之一。其次，技术革新直接导致印刷出版业摆脱了铅活字的重负而实现了结构性的升级，对传统印刷出版领域相关的产业产生了延伸影响和关联效应，加速了中文字库的发展进程。最后，出版印刷行业及相关信息产业的发展带来了社会文化层面的改变，高密度的文化内容和体现精神需求的文化消费逐步凸显，愈加广泛的社会需求大量产生，文字所承载的文化意义和精神内涵进一步扩大，促使中文字库必须改变初期字库乏善可陈的局面，朝着产业化、专业化及多样化的方向前行。

可以说，技术应用、转化的普及拉动了出版印刷业进入快速发展的全新时期，反之，出版印刷业的繁荣促进了技术的不断升级改造，以适应持续增长的社会需求。在技术与文化相互作用的推动下，数字字体的设计与制作得到进一步提升，形成了中文字库产业化的前奏，并在 20 世纪 90 年代以后迎来了计算机字库的产业化发展高潮。

第二节　技术变革下中文字库与特殊样式的产生

随着计算机的使用，通过程序计算得到的一系列计算机工具字体和特殊样式字体开始出现，字体更像是隐匿于数字背后的图像生成。在屏幕上进行操作的计算机辅助设计使字体绘制的工艺开始发生显著变化，形成了字体设计由传统纸媒向屏幕制作过渡的历史时期。

一　中文字库的重要维度——字符集与国际编码标准

"字库"的概念不仅反映了字符"存储及再现"的方式，而且包含了字体制作的合理化依据"字符集"的概念，因此成为数字字体设计的重要维度。

为了使世界各国的文字都能在计算机中进行处理，提高计算机信息处理和交换的功能，国际上早就认识到对计算机中的字符集进行统一编码的必要性。1984 年，国际标准化组织（ISO）成立工作组，制定了面向全世界范围内各民族文字的统一、通用的编码国际标准（Universd Coded character Set），但进展缓慢。1987 年，美国数十家大公司联合组成国际集团（Unicode Consortium），讨论制定了 Unicode 编码标准，在各软件产品中逐步实施这一标准，并于 1991 年正式成立 Unicode Consortium。此后，在包括中国在内的各 ISO 成员体及 IT 巨企的推动下，两大标准合二为一，保持协调、同步的发展。

在国际标准化组织 1993 年的工作文件"ISO 10646"中，对文字给出了以下定义："文字是用于一种或多种语言书面表示的、有鉴别特征的图形字符的完备集。"[1] 此定义与以往我们理解的文化属性的"文字"意义不尽相同，它是从计算机文字信息处理的角度出发，反映了文字技术性的特征。图形字符是计算机文字信息的基本单位，"图形字符的完备集"就是图形、字符完整序列的集合，计算机对某种文种进行编辑加工、输入和输出时都需要对该文种的字符集进行处理。

字符集对文字的处理和排版是重要标准。字符集中的元素以字符本身的轮廓最为重要，除此还包含了回车、删除、字间距和非断开空距等命令，所有元素以全身正方形为单位列出了分配给每个字符的水平空距，计算机程序用这些宽度计算如何用字符填充各行，将字符宽度叠加直至一行被填满，也就是说，对字符集的编辑操作也是对该文种的行款页式规则的编辑。

---

① 许寿椿：《有序完备字符集——文字的一个技术性定义》，许寿椿主编《文字比较研究散论》，中央民族学院出版社 1993 年版，第 72 页。

在 Unicode 之前，英文字符集以美国国家标准信息交换码 ASCⅡ字符集为标准。ISO 646 - 1973 中收录了 128 个字符，其中控制符 33 个；图形字符 95 个，中间包含了英文字母大小写 52 个，标点符号及间隔符号、空格字符 18 个，数码 10 个，运算符号、比较符号 8 个，其他符号 7 个。ASCⅡ字符用 7 位二进制位表示，一个字符占一个字节，属于小字符集。

图形字符超过 188 个的字符集已经无法用一个字节表示，这类字符集被称为大字符集。汉字、日文以及朝文等图形字符数都在数千，是典型的大字符集文字。我国的汉字标准码交换中每个汉字码用了两个字节，每个字节用 7 位二进制位表示，共 94 个代码。1981 年我国制定颁布的汉字基本集含 6763 个汉字，基本满足了汉字计算机处理的需要，但用于户籍管理、地名管理、药品管理等领域常会出现集外字，因此需要及时补充。为了补充字量不足，1987 年我国发布第二、第四辅助集汉字，1990 年发布第一繁体辅助集汉字，全称为《GB/T12345 - 1990 信息交换用汉字编码字符集辅助集》，该集是 GB2312 字集对应的繁体字信息交换用的基本图形字符合集，由于繁简之间的对应关系多出了 103 个字符，共 6866 个字。

由于历史的原因，20 世纪 80 年代中期以前，中国大陆、中国台湾、中国香港都是分别制定独立的编码标准，我国港台繁体中文区的汉字字符集都是在台湾 BIG5 码的基础上发展而来的，最初的字符集只是根据台湾地区"教育部"颁布的《常用国字标准字体表》《次常用国字标准字体表》等用字汇编而成，收录的字数有限，后经各软件厂商的扩展，增收了人名、地名及方言字等专用字及日文的假名，派生出很多不同的版本。香港地区也在 BIG5 码基础上增补外字区用字，形成地区标准。但各地区、政府和厂商推出的编码互不相容，乱码现象十分严重，此情况在 GBK 和 Unicode 出现之后才得到真正解决。

Unicode 是一种国际标准，又称"统一码"或"万国码"。顾名思义，它是将全世界各地区、各民族的文字统一纳入同一个编码系统，用数字号码指代特定字符。Unicode 具有跨地区、跨平台交叉使用的特点，对促进国际文化和信息交流具有重要的意义，这种编码方式可以延展到超过 100 万个字符，如亚洲地区语言字库所包含的字符超过 65000 个。自 1987 年发布 Unicode 标准第一版以来，该组织在 2000 年之前又分别发布了 Unicode 标准 1.1 版和 Unicode 标准 2.0 版，而且此后仍有动态性的发布和扩充（图 3-4）。

图 3-4　Unicode 又称"统一码"或"万国码"（局部）

二　中文字库的诞生及数字字体的设计制作

自汉字进入计算机存储以来，中文字库便应运而生，从而带来了中文数字字体设计制作的新内容。作为计算机工具字的点阵字体是数字字体的初始状态，它与计算机的数字化发展共存，即使在当下，很多低分辨率的电子媒介上仍然使用这种字体，它的实现前提是需要设计制作点阵字模（图 3-5）。折线字库（又称矢量字库）是汉字精密字模的集合，通过数学原理计算生成，可以通过后期显示软件进行修改，是一种过渡型字库形式。无论哪种类型或技术的字模使用的字体原稿都是一样的，在此意义上，中文数字字体制作初期，实际上是将印刷字体数字化的过程。

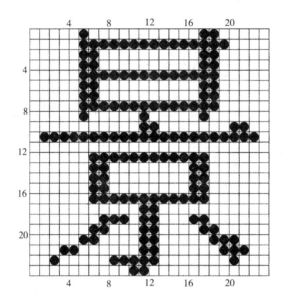

图 3 - 5　点阵字体设计网格（笔者绘制）

（一）点阵字的设计制作

与以往设计环境不同，以电脑为中心的环境开辟了一条新的路径，字体植入屏幕与栅格结构发生关联，设计带有强烈的技术意味。

点阵字模需要在屏幕媒介上显示，通过打点的方式在一定的栅格内完成。它的设计制作需要事先在模仿栅格构成的格子纸上进行点绘。从字体设计的角度而言，栅格与写字稿的坐标纸有着相似的表面结构；不同的是，栅格对字体的约束是强制性的，需要量化，笔画必须满足栅格最小单位一格，不可能出现半格或更小的划分；而坐标纸中的格子只是辅助性的，主观性强，没有最小单位的限制。印刷字稿是数字字体参照的"楷模"，但将参照字体进行点阵字模转化设计时却存在很大不同。

和印刷字体设计一样，点阵字模的设计依然需要遵循笔画舒展、结构比例适度、黑白均匀、重心稳定等基本原则。但在栅格中排布字体不可能像在纸面上一样自由，汉字的规则笔画数量差异很大，形态各异，对于不规则笔画如撇、捺、弯钩等，既要表现出笔画的基本形体，又需体现笔形的轻重迟缓，因此，需要在起笔与收笔处之间所经栅格的轨迹上做出理想的处理。对于规则笔画，如横竖笔画数量相差悬殊时，需将横笔少的字，装饰角放大，笔画多的装饰角缩小。由于点阵字模仍然采用部件组合的套用方式进行设计，栅格的局限性使这种组合方式非常机械，部件间的栅格距离只能限定于整格，部件间的穿插关系很难得到体现，而且如果兼顾字体重心的平衡就很难照顾到结构的疏密，往往会出现字形结构松散且不匀称；调整了部件间的结构关系又往往造成左右或上下重心的错位和不稳定。因此，点阵字模需要根据栅格多少制作出不同层级、阔狭、比例的部件，以应对汉字字形多变的特点；不规则的笔画，如撇和捺也需尽量舒展，与部件间形成穿插咬合之势。另外，黑白均匀在点阵字模的设计中是相对的，由于笔画间空只限于整格，对于笔画间距小的字形也只能用最小单元一格处理，黑白分布势必受到影响，因此只能依靠其他位置的布白来平衡这种别无选择的处境，使字形整体的黑白相对匀称。

　　受到栅格多少的左右，一些字形必须做出特殊处理。比如在 15×16 规格的点阵字模设计中，有些字必须在不影响识别的情况下，牺牲某些笔画细节。因为国标 GB2312－80《信息交换用汉字编码字符集基本集》收入的汉字中有 138 个汉字无法在 15×16 矩阵组成的 240 个栅格内实现，240 个栅格最多可以容纳 8 个横画和 7 个竖画，多出的则无法实现（图 3－6）。具体的做法主要有以下四种：一是在不影响字形整体的情况下省去笔画；二是在保证字形完整的同时采用并笔的方式；三是简化次要的元素；四是以竖点代替短横画[①]（图 3－7）。另外，15×16 规格的点阵字模实际的总信息量仍为 16×16，但在点阵的左侧或右侧留出一列信息为 0 的空白，是为了表示一定的"字间距"，而行间距一般由输出设备的程序来控制、添加。

---

① 参见傅永和《汉字七题》，河南教育出版社 1993 年版，第 193 页。

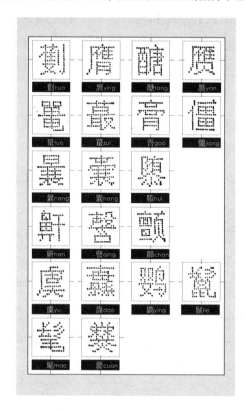

图3-6 无法在有限栅格中实现，需要特殊处理的点阵字形（笔者绘制）

图3-7 通过不同设计手法简化汉字以适应栅格（笔者绘制）

24×24 点阵虽然可以基本完整表示汉字字形，但汉字笔画多寡悬殊，不论笔画多少都需在规定的栅格中完成，仍然存在笔画排布不下的情况，因此需要减细某些次要笔画。如"醴"的竖笔有 8 画，每笔占 2 格需要 16 格，笔画间距至少 1 格，需要 9 格，共计 25 格，超出栅格范围。根据主副笔倡随的原则，副笔需做减细处理，但纸面设计时减细是可以根据实际情况由设计者做出主观性的调整，自由度很大，点阵字模的减细却必须量化，将左边"酉"字中间的两竖和"曲"字中间的两竖强制性地改占 1 格，原稿上字形并不符合视觉美感，但缩小后仍能保持视觉上的基本平衡（图 3 - 8）。

图 3 - 8　点阵字"醴"的处理方法

（二）精密字模的设计制作

精密字模的设计制作不再以点绘制的方法进行，而是将设计好的字模原稿拓在 96×96 的栅格坐标纸上，人工描写出矢量结点，扫描后输入计算机，再以数字化格式进行压缩存储及输出，显示软件可以将字形点显示于屏幕上，带有辅助性的修字软件，将扫描字放大并进行边缘的修改（图 3 - 9）。可以说，这一时期的数字字体更像是一种数字游戏，设计成分仍然体现在字模原稿中，而技术成分则表现在字模与原稿的数字转换过程中。铅活字时期的字稿在这一时期发挥着关键的作用，可以说它兼顾了铅活字、照相排字及精密字模三方面的技术需求①。

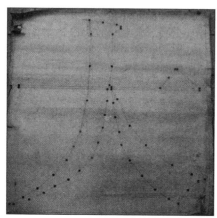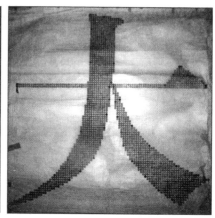

图3-9 精密字模的取点规范（上海大学提供）

不同的技术手段在字体制作上差异很大，对于横竖笔画粗细比例相差较大的宋体字而言，调整幅度最大，相当于重新设计一套字稿。精密照排我国采用的是光电原理的四路激光平行扫描方法，经过修正的字稿经此扫描后进行放大精修及数字化处理，制成标准精密字模。据徐学诚老师回忆，为了适应英国蒙纳（Monotype）的第四代激光照排机②，字体设计室曾对铅活字字稿进行修正应用于照排机，后经数字化处理制成精密汉字字模。原粗细比例1:2.8的宋二体修正为1:2比例；将原型方扁、粗细对比度强的标题宋字形改为修

① 据1978年上海印刷研究所的调研报告显示，"字形结构考虑到信息处理系统的点阵和光学成像的照相排字需求，兼用于铅活字，字数根据科学出版物需求约八千字左右……质量要求超过'宋体二号'水平，整理出两副现有字体"。上海档案馆藏，档案编号：4202-2-2546。
② 1979年国家出版局向国务院申请留购当年在北京、上海两地展览的蒙纳中文照排机，进行消化吸收作为国内研制的样机标本。1980年由国家出版局购入，但因其中文字库样式单一，质量较差，责成上海印刷技术研究所字体室进行字稿修正。

长，缩减笔画粗细比例，这两款字是改动最大的。仿宋体和楷体都是笔画粗细较为均匀的字体，仅针对笔画较多的字进行精修，以免扫描时笔画粘连。

除了上海印刷技术研究所的字体室和激光照排室的贡献外，北京大学中文系和新华社都成立了字模制作组负责精密字模的数字化，中国人民解放军第二炮兵第二研究所则与上海印刷技术研究所协作，负责点阵字模的数据库建设。

三 特殊字体样式的产生

（一）手动照排技术下字体的新内容

在西方，照相排字的影响力相对持久，在摆脱了人力和金属机械的种种限制下，"这些新字体的平静、抽象的形式，省却了手写运动，为字体设计师提供了一些新的形式，这些形式的音调已经调得非常纯正。这些字体可以用于细体、半粗体或者是完全的粗黑体……而且许多平面设计先锋作品都充满了大胆的表现方法"[1]。而手动照排在我国的普及面较窄，但该技术对改变字体大小及外观样式的重要作用却不容忽视。

我国于 20 世纪 60 年代末自行研制手动照排机以来，照相摄字技术（也称写真植字）使印刷字体设计增加了很多新的内容和变化，极大地丰富了报纸、书刊及印刷出版物版面设计的效果。它是通过镜头的光学变形原理使字体产生系列变化，字体不仅可以有自 7 级至 62 级 20 多种大小的变化，还可以进行长形、扁形和斜体的基本变形，甚至可以利用主透镜外附加超放大镜头支撑 80 级至 250 级的超大型字体、超宽型字体（图 3 - 10）。在此基础上，特殊技术也会产生更多效果的字体样式，如利用透光度的变化可以得到深浅浓度不同的字体，当浓度浅时利用感光材料在字体表面附着网点或底纹，可使字体肌理有所改变。此外，通过增加照相排字的外部设备，如反转棱镜、曲面镜头、放大机、现影器、文字加粗器，可以使一种字体呈现反白、描边、

---

① ［美］埃伦·鲁普顿：《字体设计指南》，王毅译，上海人民出版社 2006 年版，第 27 页。

粗化、加边框、立体化、透视变形等特殊效果。对于文字的编排而言，使用圆形组版变换表为基础，用坐标数字乘以直径，得出纵、横坐标上文字的位置，可以将文字进行圆形或放射性排布，曲面镜头亦可以产生凸起或凹陷的排印效果。

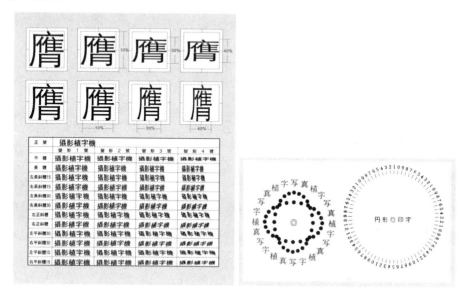

图 3 – 10　照相排字的部分变形规律（笔者绘制）

（二）激光照排技术下字体的新样式

"字体学一直是一门非常专业的技艺，需要昂贵的设备和丰富的技术经验。设计师以前是没法改变字形效果，但现应用电脑在设计上，变化就随心所欲了。"① 虽然在电脑与文字信息之间已经开始了沟通对话，但想要在电脑上随心所欲地设计字形，还必须依赖于电脑硬件与软件的跟进和并趋。幸运的是，经过十多年的探索，激光照排的核心技术激光照排控制器（后来国外改为栅格图像处理器）有了质的突破，从规模集成电路、双极型微机到专业芯片再到 20 世纪 90 年代的专业协处理器芯片，为字形新样式的设计提供了可能性。

---

① 叶锦荣编：《平面设计手册》，岭南美术出版社 1992 年版，第 158 页。

字体新样式的产生和"光栅图像处理器"的研制息息相关，因为它是由处理器发出的指令形成的，是真正意义上的电脑语言产生的新样式。"光栅图像处理器"是将页面信息转换成打印或照排的版面的中介翻译器，"光栅"一词来源于拉丁语，原意是"粗筛"。"光栅图像处理器"源自早期的电视机工业，指阴极射线管在屏幕上生成图像的方式。阴极射线管投射的窄束光线，在屏幕上自下而上从一端到另一端逐行生成图像。基于此原理，在激光照排机或打印机中的激光，通过忽明忽暗的闪烁生产计算机屏幕或打印页面上看到的深浅不一的点。光速的精细程度和闪烁频率决定了机器的分辨率，即它在每英寸或每厘米的单位范围内生成点的数量和密度决定了分辨率的高低，如一台精度为 600dpi 的激光打印机，页面上的点数将近 400 万。

由于光栅图像处理器的快速发展，存储器的空间增大，因此，可以支持倾斜字、立体字、空心字、反白字、半阴半阳字、勾边字和任意角度的旋转字等大量的艺术字体及标题字体的样式变化，还支持上百种底纹、图形和黑白图像的处理，整个版面做各种角度的旋转时也不影响速度，为计算机发展的初期提供了较多字体样式的选择（图 3 – 11）。

图 3 – 11　70 年代以来信息输入采取的是纸带、卡片凿孔机、卡片阅读机的系列装置，键盘的出现替代了这一复杂的过程，键盘—主机—荧光屏构成了新的输入环境。电脑通过数字计算可以得到特殊样式的字体（笔者绘制）

（三）矢量书写体字体样式

随着计算机辅助设计技术（CAD）以及手写字体识别系统的发展，计算机可以通过手写识别技术将自由型汉字扫描进入计算机，并根据自动绘制工程技术原理，通过绘图笔对文字进行矢量处理。自动绘图机打破了手写的笔顺习惯，遵循绘图笔移动总行程最短的规则将手写汉字加以描述，这使得汉字形态的处理进入了新的历史阶段。字形不再受到方块字的限制，形态优美、风格独具的手写体汉字也将可以采用计算机处理并实现矢量化，因此字体的样式必定不断推陈出新，为数字字体的繁荣打下良好的基础。

第三节　技术转型下字体设计美学现代性的构建与审美危机

20 世纪 80 年代正值我国经济转型、社会转型和技术革命的历史过渡时期，市场经济影响下印刷的概念也由以往书刊印刷的小圈子扩展到"大印刷"的范围，新技术、新工艺、新材料被广泛应用到书刊、报纸、商业产品、工业产品等诸多社会领域，印刷载体的范围也突破了传统纸质媒介，发展到木材、金属、塑料、陶瓷、玻璃、纺织品，甚至是电子产品当中。

在这样的时代背景下，文字的社会属性从长期服务于革命宣传的政治功能让位于服务于市场经济的消费功能；文字的文化传播意义也从"文化普及"过渡到"大众消费"。消费时代审美文化的特点以寻求社会需求和消费者话语的表达为基础，符合大众审美成为引导字体设计的关键方向。此外，随着我国改革开放进程的全面展开，第二轮的西方美学东渐再一次袭来，与本土美学发生碰撞，构成了新一轮的美学实践。

一　文字社会功能的进化与西方美学的融摄

随着经济与社会文化的共同发展，字体设计的社会应用范围及使用需求进一步扩大，从而推动了字体设计在美学上的探索，字体设计的丰硕成果呈现喷薄而出的活跃局面。

一方面，作为新闻出版事业整体格局重要组成部分的书刊报业对正文字和标题字设计品质及新样式有着强烈的需求，成为推动字体设计发展的重要力量。中国印刷协会名誉会长王益先生曾在第一届印刷字体评审会开幕词中强调，《人民日报》共用 7 种字体（加上扁的、狭长的、粗的、细的变形后共 16 种字体）进行印刷排版，较之以前虽然丰富了许多，但比起欧美及日本仍远远不够，因此加强报纸书刊的字体创新及字体易读性具有重要意义①。可以看出，《人民日报》作为党报、机关报是文化载体的先行者，对字体的使用非常关注。据《人民日报》总工程师王振铎先生②回忆，《人民日报》非常重视字体设计及版面编排效果，对字稿的原创具有创新意识和远见，不仅专门组织了相关领域的专家召开新闻字体研讨会，针对报版字体的发展进行积极的讨论和调整，还邀请经验丰富的字体设计师绘写新字体以及补写缺少的字体。当时《人民日报》使用的报版宋体仍然是 60 年代 611、641 稿的数字化产品，不仅字形陈旧更非国人自创，因此由中国人自己绘写新报宋成了当时报人的理想。于是 1991 年着手邀请谢培元先生创写新报宋字稿③，基于报纸正文用字需满足快速阅读的要求，新报宋采用了笔画挺秀、中宫开放、字面率较大的方法调节整个版面的节奏，使版面阅读更加顺畅；此间还邀请牟体的原作者牟紫东先生写长黑体，并按照一级汉字的国家标准补写了长牟体；邀请韩飞青先生补写了新魏体。

另一方面，中断了多年的字体设计工作重新回到了文化建设的正常轨道，受到新闻出版界的重视。1980 年，在中国物资公司的组织下召集"三厂一所"的字体创作人员召开了创写印刷新字体的座谈会，并制定了《关于设计

① 《第一届全国印刷新字体评审会》，中国印刷协会技术协会《印刷年鉴 1984—1986》，印刷工业出版社 1987 年版，第 192 页。
② 参见王振铎先生访谈。
③ "新报宋"的绘写过程十分曲折，20 世纪 80 年代开始着手写字稿，预计 1993 年完成，其间由于谢培元先生身体原因，这副字稿至 1995 年才全部完成，1997 年由北大方正开发成电脑字库，被《吉林日报》使用。

新刷新字体五年规划（1981—1985）》，会后专门组织参会人员分批参观西安、洛阳等地古代书法碑刻原迹，以便为字体创作提供灵感来源。为了更好地实施规划，中国印刷物资公司开始广泛面对社会上的书法爱好者、美术工作者及专业字体设计者征集用于书刊、报纸的正文字体及标题字。此次征集的作品在传统四大印刷字体的基础上，增加了隶书体、篆书体、魏碑体、等线体、美术体、斜体、钢笔体等字体品类，并于1982年组织举办了新中国成立以来规模最大的印刷新字体展评会①，获奖的108件作品当中，标题字的创写方向非常具有代表性和延展性。

代表性是指艺术实践的价值取向和意义生产具有的典型性，艺术实践圆融了时代风貌并以"现代性"手段加以表达。周宪先生曾强调审美活动作为独特的文化形式，与文化的现代性是同步的，"文化的现代性则更多地倾向于价值、观念、意义和情感的创造、演绎、阐释，目的在于改造主体，确立新的价值观念和文化习性"②。在此意义上，拓展传统书法资源的经典图式、设计方法、表情特征依然为字体创写提供了方向。此次展览中多幅标题字作品极大地挖掘了传统"碑学"古拙质朴的美学品格，着力寻找着设计的"显"与书写的"隐"之间的潜在关系，不仅形神兼具，且不越矩，恰当地表达了文化立场和创作技巧。如许柏康的隶书，保留了清代书家邓石如方正的结体特点，笔画纤细但筋骨犹存，尤其是隶书燕尾的劲道十足又不失圆润，软硬处理恰到好处。文字选用了碑刻的阴文处理，保留外部界格，正负形的图底关系丰富了视觉的层级性和空间性；谢培元的正文隶书则吸收了"礼器碑"细而挺秀的特点，又掺糅了蝇头小楷的笔意，硬转折的笔感恰好将碑刻刀锋与几何造型叠合于一处；施渭峰的隶书则吸取了汉碑笔力遒劲的壮美之风，波磔飞动，气贯长虹（图3-12）；任政的隶书婉转流畅，收放自如，带有恬淡的亲和力，字体表情跃然纸上。书法艺术的审美旨趣深深地根植于我国字

---

① 中国印刷物资公司、中国出版工作者协会、中国印刷技术协会和北京新闻学会等单位共同发起。

② 周宪：《审美现代性的四个层面》，《文学评论》2005年第5期。

体设计师的创作精神当中，书法符号的现代生成也使我国的字体创作在国际上斩获殊荣。1987年，国际排版文字字体竞赛森泽奖中，陆华平先生的隶书体获一等奖①，字体吸取了汉代碑刻隶书的笔法及结构，但造型上已从书写体中脱离出来，结构张弛有度，松中带紧，笔形较之石刻要迂回莹润，手写风格又在不利不涩中得以保留，整字样态端正清丽，富于现代感，诚如森泽嘉昭先生所叹，汉字优美、正统尽显无遗。1990年第三届比赛中，存青的欧体楷书获银奖，任伟的隶书美术字获余奖，那钦的行楷获石奖。

图3-12　（左）许伯康隶书；（中）施渭峰隶书；（右）谢培元隶书（上海印刷技术研究所、上海字模一厂、上海市印刷八厂合编：《上海印刷字体字稿汇编》，1992年）

延展性指的是字体应用空间的弹性增大。20世纪80年代初期也是我国改革开放初期，频繁的商业活动重新开启，使字体设计不仅局限于书刊、报纸的标题字，而是更广泛地用于商业空间、广告宣传、包装设计等领域以及不同的印刷媒介上。字体的审美不再符号化地与革命激情捆绑在一起，而是与大众的轻松、自我联系在一起，携带着内敛活泼的商业化审美特征。此次比赛中亦有多幅此类方向的设计，如徐学诚先生设计的扁空心立体字、扁美术

———————————

① 此套字体后被日本所开发，由陆华平先生完成。

体;周今才的长美黑体;陈初伏的双线美术体都是在不脱离印刷字体字形和结构的基础上进行并不夸张的变形和装饰的字体,介于美术字和印刷字体之间。徐学诚先生的《美术字技法与应用》以及余秉楠先生的《字体设计基础》将此类字体定义为写实性美术字较为准确,它为之后电脑字库的实用主义与表现主义的平衡奠定了基础。

这一时期,也是我国字体设计美学现代性构建的重要时期,在西方美学思潮再次涌入下,立足于传统美学的价值取向融摄西方美学观念,从而使字体设计实践呈现特有的面貌。20世纪80年代以来,在改革开放的新形势下,西方现代设计理念和方法经由中国香港、中国台湾"译介"迅速传入中国大陆,直接影响了我国设计教育的转型以及设计实践。正如林川先生所言:"先进的字体技术带来了两方面的改变,一是物质性的,产生新字体;二是精神性的,新的字体审美观念。"[1] 此次印刷字体大赛中的部分作品就与现代主义美学观念不谋而合。如徐学诚的无饰线体、周今才的新仿宋体、钱惠明的等线体都力图突破以往技术对字重的限制,采用了较轻的字重,富有骨感之美,这与以往受技术制约字体不能过于纤细以及革命时期粗壮有力的设计需求完全不同,字体的简约、秀丽及整个版面的清新通透都体现了一种现代的气息。再如第三届国际字体排版竞赛中获得田中奖的铁三角体亦属于高度抽象的几何形体组合设计,与西方构成主义的设计理念与手法高度契合(图3-13)。构成主义以强调几何化、数理化和抽象化为设计手段,其产生背景与干净利落的无衬线体的大行其道有着某种关联。虽然几何形的运用常常出现在美术字中,但大多属于局部装饰或变形应用,而铁三角体的构成手法是将"装饰语言"附属于整体结构,仅以块体和三角形态构成复杂多变的汉字,且体态均匀,结构紧致,体现了高度的秩序与逻辑,大大突破了以往的构成手段,充满视觉张力。

与我国大陆刚刚解除封闭状态不同,我国香港、台湾两地与国外的对话联系相对紧密,良好的商业氛围也未曾间断,通过照排机捆绑销售到两地的

---

① 林川:《文字处理技术对汉字字形的影响》,《中国印刷》1988年第20期。

字库种类已十分多样，尤其是适合商业用途的广告字、美术字大量出现，巨大的市场空间无形中推动了字体事业的繁荣（图 3 - 14）。20 世纪 80 年代末 90 年代初，这些字样陆续输入大陆，通过仿写和改进带动了 90 年代初我国字库产业的蓬勃发展。

我国台湾地区字体主要引进日本森泽和写研两家照相植字机公司的产品①，截至 1991 年的统计，日本的电子照排明朝体系统有 54 种，黑体字系统有 54 种，古典字系统 17 种，总计 125 种。②从当时的字样中可以看出，以基础字体为准加以变化的特殊效果的字体非常丰富，其中以圆黑体造型进行变化的样式就达 13 种，除了不同字重的圆黑体，以空心、实心、阴影、重叠、减笔等设计手法进行字体创作也涵盖其中。通过镜头的变形处理，字样又可以得到倾斜、扁体、长体等不同形态的变化，形成庞大的标题字体群。琥珀体、综艺体、彩云体、珊瑚体、淡古体等字体样式在 90 年代初传入我国大陆，被各字

图 3 - 13　《铁三角体》第三届日本国际排版字体竞赛森泽奖，田中奖，作者李芸（中国印刷协会编：《中国印刷年鉴 1989—1990 年》，中国印刷工业出版社 1991 年版，第 325 页）

库公司广泛开发与推广。我国香港地区的字体以英国蒙纳（Monotype）公司的机器设备为核心展开辐射，也有森泽和写研照排机同时引入。1984 年我国

---

①　参见陈正雄《汉字字体数字化的新发展》（上），《印刷杂志》2008 年第 5 期。
②　参见李明君《中国美术史图说》，人民美术出版社 1997 年版，第 278 页。

图 3－14　用于商业的标题字（叶锦荣编著：《平面设计手册》，岭南美术出版社 1992 年版，第 290 页）

香港地区成立 Monotype 分公司，对中文字体进行开发与制作，由于当时只有英文字库随机植入，中文四大基础字体的字稿都是以大陆买入的尺寸为 9×9 寸的黑白稿为基础，再经香港方面进行补字，因此专门成立了 Chinatype 公司承担此任务。① 由于我国香港和台湾地区都是在设备引入的同时进行的字体开发，因此采用的字体制作技术为当时国际流行的 PostScript 技术，台湾方面有华康、文鼎、汉龙等公司，香港方面有 CompuFont、TTL、Monotype 及安托等公司。② 以曲线的描述方式可以将字形以外框方式记录，辅以软件进行任意结

---

① 参见萧华敏《铁划银钩的再现》，《桌面出版与设计》1995 年第 1 期。
② 参见叶锦荣《平面设计手册》，岭南美术出版社 1992 年版，第 158 页。

构组合以及变形处理，这极大地促进了中文图形字库①的产生。1989 年成立的 CompuFont 公司就是将 PostScript 中文字库压缩处理成一个文件档，经制作软件将字形提取，再存储并转化为 Eps 格式，便可以支持 Eps 图形的绘制和制图软件的开启，进行所构想设计的变化效果，因此在已有字体种类上加以变化的字体蔚为大观，当时在我国台湾和香港地区大为流行。香港字体创作中心是专业致力于标题字体设计的公司，当时已拥有 70 多种自创的中文字款，从字样中不难发现，如创业体、清秀体等字体实际上是流行于 90 年代汉字字库中的汉真广标、倩体等字体的原型（图 3 - 15）。我国台湾汉龙字体创作有限公司则在宣传中告之道："字数超过五千字多种变化运用自如……未来全面电脑化扩大使用层面。"先进的字体技术演变出高质量多样化的字体样式，不仅繁荣了我国港台字库市场，同时也对我国大陆地区 90 年代电脑字库产生巨大的影响。

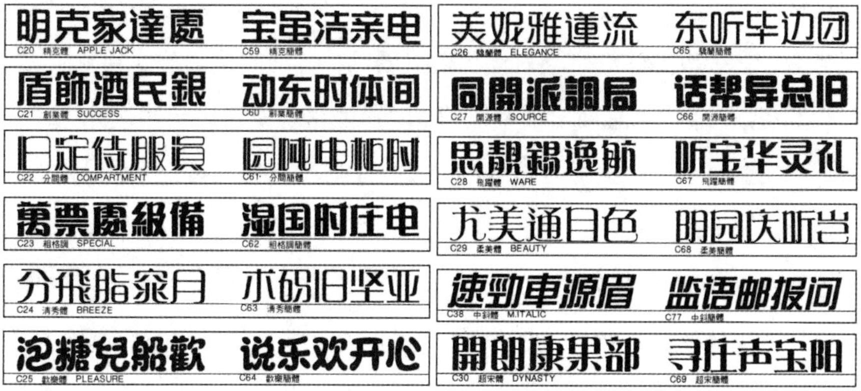

图 3 - 15　我国香港字体创作中心创作的广告字体设计样本（叶锦荣编：《平面设计手册》，岭南美术出版社 1992 年版，第 292 页）

二　技术更迭下的字体设计的审美危机

无论是在我国还是在西方，技术的革新都是催生字体设计创新的关键力

---

① 通过辅助软件制作，转化为 EPS 格式的字形，在我国香港和台湾地区称为中文图形字库。

量，但与之相悖的是技术更迭下也会造成的传统美学标准的丧失。

20 世纪六七十年代是西方刚刚淘汰铅活字印刷，采用照相排版新工艺的过渡时期，字体制造商在尝试新工艺实现热金属工艺无法企及的效果的同时，却无奈于市场的选择而受到传统美学品质丧失的指责。字体从固化的浮雕字块变成了可以任意扭曲变形的可读图像，宽度、角度、轮廓不再受到块体的物理限制，历史和先例的重要性似乎被遗忘。字符间距可以定位、重叠和缩减，当字距的精细调整在遇到技术设置无法达到的时候则被忽略，比如热字排印时，当为满足字距的控制而换行时需要将末尾的单词分为两截，用连字符表示，而最初的程序无法处理这一问题，需要将字距缩小挤压在同一行内，因而不得不放弃美观的设置。金属排印所建立的美学标准和知识经验被任意篡改，对于注重传统细节和阅读习惯的受众而言只能挣扎着拥抱新技术，等待新秩序的建立。瑞士著名字体设计师阿德里恩·弗鲁提格（Adrian Frutiger）曾对这种粗制滥造的现象予以抨击："如果对字体形式做出过分的技术革新或者粗劣的设计，改字体必定会对读者造成困难，并使阅读进程受到阻碍。"①

20 世纪 80 年代末桌面出版系统（DTP）的出现使西方字体设计再次陷入技术审美的危机当中。据当时任 Adobe 设计总监的王敏教授回忆②，一方面设计师们为不再麻烦照排公司提供字样粘贴到版面上进行手工排版而感到兴奋；另一方面则为当时技术至上，设计乱象丛生而心生痛恶。由于数字化初期，决定字体及字体使用规则的是工程师，而非设计师自己，因此字体与排版的审美因素往往被忽略，从而导致字体排印品质的下滑，技术的副作用再次引起人们对专业设计规范的重视。

我国的字体设计实践远没有西方那样活跃和多样，更不像西方在修正技术的同时顺应技术特点而展开字体设计创作；但由技术主导设计，以及对技术滥觞导致字体变形缺乏尺度和规范所引发的美学危机却是基本一致的。基

---

① ［英］路易斯·布莱克威尔：《西方字体设计一百年》，许捷译，上海人民美术出版社 2005 年版，第 110 页。

② 王敏教授访谈。

于我国的实际情况，主要的审美危机体现在以下三个方面。

首先，由于地区交流、行业发展与文字生产速度的比例失衡所造成的行业标准的缺失。

1989—1993 年，是我国报业和书刊业全面淘汰铅字的高潮期[①]，随着铅活字的彻底消亡和电脑排版的兴起，适用于新技术的字体设计规范和标准尚未建立[②]。同时，自 1993 年后，文字处理系统不仅服务于我国大陆地区，更销售到海外及东亚汉字文化圈的各国。由于照排机系统的双向流通，有引进也有输出，与机器系统一并销售的汉字字模，多是铅字字模的数字化产品，在技术转换过程中，字形质量难免出现损失。引进机器中我国港台地区字模样式属于繁体字系统，现有字体的 7000 个常用字已不能满足交流使用的需要，亟须补充。因为计算机文字排版所缺统一风格的字体无法临时纳入字库，各计算机排版系统的制造厂家为快速补字，组织了不熟悉字体创作的人员，制作新字体和补足字数，造成了汉字字形的严重混乱，不成体的、很难看的汉字字形也进入了印刷品，因此亟须整顿和加强管理[③]。

鉴于以上情况，1990 年中国印刷机设备器材工业协会、中国印刷技术协会和中国物资公司联合召开了关于加强汉字印刷字体管理问题的座谈会，并提出了方向性的解决建议。第一，组织为数不多的有经验的、水平较高的字体设计师分工合作，补足字体，对有缺陷不宜采纳的字体予以裁剪，并继续制作符合计算机文字处理的新字体。第二，将字体设计师与计算机工作者结合起来，形成互补，字体设计师需适应计算机辅助设计，直接创制数字字体；计算机工作者也需学习字体设计绘制的规则，以便在汉字数字化过程中将字

---

① 1986 年，《经济日报》率先淘汰铅字，使用激光照排；1989 年，《北京日报》《光明日报》全部采用激光照排；1990 年，《人民日报》《解放日报》等报社采用激光照排。据统计，1990—1991 年，中央各部委及群众团体的 60 余家报纸有 50% 以上采用激光照排，近 400 家地、市、县级报纸 60% 以上采用激光照排。

② 铅活字历史悠久，不仅字模生产有其标准化、规格化的行业规范，文字的编排、使用也都经过多年的磨合形成了专业的排版规范，并有国家标准的辅助，中文字稿的设计亦按照铅活字标准量身定做。

③ 《汉字印刷字体座谈会》，中国印刷协会技术协会《印刷年鉴 1989—1990》，印刷工业出版社 1991 年版，第 97 页。

形、笔形修正得更规范化和艺术化。第三，建议选定印刷学校、印刷研究所等单位开设字体课程，培养专业字体设计人员。第四，为了便于海外和东亚文化圈中使用汉字的地区进行交流，应搭建这些地区进行汉字字体设计的交流平台，加强汉字的规范化工作。第五，加强对汉字字体原型的版权管理。第六，邀请技术研究单位与文字创写单位组织关于汉字字体发展管理的理论性文章，从艺术性和技术性双向角度研究字体设计与管理工作。此次会议对技术更迭时期字体设计和管理的"缺""乱"及"不美"的问题做出总结并指明了方向。为加强字体创新意识和设计管理，1991 年，全国印刷字体工作委员会成立，并制定了工作委员工作条例，从国家角度对字体设计的发展给予了高度的重视。

其次，通过照相植字和计算机程序指令得到的字形变化和排版效果在设计美感上存在先天不足。

利用照相植字或计算机程序处理得到的变形字体的确增加了字体形态的可变性，不仅操作相对便捷，亦可达到丰富版面的实用效果。但字体的变形必然以损害笔画粗细的正常比例以及字形细节的美感作为代价。照相植字中加粗、压扁、拉长是最基本的变形方法。但照相植字属于整字变形，如对字体进行以上的变形，便无法兼顾笔画粗细比例的均衡，笔画的比例发生改变的同时字体的内白与外白空间都会发生改变。比如在四度加粗法中，"写"字首先进行的是左右拉伸，上下的笔画粗细并没有变化的情况下得到的是重影的效果；其次向下拉伸中，字体先向左下方移动一定级数，横笔画出现错位，内白的空间几乎被填满；最后一步是将字体向右移动一级，虽然横笔画的错位斜度没有了，但整字几乎拥挤在一起（图 3 - 16）。该字体在大字号的情况下内白空间不会完全封闭，但字体在光晕效应下，笔画棱角不锐，肥硕显圆，整个字形的原貌遭到破坏。压扁或拉长同样面临着美感被破坏的后果，照相植字虽然有变形范围，一般控制在加、减 40% 的范围内①，但就笔画本身就

---

① 参见北京市印刷工业公司技术资料组选编《文字制版技术》（上册），北京市印刷工业公司1979 年版，第 255 页。

有规定比例的宋体字而言，这种变形无疑是致命的。宋体字本身横画细，经过左右压缩后，横画和竖画的粗细几乎相等，转折处的饰角也由原来的钝角变为锐角，整个结构和笔形塑造都发生了质变。

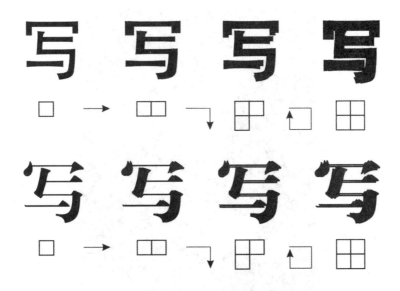

图3-16　"写"在植字过程中的运动轨迹，造成了外轮廓不平滑的缺陷（笔者绘制）

　　计算机文字处理一定程度上提高了字体设计的效率和自由度，但对于新技术还需要更加熟练地掌握。因此一些品质低劣的字体仍然存在，并透射出机器冷漠的逻辑制造，铅活字时代优雅流畅的笔触荡然无存。此外，用于标题或广告宣传的变体字只是在原型字体的基础上派生出来的字体样式，更接近美术字的设计，而这些字体并未跳脱以往美术字的创作观念，仅仅是通过加阴影、立体化、加线条装饰等古老的手段完善数字字体，这也是计算机文字处理初期，我国字体设计与技术相脱节的现实写照。但西方的经验告诉我们，顺应时代的变化，通过某种技术"缺陷"转化为设计"观念"制造数字时代的字体样式是通往新时代的有效路径，如荷兰的字体设计师埃里克·万·布鲁克兰德和杰斯特·冯·罗苏姆曾利用工程师的功能创造了具有偶发性和不确定性的北奥武夫（Beowulf）字体，字体是用程序控制所产生的随机外观、斑驳、粗糙却充满数字化的神奇（图3-17）。数字字体美感的先天不足可以通过技术的不断完善来修正，但观念意识的进步才是留给数字时代字体创作的巨大空间。

图3-17 将设计师和程序员的功能集合起来，创造出的偶然性字体——北奥武夫（Beowulf）字体（［英］大卫·柯罗：《从文字到图像》，刘秉坤译，辽宁科学技术出版社2010年版，第121页）

第四章 西文数字字体的启示——Adobe 技术主导下的西文数字字体的 新世代（1985—1990 年）

　　20 世纪 70 年代以后，西方计算机技术迅猛发展，用于计算机信息交换的字体存储和输出的核心技术更是飞速进步，众多曲线描述字形法产生。Adobe 公司成立后，其核心技术——PostScript 语言以其优异的字形描述法及与设备无关性的优势占据了字体显示、输出的主导地位，并以强大的技术为依托开发了一系列软件及字体，为数字字体设计及桌面出版系统的诞生开创了新纪元，具有划时代的历史意义。Adobe 的 PostScript 与苹果公司的激光打印机相连解决了印刷出版后端的输出问题，Aldus 公司的 PageMaker 软件则解决了前端同一页面中混合图文的编辑问题，三者共同打造了具有颠覆性意义的桌面出版系统。"桌面出版系统"（DTP）实现"所见即所得"，将近乎专业排版的打印水平输送到设计师的桌面上，设计师直接参与字体的设计、制作及输出的所有环节，根本上改变了传统的工作方式和排版规则。同时，Adobe 公司在日文字体的开发实践中，对 CJK 表意文字体系的研究带入了技术与美学的双重思考，不仅开发了适用于 CJK 字体的实用性工具，而且十分重视表意文字的美学范式，为中文数字字体实践提供了借鉴意义。

　　随着 PostScript 技术的成熟，PostScript 字形技术被确立为国际工业标准，预示着印刷出版行业朝着规范化迈进；PC 机的大量使用促进了适用于兼容平台的 TrueType、OpenType 等字体技术的诞生，标志着西文数字字体进入更高级的发展阶段。

这一时期，字体设计与排印实践呈现对技术与文化的双重映射。总体而言，技术的变革便利了数字字体的原创设计，激发了设计的想象力，同时，哲学领域的后现代思潮也深刻地影响了字体排印的实践，艺术与审美在此融构于一体。西文字体技术和美学观念极大地影响了90年代初我国中文数字字体的走向，为中文数字字体设计提供了借鉴意义。

第一节　改变字体设计与传播的核心技术的发展

一　页面描述语言的诞生及其意义

20世纪70年代，施乐公司硅谷研发中心 Palo Alto Research Center（PARC）是当时美国最成功的公司研究所。那里的研究人员发明了个人电脑、图形用户界面（GUI）、激光打印机、以太网技术。激光打印机是将屏幕文字和图像转换为最终印刷品的输出设备，利用激光束在金属滚筒上绘制出影像，干燥的墨粉受到影像的牵引，以类似影印机的方式将影像转移至纸上。1973年施乐公司发明了第一台具有300dpi的解析度激光打印机，被赞誉几乎"接近印刷排版的品质"。

激光打印机之所以能够输出含有文本和图像的页面，是因为程式传译语言的开发，提供了页面设计程序和输出设备间的中介。1981年，约翰·沃洛克（John Warnock）和同事一起，在原来 Evans&Sutherland 公司的 Design System 基础上加以改造，使之成为不仅用于屏幕显示更适用于打印输出的 J&M 语言（John & Martin），也就是 PostScript 语言的前身。1980年，奥托研究中心成立了图形学实验室并研发了与设备无关的 Interpress 语言（栅格图形和位图字体的描述方式），它吸取了 J&M 和施乐现有打印语言的优点，但施乐并没有将这一优势扩大，而是将它视为公司内部私有打印标准。约翰·沃洛克

（John Warnock）和查克·杰西卡（Chuck Geschke）看到了这一语言的优势和市场前景，于 1982 年成立了自己的 Adobe 系统公司，继续推进 PostScript 及其市场化。

初期 PostScript 解决了三个问题。第一，它可以在同一页面中描述文字和图形；第二，它不再需要特定的设备安装驱动程序和相应的接口协议，在个人电脑和打印机之间实现设备无关性的连接；第三，它可以将页面描述语言集成于激光打印机的芯片中，实现高质量的输出。

不仅如此，PostScript 语言对于字体的描述方式同样具有革命性的改变。20 世纪 70 年代位图字体出现并被使用，这种字体是通过简单的加法和减法定义的，即像素点的开与关。由于位图的缘故，这些字体只能以固定的样式及字号显示，很难进行缩放。PostScript 字体描述方式是基于贝塞尔曲线的轮廓描述，它不仅可以使字体通过优美的曲线进行描述，而且可以任意地缩小或放大仍保持字形的精准（图 4－1、图 4－2）。因此，位图字体很快让位于这种使用轮廓曲线定义的字体，实现了历史性的跨越。

图 4－1　早期用 PostScript 语言生成的字母图形

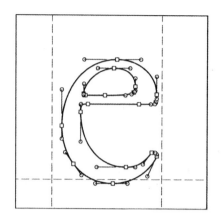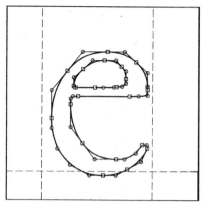

图 4 - 2　PostScript 曲线描述方式（笔者绘制）

　　将轮廓字体实时转成文字输出一直是困扰屏幕显示和打印输出的现实问题，比如文字在低分辨率显示时外形会细一点，但在 300pt/inch 的激光打印机输出时会呈现"加粗"的效果，为此在 PostScript 语言描述字形的初期，Adobe 的技术团队就开发了提示（Hinting）技术，保障字体在缩小时的美观和原貌。该技术同样意味着，同样风格和大小的字体，不管是在 300pt/inch 的激光打印机输出还是在 1200pt/inch 的照排机上输出都会保障输出效果的一致性和精准度。对于 PostScript 的巨大潜力，苹果公司总裁乔布斯（Steve Jobs）独具慧眼，于 1983 年与 Adobe 签下了授权协议，协议包括苹果公司在 Laser Writer 激光打印机中使用 PostScript 驱动和字库。1985 年，Adobe 公司正式发布 PostScript Level 1，打印机厂商在其产品中使用该技术需要支付给 Adobe 公司一定费用，使用 PostScript 的打印机成本要高于其他描述语言的打印机。因此，市场上出现了很多仿真 PostScript 打印机，如惠普公司（HP）的 Laser Jet、佳能公司的 Laser Jet Pro 可以与 Adobe 的 PostScript 兼容。

　　PostScript 语言的诞生还意味着与设备无关性的历史性跨越。在它出现以前，消费者所购买的任何字体必须与使用的印刷设备相匹配。照相排版兴起时，还没有一种被公认的排版度量标准，每个销售排版系统的公司都拥有自己的字库技术专利权。当消费者购买了该系统，意味着必须购买适配于那个系统的专门字库，而专门字库几乎与硬件一样昂贵。同时，各生产商的系统间并不兼容，当你在一个特定品牌系统上生成作业时，在其他品牌系统上是无法使用的。计算机排版初期，精密照排系统与轻型印刷系统分工明确，像 Monotype、Linotype、Hell、Autologic 和 Compugraphic 等公司只负责精密照排，并不涉足基于激光打印机的轻印刷系统；而施乐、惠普、苹果和佳能等则致力于办公出版系统的轻型印刷，这意味着照排机厂商所使用的字形发生器或控制器（RIP）不能直接用于激光打印机。而在桌面办公系统中使用计算机加打印机的组合流行之初，由于屏幕显示和打印输出之间建立联系必须安装驱动程序和应用接口的协议，而且显示与输出的结果存在很大差异，这是"所见非所得"的致命缺陷。PostScript 语言提供的设备无关性具有革命意义，这一语言可以集成在激光打印机内部，更重要的是它可以在低成本的激光打印机上实现专业照排机的效果，不仅可以处理文字，还可以输出图像，实现了精密照排与打印机共享西文 RIP 和字库，减少了以往印刷厂与设计公司中制作印刷稿人员的工作。

总体而言，PostScript 语言的革命性意义可以归纳为两点。其一，它开创了全新的字形描述方式——曲线轮廓。曲线描述更接近于手写时代设计师对字形的绘制和控制的方法，基本实现了电脑化初期人们对手写时代的留恋和模仿。并且此法可以随意修改、调整字形，真正达到了马修·卡特先生所形容的"可变字体"。其二，它实现了屏幕显示与打印输出间的无缝连接，允许低分辨率激光打印机与高分辨率照排机的版面设计达到完全一致的效果，与设备无关性的特点改变了以往困扰设计师的关键问题之一，即不同设备终端屏幕显示与打印输出不一致，将"所见即所得"显示与打印效果完美统一。可以说，PostScript 语言的诞生预示着出版与字体设计的巨变，它不仅极大地解放了人力，而且使设计冲破技术的桎梏，掀开了设计与出版大众化的新篇章。

图 4 – 3　PostScript 红皮使用说明书，教用户如何编写 PostScript 程序，1985 年

二　印刷排版的新纪元——桌面出版系统的形成

印刷排版技术是一个复杂的系统，除了字形处理技术和打印输出外，人机交互式的操作界面是另一个重要因素。20 世纪 80 年代中期以前的计算机所提供的用户操作界面几乎都是纯字符式的窗口界面，不支持窗口框的操作，也改变不了大小及位置，更无法改变窗口的属性，如字体、背景和图符等。施乐研究中心（PARC）一直致力于用图形而非字符来表达操作内容，由此理念激发而产生了使用图形交互界面在显示屏上提供打印页面的准确预览，并将这一特征定义为"所见即所得"（what you see is what you get）。它的实现意味着文字处理和编辑排版不再需要学习大量晦涩难懂的专业词汇和格式命令，可以使设计过程和结果在屏幕上直观地呈现出来，并与打印输出后的结果相一致。

1981 年，施乐公司推出了带有图形用户界面的"STAR"产品，用图标表示对象，但价格昂贵未能普及；1982 年在"奥托"（Alto）工作站上运行了"Smalltalk"多窗口程序，可以实现重叠窗口、弹出菜单以及剪贴、修改等用户界面技术，并使用鼠标选择屏幕上的菜单，成为之后各种图形用户界面的基础。施乐的创造力也启发了微软的比尔·盖茨和苹果的史蒂夫·乔布斯。1990 年，微软推出了 Windows 3.0 版本，距离第一代图形界面软件的 Windows 1.0 9 年的时间，该版本改进了初始版本的一系列功能，促进了 IBM PC 操作环境下"所见即所得"工作方式的实现。同时，乔布斯也敏锐地察觉到了这一技术的巨大潜力，在早年参观施乐研究中心（PARC）时他就被"Smalltalk"的技术所吸引。1983 年，苹果公司推出了第一台具有图形交互界面的微型计算机"丽萨"（Lisa），通过配置鼠标的控制设备，方便在屏幕上移动光标来完成计算机命令操作，预览窗口也可以交叠一起，同时运行几个软件程序，这种进步无疑是历史性的突破。由于"Lisa"的成本很高，1984 年，苹果推出了成本 2000 美元的"麦金托什"（Macintosh），延续经典的同时加强了图形和排版软件的改进，突破了传统微型计算机只能处理文字信息的局限，实现了可以同时处理图、文、声多种信息的功能。将可操作性编程隐匿于计算机后台，良好的图形界面拉近了电脑与受众的关系，专业字体设计的门槛随之降低，普通的设计师，甚至是普通的业余爱好者都可以参与字体设计，这无疑是技术带来的福音。

Adobe 的 PostScript 与苹果公司的图形交互界面（GUI）结合可以使 PostScript 控制器输出大型照排机般的"typesetter"品质，解决了印刷出版后端的输出问题，但前端的排印还处于手工操作的阶段，"你不得不用排字机排好标题，然后用胶条和裁纸刀把它们贴到纸板上。只有黑白两种颜色，没有彩色，如果想要彩色，你得用彩色纸标注"[1]。1985 年，当 Adobe 与 Apple 公司遇到了第三个合作者 Aldus 公司的 PageMaker 软件，情况完全被改变了。PageMaker 是

---

① Philip B. Meggs, *Meggs' History of Graphic Design*, Hoboken New Jersey: John Wiley&Sons, inc., 2006, p. 490.

由保罗·布莱尔德于 20 世纪 80 年代初发明的处理文字和图像的电子排版软件，在同一页面中混合图文可以被编辑，可以调用不同大小的字体，并将文本进行分栏处理。这使文字和图片的编排不需要在工作台上用裁纸刀去完成全部工作。作为电子排版软件，没有电脑硬件和输出设备的支持，就无法发挥其优势和作用，因此当其与苹果电脑和支持 PostScript 的打印机结合使用时，便形成了一套完整的出版流程，"桌面出版系统"（DTP）便诞生了（图 4 - 4）。

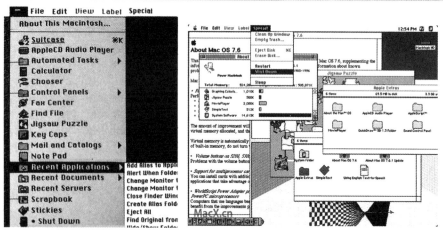

图 4 - 4 （上）现代化的字体设计师的工作站，包括了苹果电脑、激光打印机、彩色荧光屏、鼠标、键盘；（下）早期苹果机交互式界面（选自 Rob Vater，Ben Day，Philip Meggs，typographic Design：Form and Communication，Hoboken New Jersey：John Wiley&Sons，inc.，2009）

"桌面出版系统"的出现使传统排印行业走向末路，开创了印刷出版业的新纪元。在这一过程中，界面的"所见即所得"奠定了重要的基础，它开创了友好的人机交互界面，具有直观性、互动性、可操作性的特点，成为设计师与机器间沟通的桥梁。同时，排版软件的出现模拟出设计师工作的环境，如工具箱、页面、修改菜单等跃然屏幕之上，非常便于设计师直观地修改，便利地选择工具，进而以屏幕为媒，展开创作的空间。在此基础上，加之用于输出终端的激光打印机、PostScript 语言便形成了统一的设计、编排、输出的流程，这种颠覆性的革命从根本上改变了传统字体排版业的本质和规则，具有划时代的意义。1985 年被公认为桌面出版的元年。

三　推动行业发展的国际标准的确立

一方面，"DTP"的出现促使印刷出版行业发生了巨大的转向，也使字库产业进入重要技术转型时期，行业及产业的发展需要统一的标准出现，以规范行业的稳步发展；另一方面，个人电脑的普及使办公室自动化体系迅速崛起，适用于兼容性平台的字体技术大量出现，逐渐产生了其行业标准。

作为用于高端出版印刷的 PostScript，诞生时只称为 PostScript，但为了区别 1991 年推出的 PostScript Level 2 故称为 PostScript Level 1。为了满足不同的需求，PostScript 技术也在不断升级和优化，如在其发布的 Level 2 版本中增加了双字节字库模式，独立的色彩空间和显示功能；90 年代中后期推出的 Level 3，增加了渐变描述的功能，提高了渐变的速度和质量。

拥有字形质量好，变形容易，放大不失真的特点，PostScript 被国际标准化组织 ISO 定义为页面描述语言体系的国际标准（ISO/IEC DS 10180）。Post-Script 之所以能够成为国际工业标准，不仅因为其优越的特性，更重要的是当时是 DTP 发展的关键时刻，需要一种标准作为技术支撑，协调各系统内部和系统间的交换标准，形成了开放式结构。

如果说，高端印刷出版需要行业标准进行规范，基于 Mac 和 Windows 个人操作系统的交叉性平台同样需要统一的标准，TrueType 字体技术的出现加速了这一进程的脚步。

　　TrueType 字体技术的产生最初是为了扩大个人电脑操作系统交叉平台的市场份额以及抗衡 AdobeType 1 PostScript 的技术垄断。为此，微软公司和苹果公司联合开发了专门针对拟合屏幕显示和打印输出问题的 TrueType 字体技术，可以在屏幕和打印机上得到任何尺寸的平滑字体，而且只需一个单独的字体文件，① 就可以实现所见即所得。除此之外，它还具有支持字体嵌入及跨平台的优势，很快成为 Mac System7② 和 Windows 两大操作系统的主流字体。当 PC 机瓜分了 MAC 机的大部分市场后，Windows 系统占据了主导地位，适应于个人电脑的 TrueType 字体得到认可，1992 年，微软发布 Windows 3.1 时即将 TrueType 作为其字体标准，在之后的 Linux 系统中同样使用 TrueType 作为标准字体。

　　尽管 TrueType 格式与 PostScript 解释器应该是兼容的，但在 PostScript 照排机上输出 TrueType 仍存在许多难题，因此高端印刷仍然倾向于 Type 1 字体。为了占据跨平台使用字体这一市场，Adobe 公司公布了 Type 1 字体格式的细节，使第三方厂商也能生产基于 PostScript 格式的字库，由此产生了 Type 3 字体格式，但它依然不含特征参数（hint），即不能保障低分辨率设备输出时的文字质量的提示信息。为了使 TrueType 和 Type 1 两种格式中的差异互相调和，1994 年，Adobe 和微软联合开发了混合字体格式 OpenType，允许它们共存于一个文件当中，而且加入了连体字符及多字符选择功能。由于 OpenType 字体允许采用两种描述方法，因而包含在 OpenType 字体中的 PostScript 数据既可以由 RIP 直接解释，也可以转换到 TrueType 字体轮廓，这取决于系统安装的 RIP 功能。Adobe 公司在 2002 年年末将其字体库全部改用 OpenType 格式。

---

① 参见《苹果电脑与桌面出版：字体技术与字形》，《印刷技术》1996 年第 6 期。
② 1991 年苹果公司发布了 System7 第一版本，从 7.6 版本开始苹果公司正式更名为 Mac os。

第二节　推进西文数字字体设计发展的要素

一　全球字库的重要指标——西文数字字体格式

字体格式是字库的重要内容，一个字体格式具有两种意义。其一，它可以指字体所服务的平台，如一种字体在 Mac 电脑和 Windows 个人电脑上使用的文件格式不同，所以需要有着相同数据的两个字库。大多数字库在打包时会根据适应的平台进行数据格式的转化。其二，它反映了排版信息自身的表述方式以及这些信息是如何组织的。全球字库最常见和主流的字体格式为 PostScript、CID、TrueType 及 OpenType，它们的先后出现促进了全球字库行业格式的统一，是字库行业发展的重要技术指标，同时也反映了数字字体技术性的一面。

（一）PostScript 格式

PostScript 格式是用 PostScript 页面描述语言编写的，其成像前必须由 Post-Script 解释程序进行处理执行。对于高分辨打印机和照排机而言，PostScript 内置于机器本身，负责将 PostScript 编码转换为可打印的输出字体。在低分辨率设备上，PostScript 字库一般会附带一套用于屏幕显示的位图字库。各种 Post-Script 格式的字体用数字编码来加以区别，作为印刷出版业的标准，当你提到一种 PostScript 字库，一般假定为 Type 1 字库类别。

（二）CID 格式

PostScript 语言在不断发展和完善，1990 年推出了复合字库 Type 0 格式（OCF）。Type 0 专为如中文、日本的大字符集设计，但由于其结构建立在西文单字节的基础上，处理速度不尽如人意。在此基础上，Adobe 公司研制了符合更大字符集的字库新技术——CID 字库，为 CJK 地区用户来带方便。CID 字库的字形描述方式采用了 Type 1 格式，保障了与之前字体格式的兼容性，同时可以实现跨平台、高质量输出的特性。CID 字体文件中包含了字体提示信息（Hint），使低分辨率的设备上同样能够得到清晰的字形，同时作为复合字库，它还具有易扩展、简单实用的特点。

（三）TrueType 格式

TrueType 格式是继 PostScrip 格式之后又一新的字形格式，它不仅容纳了 PostScrip 的优点，而且采用了 Hint、Spline（二次曲线）样条等新处理技术，实现了字符成像最大限度的清晰化，并且在字符中添加了指导字符轮廓如何在低或中分辨率下中重新成形的指令。由于提示信息的高质量，就算在小字体磅数下，由字符轮廓生产的屏幕字体一般也具有较好的辨识性。同时，TrueType 格式能够容纳更大的字符集，更适合 CJK 地区的表意文字系统的需求。这种包容性为字符的替补形式保留了空间，意味着在指定条件下一个字符可以自动被替换成另一个字符。事实上，TrueType 字体格式还具有广泛的排版性能，比如中文横排及竖排标点的自动替换功能。

（四）OpenType 格式

1994 年，为了解决长期以来"前后端不一致"的问题，微软公司和 Adobe 公司再度合作，推出了 OpenType 格式的混合字库格式，它实际上是 TrueType 2.0 版本。OpenType 格式调和了 PostScript 和 TrueType 两种字体格式的差异，即同时包含了 TrueType 和 PostScript 字体轮廓信息，允许它们共存于一个文件当中，可以在苹果电脑和微软个人电脑上使用。OpenType 字库可以包含 65536 个以上的字符，并且扩展了高级字体排版性能，支持更宽泛的语言和字形的多样化。比如在中文正文竖排时，OpenType 会帮助应用程序选用正确的字符形式，以中文括号为例，竖排时所使用的上下对称的括号在变为横排时会自动替换为左右对称的括号。再如，当遇到上面提到的合字"fi""ffi"等情况时，OpenType 会提供紧缩和分离两种灵活的模式，当"f""i"需要组合时会提供紧缩的"fi"字形；当为了撑满一行文字而需要两者分离时，会提供分离的"f""i"字形，为字体排版处理提供了极大的变通性（图 4-5）。

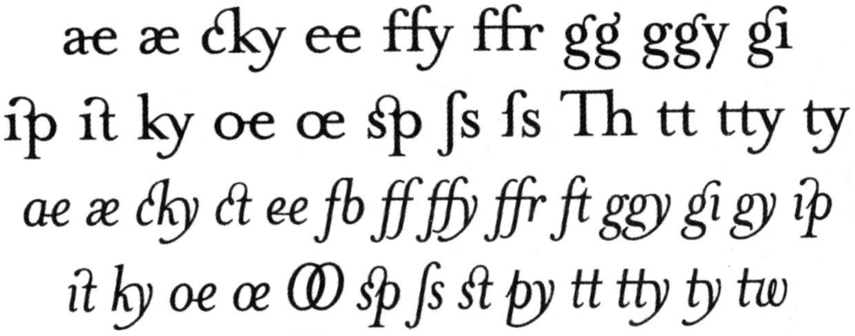

æ æ cky ee ffy ffr gg ggy gi
ip it ky oe œ sp ſs ſs Th tt tty ty
æ æ cky ct ee fb ff ffy ffr ft ggy gi gy ip
it ky oe œ ∞ sp ſs st py tt tty ty tw

图 4-5　随着 OpenType 字符集的不断扩充，连字字符及其他种类的字符均可与标准字符一起合并到一个字库当中（笔者绘制）

二　专业字体设计软件的出现

"数字字体实际是软件的一部分，值得关注。"[①] 早期字体制作所使用的软件都只是进行简单的像素处理，即使在图形处理方面具有绝对优势的 Macintosh 电脑上也仅有像素绘图和文字处理软件。之后出现的矢量图形软件打破了这种局限，很快成为字体设计的必备工具。随着软件的专业化细分，专业字体设计软件问世，预示着软件功能朝着更加专业化、便利化、丰富化的方向发展。各种专业软件的设定是根据具体设计分工而量身定制出相应的程序、界面、菜单和功能，因此，成为推动数字字体设计发展的强大动力。

1987 年 Adobe 推出的 Illustrator 1.0 版本实现了历史性的跨越，"贝塞尔曲

---

① Alec Julien, *Fontface: The Compelete Guide to Creating, marketing, and Selling Digital Fonts*, Burlington: Focal Press, 2012, p. 44.

线彻底改变了我的绘图方式，我从此告别了像素"①。Illustrator 取代了艺术画笔、曲线规尺和颜料，成为主宰电脑设计的强大工具。事实上，可以随意地缩小字体要归功于矢量的魅力，矢量意味着与像素的告别。② 电脑屏幕是光栅装置的一种，是构成小点像素的网格。如果你在光栅程序（例如 Photoshop）中设计一个图像，在不改变图像分辨率的情况下将它放大，图像则会变得十分模糊。一个矢量图像则不然，它不仅可以精确地表现出原始几何图案的各部分细节，还可以得到无限放大而不失真的效果。正如见证了 Illustrator 软件诞生并率先试用、推进这个绘图软件的王敏教授所描绘的："在 Adobe 可以用 Illustrator 软件制作完美的曲线，绘制精密准确的图形而不需要编程，可以用它来设计标志、编排页面，文字可以随意放大、缩小、旋转、重复，可以用激光打印设备输出，不需要画黑白稿，当时的兴奋程度难以形容。"③他曾经和 Brian Wu 一起使用 Beta 版 Illustrator 完成了日本汉字数字化项目，为 Adobe 公司进军日本数字字体市场奠定了基础。同时他还利用这个具有历史意义的软件和 Adobe 当时创造的新字体进行各种设计，被视为 Adobe 字体与设计史上的里程碑。如早期的数字字体"Blade"和"Mytho"，以及著名的 Adobe 新字体标志与海报，海报利用小写的"a"（Adobe Garamond 字体，同时也是 Adobe 公司的首写字母）作为核心要素，黑底上布满纤细的小字母，如浩瀚星空，寓意着公司无限的前景与情怀。（图 4 - 6、图 4 - 7）

---

① ［美］帕梅拉·普菲菲纳：《出版革命的先驱：Adobe 的故事》，杜昌国等译，中国科学技术出版社 2003 年版，第 89 页。

② Alec Julien, *Fontface：The Compelete Guide to Creating，marketing，and Selling Digital Fonts*, Burlington：Focal Press，2012，p. 44.

③ 王敏：《晨光出现：桌面出版时期的奥多比字体设计》，《装饰》2015 年第 6 期。

图 4－6　（上）Typeface "Blade" 刀片字体；（下）Type design "Mytho" 神话字体（魏来：《王敏平面设计二十年》，黑龙江科学技术出版社 2003 年版，第 46—47 页）

图 4－7　（从左至右）Adobe Originals 海报；Adobe Wild Type 海报；Sumner Stone talk about type design，利用 Stone 字体设计的演讲海报（出处同上）

虽然 Illustrator 具有对以上矢量图形进行处理的功能，并与专业字体设计软件有相似之处，但专业字体设计软件更加适合字体形状的设计，同时包含码位的概念，因此，更适合专业字库的制作与打包等系列程序的完成。

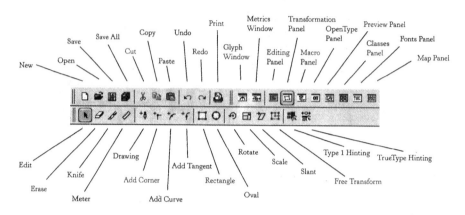

图4-8　FontLab 字体设计软件工具栏（Alec Julien，*Fontface*：*The Compelete Guide to Creating*，*marketing*，*and Selling Digital Fonts*，Burlington：Focal Press，2012，p. 68）

Ikarus 高端字体设计程序是最早出现的专业字体设计系统，它提供了早期线条绘制及数字化信息存储的操作，并具备辅助开发字族的功能，诞生之初就得到了广泛的应用。1985 年，Altsys 的专业字体设计软件 Fontographer 诞生，使个性化字体设计与经典字形的改造成为可能，软件深入每个字体的操作范围，用于每一个操作系统和设计程序。随着字体设计转移至数字环境中，与 Fontographer 类似的专业字体设计软件随即被开发出来。字体编辑器（Font-Lab）和字体编辑、创建工具（FontForge）、FontStudio 都属于免费且开源的程序，与 Fontographer 有类似的功能，适用于 Windows 系统与 Mac 系统。此外，还有像 RobotFont（Mac 平台上的字体编辑器）这种较适合初级使用者的字体创建工具包。RobotFont 字体编辑器在字体设计界产生了相对巨大的影响，它基于 UFO，以开放性资源而创建工作流程，可以产生其他字体程序都可以使用的 XML 基础字体格式。DTL Font Master 是一个巨大的工具套件，可以运行在任何 Windows 系统下，并可直接用于 FontTools 网站，但这个巨大的工具套件价格昂贵，所以普及率不高。再如与 RobotFont 产生于同一时间的 Glyphs，它是一款字体修改、创建工具，可以帮助用户自行修改现有字体，或者创建自己喜欢的新字体，至今非常流行。

图 4 – 9　利用 **FontLab** 和 **Fontographer** 专业字体设计软件设计制作数字字体（出处同上）

第三节　Adobe 技术主导下的数字字体实践

桌面出版系统和数字字体技术的出现，不仅意味着数字字体的创作进入了个体狂欢、自我表现的时代，更重要的是它创造了新的市场需求，不同使用者对新字体充满了期待，这无疑使数字字体的创作更倾向于符合市场化的设计内容和表现。与其他字体公司不同，作为桌面出版先驱的 Adobe 公司不仅以自己的 PostScript 技术确立了优势地位，而且建立了自己的字体库，在全球数字字体商业化的浪潮中做出了重要贡献。他们先与字体公司合作，获得授权，将基础字体 PS（PostScript 技术制作的字体，以下简称"PS"）化，同时展开独立研发新字体的尝试。

一　字体数字化的起步

在字体数字化的初期，Adobe 和 Linotype、ITC 合作，将 35 款经典字体转换成为 PostScript 字体。

Laser Writer 发布后，由 Lintotype 公司授权的两大字体家族 Helvetica 和 Times Roman 转换为不同子风格的 PostScript 字体；80 年代最常用的字体 Courier 以及最基础的 Symbol、Palatino 字体也进入了 PostScript 的字体库。1984 年 Adobe 公司开始和 ITC 公司合作，从 ITC 引进的字体包括 Avant Garde Gothic、ITC Bookman、New Century Schoolbook、Palatino、Times、Helvetica、Symbol、ITC Zapf Chancery、ITC Zapf Dingbats 等，使得 PostScript 字体标准的核心字体达到 35 种（见图 4 - 10），这些字体免费捆绑于 PostScript 系统的 Laser Writer 打印机中。

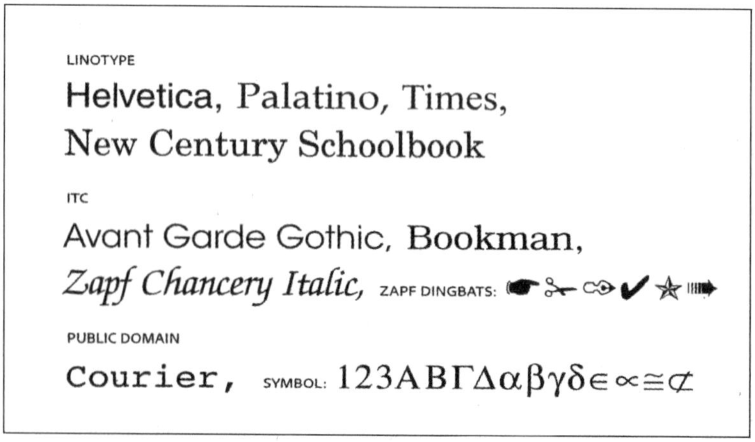

图 4 - 10　Adobe 与 Linotype、ITC 合作开发的 35 款字体（Tamye Riggs，*THE ADOBE ORIGINALS SILVER ANNIVERSARY STORY*，San Jose：Adobe Systems Incorporated.，2014，p. 14）

二 原创数字字体的拓展

为了尽快占有市场，PostScript 字体积累的脚步必须加快。1984 年夏天，萨姆纳·斯通（Sumner Stone）成为 Adobe 公司的首席字体设计师，自此，Adobe 不再仅仅进行已有基础字体的数字转化，而是开始为自己拥有独立版权的字体进行发力。

以斯通自己的姓氏命名的 Stone 字体，是用 PostScript 技术设计出的第一款商业字体，1987 年发布，有三种风格：衬线、无衬线和非正式（图 4 - 11）。在设计这款字体时 Stone 先生就宣布："它不是老字体的数字化，而是专门为新环境、计算机世界设计的新字体。"[1] 这种字体经过精心设计可以独立应用于 PostScript 打印机，无论是在高分辨率还是在低分辨率的机器上，它的打印效果都十分精良。Stone 字体成为 Adobe 单独发售的第一款字体，六种风格零售价 275 美元，后来它又授权 ITC 使用。

为了加快字体设计速度及艺术化程度，Adobe 专门成立了字体开发小组设计原创字体，罗伯特·斯林巴赫（Robert Slimbach）是最早的组员之一，他入职后，小组成员陆续壮大，Lynne Garell、Carol Toriumi - Lawrence、David Lemon、Dan Mills 在 1987 年 3 月加入；卡罗尔·图博理（Carol Twombly）1988 年加入，Jim Wasco、Linnea Lundquist 分别于 1989 年和 1990 年加入……同时，斯通也在加紧完善 Adobe 原创字体的设计思路。Adobe 还成立了字体顾问委员会，每 6 个月邀请公司外的专家对 Adobe 的字体设计进行讨论。这些专家包括耶鲁大学艺术学院平面设计系主任阿尔文·艾森曼教授（Alvin Eisenman）——耶鲁在那个时代堪称平面设计的重镇，培养了许多重要设计师，如出版设计师 Roger Black、书籍设计师 Jack Stauffacher、耶鲁毕业生设计师 Lance Hidy、书籍设计师和 Stinehour 出版社的副总 Stephen Harvard、瑞士设计师 Max Caflisch 等，还有一些非常驻专家如 Erik Spiekermann、Gerard Unger、

---

① Sumner Stone，*ON STONE The Art and Use of Typography on th Personal Computer*，San Francisco：Bedford Arts Publishers，1991，p. 10.

Louise File、Julian Waters 等。这些专家的参与和讨论，对 Adobe 的原创字体标准的形成起到了一定作用。

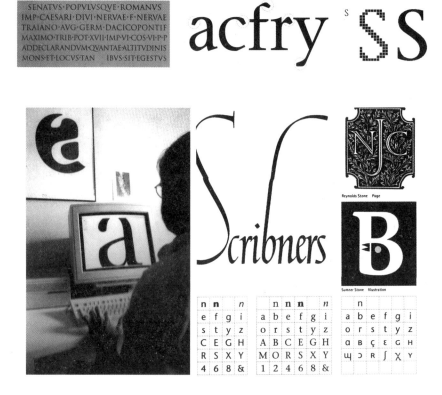

图 4 – 11　（上）Stone 字体诞生的过程；（下左）Sumner Stone 在电脑前制作 Stone 字体（选自 Sumner Stone，on Stone：The Art and Use of Typography on the Personal Computer, San Francisco：Bedford Arts Publishers, 1991. p. 10 – 16）；（下右）Stone 的字体作品（选自 Friendrich Friedl, Nicolaus Ott and Bernard Stein, TYPOGRPHY：An Encyclopedic Survey of Type Design and Techniques Throughout History, New York：Black Dog& Leventhal Publishers, 1998, p. 497）

随后，Adobe 原创字体创写成果不断涌现，80 年代斯通领导的字体设计小组中的重要成员是斯林巴赫和图博理，他们在 Fred Brady 的支持下创作、改造出许多重要字体。斯林巴赫设计了 Adobe Garamond、Utopia、Minion、Jenson。Utopia 字体在书报领域应用广泛，某种意义上可以视作斯林巴赫作品

ITC Giovanni 的引申；而 Garamond 则是一种对古典字体 Granjon 的"致敬"，这种字体风靡美国（图 4 - 12）。图博理则设计了 Adobe Caslon、Trajan、Lithos、Chapparal、Myriad 字体。Trajan 源于罗马图拉真柱上的字体，堪称当代最流行的字体（斯通语），Trajan 和 Lithos、Charlemagne 共同组成了"现代复古"（Modern Ancients）系列（图 4 - 13）。

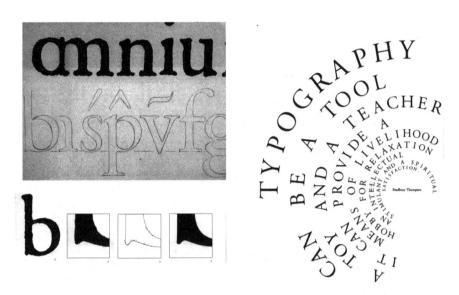

图 4 - 12　**Adobe Garamond 字体设计过程及应用效果**（选自 Adobe Garamond，Adobe 内部资料，1992）

图 4 - 13　**Trajan 字体的设计灵感来自公元 1 世纪的古罗马图拉真记功柱**（选自 Tamye Riggs，*THE ADOBE ORIGINALS SILVER ANNIVERSARY STORY*，San Jose：Adobe Systems Incorporated，2014，p. 101）

1990 年年初，萨姆纳·斯通离开 Adobe 的字体设计团队，Dan Mills 接替了他的职位。在 Mills 和 Brady 的继续支持下，斯林巴赫和图博理开发 Myriad 字体。Myriad 字体是 Adobe 字体库中开发的首款 MMT（Multiple Master Typefaces）字体。这些由团队设计出的字体更加强调简洁、直观的面貌，尽量抹除个体艺术家的明显印记。

除了技术性与原创性层面，艺术性的一面也是图博理那段时间考虑的重点，她作为负责人建立了一个追溯古典木活字风格的设计团队，1989 年至 1991 年和 Joy Redick、Kim Buker Chansler、Barbara Lind 一起开发了 Adobe 的"Wood Type"系列（木活字系列）。现为 Monotype 设计师的 Chansler 和 Carl Crossgrove 当时作为 Adobe 的实习生也曾参与这个项目。在这个工作量与日俱增的工作小组中，斯林巴赫和图博理得到两位由其他部门加入的同事的大力帮助——Jim Wasco 和 Linnea Lundquist，他们也是 Adobe 原创字体设计的第二代设计师。Lundquist 曾就学于罗切斯特理工学院（RIT）Hermann Zapf 门下，她引荐了许多设计师如 Jovica Veljovic、Michael Harvey、Alan Blackman 等，给字体设计工作带来了实质进展。Wasco 继承家学，曾作为助手随字体设计师 Jim Parkinson 一同工作，并由 Parkinson 推荐开始接触 Adobe，他推进了 Adobe 公司的原创字体以及其他字体厂商、设计师字体的数字化。字体小组还与 Adobe 的创意服务部门（Adobe Creative Service）合作，共同改造、创作符合 Adobe 字库标准的字体。

设计原创数字字体的同时，Adobe 也加快推行 PostScript 技术，使字体厂商自觉进行字体数字化。并且，由 Adobe 公司推出的各项设计工具已经成为字体设计的必备工具。

三 重新定义数字字体的使用方式——MM（Muliple Master）技术

"设计师得以借助新的软体程序，机动性地编辑和更改个别的字形和整组字体，从许多角度来看，这已重新界定字体的使用方式。"① 以 Adobe 公司

---

① Rob Vater, Ben Day, Philip Meggs: *typographic Design*: *Form and Communication*, Hoboken New Jersey: John Wiley&Sons, inc. 2009, p. 111.

1990 年推出多母版技术（Muliple Master，MM）为突破，该技术发展了多重主要字形的形态理论。这种技术可以使设计者能够容易插补、修正多重主要字样，即随着设计轴线可以对字体的粗细、宽度和视觉尺寸进行增添修改。如粗细和视觉尺寸随着垂直线改变，而宽度随着水平轴线改变。虽然它们之间的变化非常细微，但是各自代表一种字形（图 4 - 14）。MM 技术生成了 MMT 字体，是一种基于 Type 1 字体格式的扩展格式。除了艺术价值方面的探索，设计师还尽量最大化地提高 MM 技术在低分辨率打印机上的输出质量。虽然现在市面上没有 MMT 的字体，但该方法仍旧被许多字体供应商视为制作字体家族的工具。

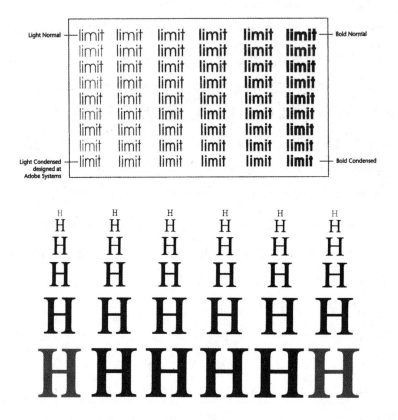

图 4 - 14　MM 技术的特征是让字体可以沿着 X、Y 轴发生各种形态上的改变

四 CJK 地区字体实践及经验

1987 年，Adobe 开始了他们在北美区之外的扩张，全球打印机核心设备的制造基地——日本成为首站。Adobe 与苹果的合作，预示着 PostScript 将出现在日本制造的打印机中，但 Adobe 的竞争对手 IBM 也进入了日本市场。多样化的日本市场蕴藏着巨大的发展潜力，而日本市场确实也是 Adobe 的 PDL（Page Description Language）成为亚洲标准乃至全球标准必须拿下的高地。

斯通此时作为 Adobe 的字体设计总监，把主要精力集中在获得日本字体 PS 的授权上，他将目光对准了此时日本的两大排版制造商：位于大阪的 Morisawa（森泽）和东京的 Sha – Ken（写研）。

"二战"之前这两家公司的创始人 Nubuo Morisawa 和 Mokichi Ishii 其实是合作伙伴，借助 Ishii 家族的财富一起创业，后 Morisawa 自立门户。Sha – Ken 公司对 PostScript 并无兴趣，并认为桌面出版将取代传统排版的观念十分可笑，而 Morisawa 公司则对新事物十分感兴趣。至 1987 年，这两家公司堪称日本字体行业的两大巨头，但是 Sha – Ken 公司实力更加雄厚，它们的字体质量上乘，占据市场的最大份额，因此，Sha – Ken 公司也从不将其字体授权任何他者。同时，它们的排字机已经进入中国和韩国市场，并与 Linotype 公司有商业往来。而 Morisawa 则从 Adobe 的造访中预见了动摇其竞争对手地位的机会。最终，Adobe 将软件和技术授予 Morisawa，并获得了 Morisawa 授权，将他们的字体 PostScript 化，负责将这些日文字体数字化的是耶鲁大学 Alvin Eisenman 教授的两位学生王敏和 Brian Wu。

随后 Adobe 开始着手日文字体创写的尝试，并在日本设立办公处。1992 年 Taro Yamamoto 加入 Adobe，并将在 Mosisawa 工作 35 载的 Masahiko Kozuka 挖来任 Adobe 日本字体设计负责人。设计小组有 10 名至 12 名成员，他们逐渐学会使用 Adobe 开发的软件进行创写和制作，并在此过程中与 Adobe 的软件设计师一起开发出许多实用的工具。根据 Adobe 日文开发部的 Ken Lunde 先生回忆，当时表意文字数字化开发的最大挑战源自将数量庞大的表意文字

（CJK）的字符，由 Ikarus（IK）字体类型转化为贝塞尔曲线格式。该项工作数量巨大，为此 Adobe 发明了复合字体格式（OCF），它允许字体包含巨大数量的字符。但在实施过程中，原创复合字体的主要弱点体现在所有的编码信息在每一个字体中都要被重复，因此，Adobe 通过发明 CID – keys 字体格式解决了这一问题，它把编码信息从字符数据中分离出来，从而简化了 CJK 字体的发展。

第一款由 Adobe 开发出的日文字体是以 Kozuka 的名字命名的 Kozuka Min-cho（小塚明朝体），发布于 1997 年；接着是 Kozuka Gothic，发布于 2001 年（图 4 – 15）。2001 年 Kozuka 退休，他的学生 Royko Nishizuka（西冢凉子）接

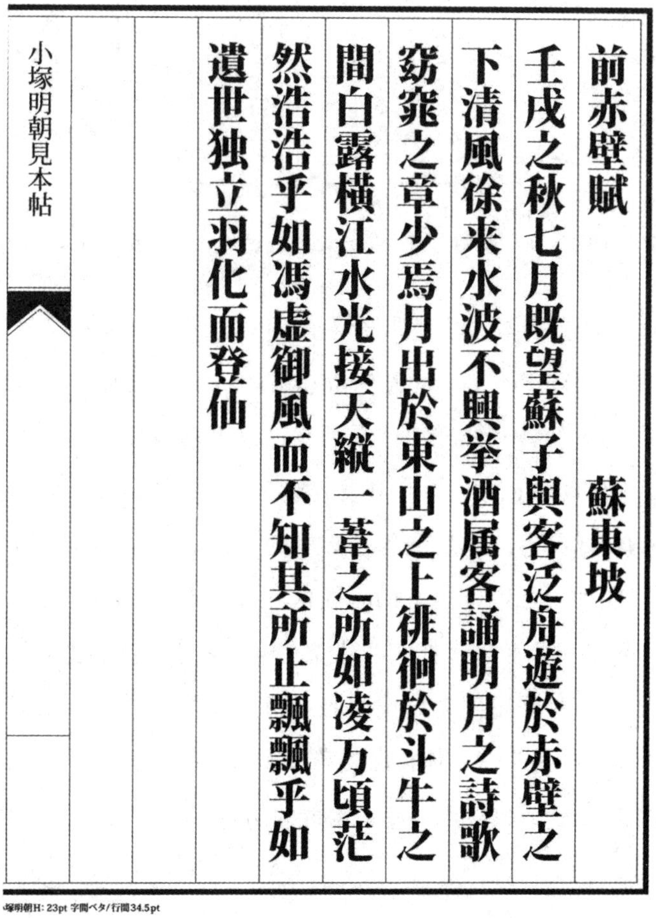

图 4 – 15　小塚明朝体字样

替了他的职位，并于 2010 年完成了 Kazuraki 字体（葛城体）的创写（图 4 – 16）。葛城体基于 Fujiwara – no – Teika（藤原定家）的手写体设计而成，符合人们的书写习惯，意义堪比 Trajan 字体在英文世界的发布。Adobe 日本还着手开发 Source Han Sans（思源黑体），这是一款 CJK 字体，支持日文、韩文、繁体中文和简体中文，由谷歌和 Adobe 共同开发。

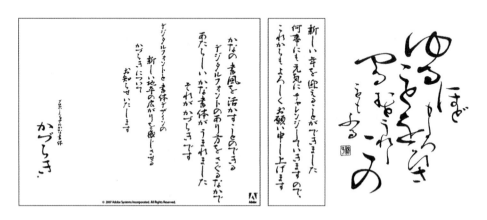

图 4 – 16　かづらき（kazuraki 葛城体）字体排版字样

　　Adobe 开发日文字体的过程同样给了 CJK 地区其他表意字体的设计实践以极大的启示，如同 Ken Lunde 先生所总结的，统一 CJK 字体开发的过程和工具，意味着 CJK 字体和西文字体在创制过程中有很多相似之处，不同的是字体的数量①。同时他也指出，在开发表意文字之前，研究表意字体的特征从而获得更好的设计灵感，做足准备是必要的。这些工作涉及检测字形的正确形状和一些参照性的标准，而有的时候这些标准有错误，需要及时修正。也就是说，Adobe 的日文数字字体实践建立在符合表意字体的美学特征和排版原则的基础之上，同时关注美学与技术的平衡。像西冢凉子在介绍她的全球字体实践经验时表达的："从字体排印的角度而言，字体创新的关键在于，它应该有一定的技术创新，也应该有令人陶醉的韵味。"②

---

①　参见 Ken Lunde 先生访谈。

②　Tamye Riggs, *THE ADOBE ORIGINALS SILVER ANNIVERSARY STORY*, San Jose：Adobe Systems Incorporated，2014，p. 70.

第四节　西方数字字体技术与美学观念的互动

今天我们已身处"桌面出版"的常态中，成为那场技术革命的获益者。作为历史性的节点，那场颠覆性的技术变革以其广泛的传播和内在持久的价值至今影响着设计师的工作方法和设计行业的整体样态。PostScript 技术作为一种描述语言使出版、印刷、设计有了质的飞跃，又因与设备无关的特点，至今仍然是世界通用的印刷出版行业的工业标准。

不可否认，后工业时代是技术文化为主导的文化形态，"由于技术本身就是一种文化，所以技术渗透到社会文化生活之中，成为决定文化之性质和形态的因素"[①]。布莱克·威尔描述当时的情形说，这个变革并非一夜之间形成的……数字革命的流行用了不到 10 年的时间。某种程度上，新工艺推动着平面设计的发展。苹果机和相关软件发展到一个高峰，用于将文字和图片输入屏幕显示的软件得到开发，所带来的功能是数字时代尚未到来时无法想象的。正是由于技术的解放以及对文化审美的塑造，促成了西方设计师们利用新的媒介技术对字体设计的形式进行新的探索、辅助，从而转向了"后现代主义"风格的实践。

很多后现代主义理论家将 20 世纪 60 年代末期看作文化的分水岭，从那以后，现代主义的权威地位开始衰落。与此同时，这一时期也是解构主义形式形成的关键时期，这种哲学上的发展先是在文学理论界风行，随后是建筑界，然后则影响至印刷出版界。在多元文化理念的基础上，人们试图对设计语言、设计形式进行解构，客观上赋予了设计某种哲学性。"后现代主义"设计风格萌发，力图寻求建立新的体系，向强调规范、简约、静观的现代主义设计发出的挑战——数字字体设计同样面对这样的挑战，并具体表现在两方

---

① 肖锋：《人文语境中的技术——从技术哲学走向当代技术人学》，中国社会科学出版社 2011 年版，第 128 页。

面：一是数字字体对于屏幕美学效应的实验性探索；二是对字群排印表现主义方法的尝试。正是这两方面的实践使数字字体设计呈现新的属性和面貌。

一方面，电脑化初期，为了在 Mac 和 Windows 使用平台上自如地使用统一的字体格式，避免操作的繁复和不兼容成为设计师们的理想。为此，Monotype 创作了大量替代性字体，显示了数字字体携带着技术性特征（图 4-17）。兼容性指涉两层含义：其一，兼容字体的外观相似性；其二，为了反复交换使用在排版上格式化的文件而不需要重新排版，字体还需要有相等的字符宽度。实际上，Mac 和 Windows 系统都提供了字库的核心集，但两者的字库各不相同。苹果字库来自 Linotype，在其发表的 OS 7 中包括了 Times Roman、Helvetica、Courier 等字体，替代了原有系统的位图字体。在 Laser Writer 激光打印机中使用的第一批字体是 Adobe 取得 Linotype 公司授权的字体（包括 Times Roman 和 Helvetica）。而微软字库来自 Monotype，为了增强两个使用平台字库的兼容性，Monotype 将 Windows 核心字库字符的宽度设置成与 Mac 相对应字库中字符宽度相等，这样可以使两者的排版结构保持一致，一个版本的断行点与另一个版本的断行点是一样的。以 Mac 的 Helvetica 字体为例，

Arial	Helvetica
Arial Narrow	Helvetica Narrow
Times New Roman	Times Roman
Bookman Old Style	ITC Bookman
New Courier	Courier
Century Gothic	ITC Avant Garde Gothic
Century Schoolbook	New Century Schoolbook
Book Antiqua	Palatino
Monotype Corsiva	*ITC Zapf Chancery Medium Italic*
Symbol (α⇑∞◊)	Symbol (α⇑∞◊)
Monotype Sorts (□▼✿●)	ITC Zapf Dingbats (□▼✳●)

图 4-17 左侧为 Windows 核心字体库，右侧为 Mac 电脑中的核心字体库

Windows 中的 Arial 实际上是 Helvetica 的替代品（90 年代初，很多高端桌面出版公司为了打破 PostScript Type 1 的垄断地位，克隆了众多 PostScript 字体，也就是说，与 PostScript 字体相类似的字体被生产出来，其中微软开发了一批核心字体的替代品，也称为兼容字体，包括 Arial 是与 Helvitica 兼容；Times New Roman 与 Times Roman 兼容；Courier New 与 Courier 兼容），所以当使用 Helvetica 字体设置的版面从 Mac 机上转至 PC 机上时，由于 Arial 的比例、字距和行距方面都是依据 Helvetica 设计的，因此，Windows 系统可以使用 Arial 字体替换 Helvetica，且版面风格和结构保持基本一致。

而随着电脑和软件技术的提升，桌面和屏幕带来的一切隐喻都成为设计师们解放思想的契机，大量实验性、个性化、品牌化的字体被推广开来。

举例而言，光滑优美曾是字体设计一直以来追求的臻境，当电脑显示技术不能为这种理想提供精密技术的时候，字体设计师们曾对字体边缘的锯齿深恶痛绝。然而，当技术没有原来那些限制时，字体设计师们却开始导向了初衷的反面，热衷于粗糙的手工痕迹，将斑驳的、潦草的设计搬入字库。如荷兰设计师埃里克·凡·布劳克兰（Enrik van Blokland）和加斯特·罗松（JustVanRossum）模仿铅活字压印和纸面接触不完全，造成的字形不完整以及油墨溢出时字形膨胀的效果，创制了特雷西（Trixie）字体。基于后现代混合风格的模仿哥特体及被 Fontshop International 喻为具有讽刺风格的 FF Kerton 字体都是基于新的混合思路营造粗糙风格的字体。模仿木质肌理的 Glue，以及模仿录音带反复摩擦的声音转化为字体肌理的 Housearrest，都以新奇和异质的形式被创造出来，形成与以往完全不同的风格样式，成为技术创造想象力时代的典范（图 4 - 18）。

同样探索屏幕质感的实验性和表现性的数字字体的代表还有来自加州的祖扎娜·利科（ZuzanaLicko）和鲁迪·范德伦斯（Rudy Vanderlans）夫妇。1982 年，他们在加州组建了"移居者"工作组并创办了《移居者》（Émigré）杂志。他们拒绝模仿过去的技术所带来的效果，专注于表现数字化的各种可能性。这极大地引起了设计师们对桌面出版的关注。初期两人发表了体现屏

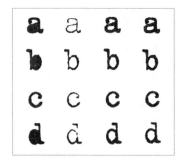
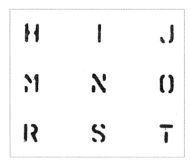
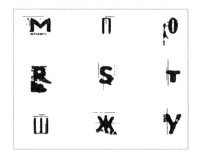

图 4-18 （左上）**Trixie 字体**；（左下）**Blue 字体**；（右上）**FF kerton 字体**；（右下）**Housearrest 字体**

幕美学策略的 Oakland、Universal 和 Emperor 字体。这些字体接受了电脑栅格的局限性，但不强行接受既定的标准，而是将易读性交给使用者们自己去把握。随后两人还创办了移居者字体制造公司（Émigré Font），不仅销售自己设计的字体，也售卖其他设计师设计的字体。他们销售的字体都具有基于新时代技术且符合新时代字体设计要求的明显的创造力和独特性，如巴里·代克设计的 Templat Gothic、苏珊娜·里克设计的 Mrs Eaves、利科自己设计的 Totally Gothic 等（图 4-19）。这些字体成为"可替代性"与"个性化"结合的典范，而新的数字技术的发展为这种典范的形成无疑提供了极大的便利。在品牌字体探索方面，德国贝特霍尔德字体铸造厂（the Berthold）的字体顾问埃里克·施皮克曼（Erik Spiekermann）和英国的内维尔·布罗迪（Neville Brody）于 20 世纪 80 年代开设了柏林字体工作室，专门为 PostScript 打印机提

供字体设计服务。1990 年，两人组建了国际字体工厂 FontShop International
（FSI），并确立了字体品牌营销的推广模式，他们要创立"自设计师、为设计
师"的字体，比如他们将 FontFont 品牌下的字体前面加上"FF"，以此表示
字体品牌系列以及字体代表的全新观念。采用这种方法的还有 SinoType，在它
出品的字库的前面加设"ST"，这种方法与字体排印和设计的哲学立场或道德
立场有着密切的关系，因此很快获得了商业式的成功。施皮克曼还设计了著
名的 Helvetica 的替代品 Meta 字体，这是一款面向众多应用环境和显示环境，
适用性很强的字体。为了表示与过于理性的德国设计风格以及 Helvetica 的理
性原则决裂，Meta 采用了夸张的曲线和假衬线处理，表现了丰富的细节和鲜
明的特征。20 世纪 90 年代以后，为了满足不同用途的需要，Meta 扩展了衬
线体和大写的字体家族，成为 90 年代极具代表性的字体。他的合作者布罗迪
则喜欢利用电脑技术打通字体与图形间的界限，重拾数字化字体设计语言的
表现力与创造力。他设计了一系列新的屏幕字体，探索位图字体的屏幕美学
风格，是坚定的构成主义和表现主义者。

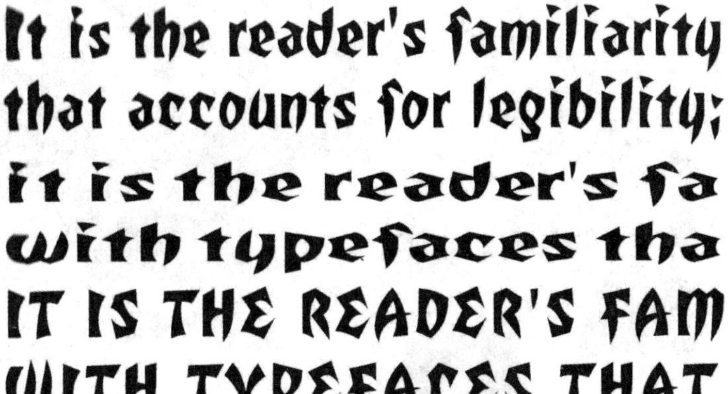

图 4-19 《移居者》展示的 Totally Gothic 字样，1996 年

另一方面，解构主义观念对字群排印的表达起到了至关重要的作用，催
生了所谓字群排印方面的表现主义方法。解构主义观念是后现代主义思潮的
重要组成部分，它与后现代主义设计风格的萌发相生相伴。正是在后现代主

义设计风格的影响下，美国的克兰布鲁克艺术学院（Cranbrook）和加州艺术学院（CalArts）将结构主义和解构主义语言学理论作为字体设计语义性的表达方法，为字体设计开设了新的课程。课程通过对各种字体设计图式的分解，如夸张的字距、不整齐的留白、重构版面的空间结构、信息认知等，来表达字体版面的信息。大卫·卡森（David Carson）是使用视觉资源实践这些理论的先锋人物。他对新兴媒体具有的潜力表现出自由试验的态度。字体的扭曲和解放、版面的偶发性和留白、大胆的间隔和语义上的停顿、丰富层级的文本组织形式，都表达了其解构主义的哲学立场以及对版面形式概念及意义的探索。他认为："我们逐渐意识到这些文字在表述方面正发生着变化，它们有的是重点，有的是目录，还有的只是消遣性的内容。我们还意识到，如果没有某种讲述形式的支持，这些字在传播领域中将无立足之地。因此，对文字语言的塑造就不可避免地成为超越语言本身或作者原有意图之上的工作。"①（图4－20）

图4－20　（左）"目录页"：戴维·卡森。这些数字是通过电脑技术实现的，它们被分层次地贴在页面里，其中有意识地运用错误的字体并将其以一种有趣的方式排列。（右）"字体"：戴维·卡森

---

①　[英] 李维斯·布莱威尔：《印刷的终结》，张羚译，中国纺织出版社2004年版，扉页。

　　不仅如此，解构主义观念影响下的字群排印，必然接受装饰、反语、历史主义、折中主义与多元化的美学范式，从而开启了文体设计的"后现代转向"。举例而言，在扫描仪出现后，某一孤本或印刷品中的各种旧字体的扫描和修改变得十分便利，于是这一时期的字体排印师（Typographers）、平面设计师在字体编排的"可读性"与"可视性"之间展开了丰富的探索。他们一方面运用技术创造那些非规则下的版面来表现自我和自我实验，以反抗颓势现代主义的客观逻辑；另一方面针对可读性的一些特征继续进行处理，并将文本内容作为中性载体的媒介，突出可视性文本的深层结构。如英国的《面孔》《i－D》杂志都在某种程度上挑战了传统排印中的易读性和可读性观念。更为激进的是《导火索》杂志，该杂志倾向于利用计算机软件和键盘创造出实验性的新"关系"。如我们键入字母"A"，也许会得到一个完全与我们习惯所预期的完全不同的符号。《导火索》对于符号字体的试验，从激进性来说，甚至会跨进"不可读"的领域，但的确尽其所能地探索了推动字体排印前进的引擎动力（图4-21）。

　　图 4 - 21　　（左）尤士·范罗生利用 **Confidential、Dynamoe、Flightcase** 和 **Stamp Gothic** 字体排印的版面。由于技术的进步，设计师可以将周围所见的一切字母形式转化为数字字体。（右）利用 **Stealth** 字体和 **Moonbase Alpha** 字体设计的《导火索》封面

　　技术的革新以富有试验性和表现性的形式、风格给予了审美文化最积极

的回应，但技术风格并非单一制品的概念，它具有起伏性的线条，每种风格都被认为是对前一种风格的反映，存在循环的、同义反复的关系。后期的《面孔》《i－D》杂志不连贯的排印结构让位于更加理性的现实主义风格。瑞士风格也在对过去 10 年充斥的大量富于表现力的混合元素的修正和排序中得到复兴，以一种折中主义混合着各种元素的干净、清新的设计彰显了强烈的历史感。随着屏幕和互联网的势起，对源自印刷文化的字体排印方式进行模仿和合理化改进成为折中主义设计不可避免的途径，保守的历史主义出现在大部分的屏幕显示中，对易读性和可读性的本位思考重新回到设计师的视野当中。

总体而言，这一时期的西文字体排印的面貌呈现技术涌动下设计对现代科技、文化、哲学、时尚做出的多样性、挑战性的试验，与技术所创造的时代精神相混合，与工业技术、文化产业紧密相连。从功能至上的实用主义到技术解放的直觉体悟，可以看作以技术革新为驱动从物质到精神意义的探求，也同样验证了技术与文化、审美之间的互渗关系。罗伯·卡特和菲利普·梅格斯等曾言："一反常态的视觉怪象，或是大胆且出乎意料的视觉动机能使人眼前一亮……但一个设计师必须对字文信息的语言和视觉理念有充分的了解，才能设计出满足阅读者的需求、真正实用的字文。"①也就是说，技术的便捷性是产生新的设计方法和观念的有效途径，但使用技术的自由度仍然建立在对一种文字体系的完备规则和理念纯熟掌握的基础上。中文体系在字体结构和字群组织方面不尽相同，但了解西文字体编排的体系和经验对中文字体编排设计是有益的，一方面，它避免了视觉形式简单模仿的盲目性；另一方面，它有助于在多元文化的交叉互补中建构合理的自身文化秩序。正如约翰·沃克在《设计史与设计的历史》中所言，如果你能理解一种风格或"视觉意识形态"，可以说，你就融入了一种外国文化、一个逝去的年代或一个社会阶层的整体价值结构②。

---

① Rob Vater, Ben Day, Philip Meggs: *typographic Design*: *Form and Communication*, Hoboken New Jersey: John Wiley&Sons, inc. 2009. p. 84.

② 参见［英］约翰·沃克、朱迪·阿特菲尔德《设计史与设计的历史》，周丹丹、易菲译，江苏美术出版社 2011 年版，第 154 页。

第五章　中文数字字体的融汇发展
（1991—2000 年）

　　20 世纪 90 年代以后，随着改革开放的深入和市场经济的繁荣，汉字信息处理技术进入与国际全面接轨的新时期。西方在 80 年代中后期完成了一系列技术革命，PostScript 字体技术、TrueType 字体技术和桌面出版系统的重要成果直接影响了我国 90 年代以后的数字字体走向。

　　一方面，90 年代初一切技术性与人文性平台搭建业已成熟，中文字库迎来了产业化发展的高潮。行业的发展在国际上频繁展开，打破封闭的技术壁垒，与国际工业标准同步，成为历史必然的选择。另一方面，互联网技术的崛起开辟了字体展示的新型空间，显示与输出的分离使适用于跨平台的 True-Type 字体技术逐渐成为西方字库行业默认的通用标准。随着 PC 机中文使用环境的普及，中西字体技术融汇碰撞势不可当，形成了我国字库技术的双重主导势力，使中文字库进入了高速发展的时期。

　　"科技的发展把人类导向崭新的存在处境，促使人们用更激烈的方式重新改革已有的价值，并且用日益大胆的方式创新。"[1] 在行业标准的确立、使用工具的革新、生产方式与传播方式的改变，以及丰富的市场需求、受众审美诉求等综合因素的影响下，在技术勾画出的自由、思想、创见与想象的空间中，中文数字字体开展了复兴经典及探索多样性风格的活动。

---

　　① 沈清松：《科技、人文与文化发展》，武汉大学出版社 2014 年版，第 136 页。

第一节　全球化、信息化背景下东西字体技术的汇流

20 世纪 90 年代后，世界进入了全球化、信息化的新纪元。尤其是网络技术的出现使计算机应用技术的触角延伸到世界的各个角落，联通了国际市场开放性的平台。这一时期，国际、地区间的信息交流日益频繁，促使我国的字库技术必须打破封闭、不兼容的局限，与国际技术和标准并轨。同时，西方网络技术迅猛发展，仅应用于屏幕显示而非印刷输出的字体技术开辟了网络字体的新空间，促使 90 年代中后期中文屏幕字体技术向这一方向靠拢，开始了中文环境下屏幕字体设计的新探索。

基于以上技术发展的潮流趋势，这一时期形成了中西字体技术融汇发展的重要阶段。

一　西文数字字体技术的东渐与预设

（一）汉字美感塑造的最佳选择——曲线轮廓字体技术的东渐

字库开发字形描述技术是关键，上一章节介绍的 PostScript 字形技术和 TrueType 字形技术皆属于曲线轮廓描述。汉字构成最大的特征是微妙的直、曲线结合体，这种技术对汉字字形的描述的优越性十分突出，它将汉字字形视为几何图形，采用特定的数学曲线描绘汉字的笔画轮廓，从而得到完美流畅的曲线（图 5 - 1）。对于汉字而言，曲线描述可谓解放了字形复杂的天然屏障，是获取汉字字形的最好方法，有鉴于此，发展中文 PostScript 字形技术势不可当。

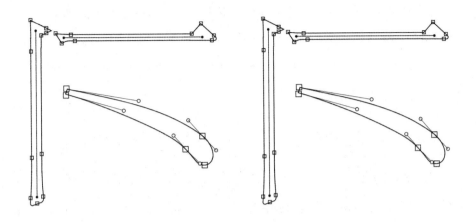

图 5 - 1　汉字曲线轮廓描述及取点规范（笔者绘制）

曲线描述源于 Bézier（贝塞尔）曲线，这种曲线线条圆滑，造型丰富，易于与其他曲线或直线连接，连接处自然平顺，对于外形的控制在直观上容易被人所接受，发明初期主要应用于工业设计中，其后成为大量图形软件的基础，像 Illustrator 或 Fontgrapher 的钢笔工具就可以仿制这种曲线，至今仍然是数字媒体艺术的重要表现手段。

PostScript 是曲线技术的一种，采用的是三次曲线，TrueType 用的是二次曲线，虽然两者都属于曲线描述，但在描述方法上存在差异（图 5 - 2）。从理论上讲，三次曲线比二次曲线能更细腻地刻画笔画轮廓，就此而言，Post-Script 字形比 TureType 字形表现力更佳。但用三次曲线描绘笔画轮廓在计算机内进行的数学处理要比二次曲线复杂得多，需要较多的运算次数，占用较多的计算机运行时间。

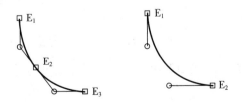

图 5 - 2　三次曲线及二次曲线轮廓描述方式的节点控制（笔者绘制）

从 20 世纪 90 年代开始，我国的各字库厂商纷纷投入大量的精力开发中文 PostScript 曲线轮廓字体技术，参与开发的公司包括我国香港地区的 Monotype、CompuFont 及安托，我国台湾地区的华康、文鼎及中国龙，大陆地区的华文、北大方正及汉仪等①。

（二）汉字展示平台的转换——屏幕环境及技术的预设

20 世纪 90 年代后，网络技术的发明使字体进入用于屏幕显示而非打印输出的新空间，使用环境的转换预示着屏幕媒介成为数字字体发展的重要展示平台。在电脑屏幕上得到优质的字体显示，不仅是艺术性的问题，更需要技术支持。因此，了解这一物质媒介的特殊性能可以为数字字体设计提供科学、合理的依据，是数字字体设计需要把握的重要维度。

屏幕字体发展的关键阶段是以互联网为标志的异质媒介终端，如 90 年代流行的机顶盒、传呼机、手机等产品。此时的文字仅用于屏幕显示以供浏览阅读，不必向通用的文字处理系统或排版系统看齐。1990 年，在欧洲核技术研究组织工作的蒂姆·伯纳斯·李（Tim Berners – Lee）与罗伯特·奥利凯（Robert Cailliau）在日内瓦共同创建了万维网（World Wide Web）②。最初的网络浏览器和早期的电脑很相似，只能显示文本。随着 Mosaci 图像浏览器的产生，很快浏览器可以支持在线功能平台和下载功能，网络就此诞生。互联网真正实现从传统纸媒到屏幕媒介的过渡，基于屏幕浏览的数字字体势必与屏幕显示技术相适配，并在时间和空间的维度中得以延伸。

屏幕新空间孕育了屏幕字体发展的新契机，如何在屏幕中显示和渲染字体成为新的研究课题。

一方面，由于屏幕浏览主要应用的是自发光原理，而非纸质印刷品的反射光原理，阅读的舒适性受到挑战的同时，字体的易读性及可读性也显得更

---

① 参见叶锦荣《汉字字体数字化的新发展（下）》，《印刷杂志》2008 年第 6 期。

② 互联网的历史可以追溯到赛纽尔·莫尔斯所发明的电报技术以及 19 世纪的其他类似产品，如汤姆·克兰西（Tom Standage）在《维多利亚时代的互联网》中所言，它们是"所有网络之母"。

为重要。1998 年，微软公司推出了"超清晰显示"技术（Clear Type），该技术将文字边缘添加灰色像素，不仅起到柔化字体边缘、增强文字清晰度及平滑度的作用，而且能够达到每英寸 300 个像素的效果①（图 5－3）。另外，屏幕介质最小的计算单位就是像素，像素实际上是一个有面积的方块（图 5－4）。再优秀的图形软件都无法生成比像素更小的方块面积，Clear Type 打破了原来由三原色（RGB）显示一个栅格条的显示局限，将三个连续的 RGB 栅条当成一个像素来显示，从而实现比像素更小的显示精度。该技术配以适当的显示硬件，如液晶显示屏（LCD）、平面移动设备及便携计算机等，可以提高屏幕文字的可观性，更加接近纸质媒介的阅读效果，但在 CRT 屏幕上的显示提升效果没有液晶屏幕那么明显，甚至更糟。

Adding pixels to stem weights can cause anomalies.

Adding pixels to stem weights can cause anomalies.

17磅

Adding pixels to stem weights can cause anomalies.

Adding pixels to stem weights can cause anomalies.

18磅

图 5－3　左侧为没有添加抗锯齿效果的屏幕显示，右侧是通过在锯齿轮廓边缘添加灰度像素实现去锯齿效果，字体在视觉上得到了适度修正

图 5－4　像素方块

---

① 参见［美］尼科·麦克唐纳编《什么是网页设计》，俞佳迪等译，中国青年出版社 2006 年版，第 92 页。

另一方面，在互联网建立初期，由于各浏览器依赖的操作系统各不相同，网络使用的字体存在很大局限，只有少数通用字体能够在浏览器中显示，如Courier、Times、Arial 和 Helvetica。为了在浏览器中使用更多更好的字形，工程师们尽可能地进行技术改进，比如采用加载网页图片的方法处理地址栏或标题字体，然而将字体转化为图片形式会影响加载速度和页面扩展性，增加搜索和识别的难度。将理想字形导入页面的字库中使系统能够识别是另一种尝试，但嵌入字体需要附加工具软件进行创制，且浏览器识别标准还未统一，这种方式在需要通过"光猫"上网的年代并不算很成功地解决问题。较为合理且实用的途径一般有两种，一是运用 Flash 动画形式嵌入各种字形以显示字体；二是在保证操作系统兼容的情况下，创造更多适用于屏幕显示的字体，这些字体可以在浏览器上安装，也进入了核心 Windows 字库。如著名的字体设计师马修·卡特（Matthew Carter）在 20 世纪 90 年代中期为微软公司创制的 Verdana 和 Georgia 被指定为 Windows 的默认字体。

"也许，在 1998 年时互联网还没有为字体做好准备，坚持 Web 标准化运动仍然只是宣传的口号，而不是职业的要求。操作系统如此粗糙地渲染各种字体，设计者不能在每种浏览器间使用不同的字体。这种情况在 2000 年中期发生了巨大的转变。"[1] 以上的描述正是屏幕字体技术发展初期的真实写照，虽然它为这一时期的数字字体设计带来了桎梏和局限，但不可否认屏幕使用环境预设了数字字体展示的物理空间，开启了数字字体未来走向的大门，从整体发展趋势上为中文数字字体设计"设定"了发展道路。

二　中西字体技术的融汇碰撞

（一）中文 PostScript 字库技术标准的确立

20 世纪 80 年代中后期，"Adobe 的字库技术已被国际上包括 IBM、Apple、DEC 等 40 多个计算机公司采用，有 200 多家代理。在 PostScript 基础上制定

---

① Ellen Lupton, *Type on Screen*, New York：Princeton Architectural Press, 2014, p. 12.

了 SPDL，已批准为 ISO 标准"①。同时，西文排版和图形处理软件更新速度也很快，具有人机交互功能的 Page Maker、Ventura、Quark Xpress、CorelDraw、Illustrator 等软件都支持 PostScript 语言，也就是说 PostScript 格式的字库都可以被图形制作软件读取。那么，汉字信息处理系统想要进军我国港台地区和国际市场，必然向国际工业标准靠拢，中西字体技术的汇流不可避免地成为大势所趋。

随着苹果 Mac 系统引入我国，作为代理商的安托公司就利用 PostScript 技术开发了"北京字体"②，但未得到广泛推广和使用。同时，旅美华人黄克俭教授在国外接触 PostScript 技术时，就敏锐地意识到这一技术对中文字体描述的优越性，因此，于 1990 年年初为推广 PostScript 技术在国内进行近百场专题讲座，并于 1991 年回国创办了常州华文印刷新科技有限公司，致力于 Post-Script 中文字库技术的研发和制作，是 PostScript 语言在我国早期传播的推动者。在黄克俭教授的大力倡导下，1991 年和 1993 年，经国务院批准，国务院重大技术装备领导小组办公室组织的中国印刷技术和装备考察团赴美、日进行考察。考察团先后考察了美国 Linotype – Hell、ECRM、ABDICK、RGS、Sun、Adobe，日本 Rockwell – GOSS、三菱公司、大日本网目版制造公司（DS）、森泽公司等。考察报告中指出，"由于 Adobe 公司最早推出适用于西文单字节的 PostScript 和与其相配的西文轮廓线字库，因此西文图像统一组版系统已经有产品推出。近一年来，Adobe 公司研制出适于汉字等双字节的 PostScript，日本森泽公司与 Adobe 合作开发了日文轮廓线字库，日文文图计算机组版系统已有产品"③（图 5 – 5）。通过考察反馈的结果，中国印刷技术和装备考察组提出了我国字形技术的方向性意见，即采取自主开发和引进国外先进技术相结合（如德国 URW 公司的扫描编辑字体技术，Adobe 公司的 Hint 技术和转换技术等），加快汉字计算机字库的开发，使中文字库在国际主

---

① 国务院重大办《赴美、日印刷技术和装备考察报告》，1991 年 12 月，黄克俭教授提供。

② 钱惠明为总设计师。

③ 同上。

要计算机和电子印刷设备上使用。在此基础上，1993 年，由国家语委应用管理司和国务院重大办联合举办了 PostScript 及中文字库技术研讨会。会议纪要中提出，面对开放式的汉字信息处理环境的客观要求，必须促进中国 Post-Script 技术产品的开发和实现商品转化。其次，虽然常州华文印刷新技术有限公司的汉字开发任务已被列为国家火炬计划，但应对若干重点单位给予支持。最后，ISO 委托其外围组织 AFII 印刷 10646 字符集标准，其中汉字部分的宋体字形已有日本、韩国、中国台湾进行了登记，AFII 要求中国大陆登记 Post-Script 的宋体字形，因此，国内的 PostScript 字库的宋体字形需要进行评审，以便提交 AFII 进行登记。

图 5-5 《赴美、日印刷技术和装备考察报告》，1991 年（黄克俭教授提供）

以此为契机，国务院重大办、国家语委、原新闻出版总署确定了 Post-Script 作为中文字库技术标准①。自此，中文字库技术标准实现了与国际工业标准的同步。

（二）中文 TrueType 字体技术的勃兴

西方 TrueType 字体技术的产生不仅是技术竞争的结果，也是对技术孕育的新环境的回应。20 世纪 90 年代以来，以互联网为代表的新媒体技术席卷全球，TrueType 字体技术为在屏幕类的异质空间中字体显示与阅读适阅性的关系提供了优质的解决方案。随着 Window 中文环境的普及，能够满足 Windows 系统读取，在不同的输出设备上进行显示及输出的 TrueType 字体技术受到广泛重视。因此，必须发展我国自己的屏幕字体技术，以应对技术发展产生的新需要。

TrueType 字体技术不仅是针对兼容平台开发的，而且在屏幕显示方面，是专为屏幕显示和输出还原而设定的。Hinting 技术是它的核心，为小尺寸文本和低分辨率下创建了很好的位图控制；同时它与分辨率无关，输出时总是按照打印机的分辨率输出，无论是放大还是缩小字符都是光滑的，不会出现锯齿。1994 年，Windows 3.2 中文版系统使用的长城宋体、黑体就是由中国长城计算机集团公司开发的 TrueType 汉字字库，之后又分别开发了楷体、仿宋、隶书和细圆四种 TrueType 字库 ②。从 Windows 2000 开始，中文字库使用中易宋体作为默认字体，此外还有仿宋、楷体、黑体等 TrueType 字库。

1995 年，中文 TrueType 外框式的前端字库推出市场，设计师们在屏幕上无限放大字形也可以得到圆滑的效果③。总而言之，中文 TrueType 字体技术的勃兴为数字字体设计在新兴网络空间中找到了支点。

---

① 《PostScript 及中文字库技术研讨会纪要》，1993 年，黄克俭教授提供。
② 参见《长城全真字库 TrueType》，《电子出版》1995 年第 1 期。
③ 同上。

第二节　技术性与艺术性的双重探索
——中文字库的产业化、专业化发展

中文字库的产业化、专业化发展既受技术革新的驱动，又为全球一体化发展趋势所联动，同时也受到社会文化和消费市场的影响，在以上综合因素的影响下中文字库进入了发展的全新阶段。

首先，中文字库产生以来一直与中文信息处理息息相关，20 世纪 80 年代以来，我国经历了计算机硬件和软件汉化的历史进程。"软"与"硬"的汉化过程催生了汉卡的产生，形成了中文字库存在的特殊阶段。汉卡的流行标志着部分电脑公司具备了汉字字库开发的能力，专业技术的细分使字形信息处理朝着更加专业化的路径发展，并在其消亡后转至中文字库产业化发展的浪潮之中。

其次，技术革新使中文信息产业结构不断升级，作为中文信息产业的重要组成部分的中文字库在进行技术性储备和提升的同时迎来了产业化的高潮。

最后，我国市场经济的蓬勃发展以及改革开放的深化促使文化消费和精神产品消费产生了巨大转变，致使社会及市场需求规模激增，一方面，印刷出版物仍然占据重要的市场份额；另一方面，屏幕媒介的主导性地位依然稳固，决定了中文字库必须在技术性和艺术性的双重探索之下不断发展。

因此，在技术性与人文性需求的共同作用下，汉字这一古老而深邃的信息载体在信息化、电脑化时代重新绽放着幽深的光芒，汉字字体设计遵循着实用性、艺术性与思想性的原则展开了更加专业化的设计实践。"自 1991 年以来，国内先后有十几家厂商投资开发汉字曲线轮廓字库。"方正、汉仪、华文、中易、华光、四通、长城、华康、文鼎等专业字库公司先后涌现，形成了中文字库产业化发展的浪潮[1]。

---

[1]　傅永和：《中文信息处理》，广东教育出版社 1999 年版，第 229 页。

一　技术性的持续探索

（一）中文字库的过渡平台——汉卡

中西文兼容操作系统开发的前期，字库占用较大的内存，因此，将中文字库固化在一片或多片"只读存储器"当中，不仅节省了大量内存空间，而且保障了中文操作系统和应用软件得以运行，这个独特的产品就是汉卡。

汉卡也称字库卡，可以固化多种高精度字库。字库卡配合相应的中文操作系统与应用软件就构成了一套便捷的桌面出版系统。如金山 PUC 汉卡就固化了宋、仿、黑、楷的简繁体字库，并采用了 PostScript 三次曲线轮廓拟合汉字技术，完整优雅地保存了汉字字形的风貌①。80 年代中期至 90 年代初，汉卡风行一时，各家公司都有强大的技术作为支撑，大力发展了汉卡产业，如著名的巨人 M－6405 汉卡、四通新龙汉卡、长城 GCS/E 汉卡、瑞星 RS－500汉卡、炎黄巨星汉卡、超想 CXDOS 汉卡等数百种之多。90 年代中期后，随着计算机硬件的发展，计算机的内存足以应付汉字字库的消耗量以及纯软件方式的 Windows 操作系统的出现，促使系统与字形分离，字库技术与软件系统分离，推动了独立于系统与软件之外的专业字库的快速发展，汉卡完成了它的历史使命。

汉卡不仅是中文字库存在的特殊阶段，更重要的是生产汉卡的企业掌握着较为成熟的数字字体制作技术，因此，在汉卡退出历史舞台后，大部分企业转向中文字库的专业化生产。

（二）字符集的扩充

从设计角度理解，字库是字符视觉形态的合集，表现了字符集中某一字符的外在形态。从技术角度出发，字库是字符集在电脑上的实现，有了字库，

---

① 经过不断升级改进，四年后更名为"北大方正 Super 汉卡"。

字符集中的汉字才能在电脑上存储、处理、显示、输入和输出①。

字库中的字符数量是保证信息交换过程完整性和准确性的要素，随着时间的推移，为适应更广泛的国际、地区间的信息交换以及各种操作平台的兼容，字符数量不断扩充，因此，字符的"集"也处于不断扩充的状态。

本书第三章介绍过字符集的相关内容，1990 年国家颁布《GB/T12345 - 1990 信息交换用汉字编码字符集辅助集》共 6866 个字。1995 年，《汉字内码扩展规范 GBK - 1995 字符集》开始使用，K 为扩展之意，它向下兼容 GB2312 - 80 标准，同时包含 Big - 5 的繁体字，繁简通用，还包括了中日韩（CJK）② 统一汉字 20902 个、扩展 A 集（CJK Ext - A）中的汉字 52 个，共收入 21003 个汉字，882 个符号，总计 21885 个字符。但该编码方案并非国家标准，它属于 GB2312 与 GB 13000.1 - 93 之间的过渡方案。2000 年，中华人民共和国国家质量技术监督局推出了 GB18030 - 2000 国家标准，取代 GBK。GB18030 - 2000 除了保留了全部 GBK 编码的汉字外，还增加了扩展 A 集 - ExtA 的全部汉字，收录 23577 个汉字，至 GB18030 - 2005 已经替代了 GB18030 - 2000 并包含了 HKSCS 字符集的汉字，扩展了 B 集 - ExtB，共收录 70244 个汉字的超大字符集。

（三）中国智慧下的汉字造字方法的启迪

进入 20 世纪 90 年代，我国在字形描述技术方面业已成熟，各个字库厂商均在探索轮廓字体的制作方法。此间，充满中国智慧的汉字造字法起到了关键的作用，为中文数字字体的制作提供了重要线索。总体而言，当时主要采用描字法和组字法两种方式，但描字法逐渐被淘汰，组字法成为主流。

组字法采用部件组合的方式进行，它将汉字部件整理出来，进行部件轮廓描摹，完成整字字形的制作。部件组合法最大限度地发挥了汉字模件

---

① 参见尉迟治平《论中文字符集、字库和输入法的研制》，《语文研究》2006 年第 9 期。

② 1993 年，国际标准化组织发表了 ISO 10646B 编码，收录了 20902 个表意字符。该字符集将中国大陆、台湾地区，以及韩国等东亚国家和地区的标准汉字收录于一起，将字形相同的字作为一个字给予一个编码，同时编制了《中日韩汉字字符集》（又称 CJK 字符集）。

化、层级化的优势特点，将充满中国智慧的造字逻辑应用于现代计算机字形处理当中，体现着古老文化与现代科技的完美结合。德国著名学者、汉学家雷德侯曾对汉字模件化的形式系统做过总结与分析，汉字由最基本的元素——笔画构成，"在笔画和颇为繁复的完整汉字之间，还有一个显得不太复杂的中间层面"，即单元模件，"这些模件反复出现，以不同的组合方式被用于不同的汉字之中"①。更主要的是，他认为模件是大规模生产的前提，正是由于这些模件的反复组合生成了全部迥异的汉字系统，每个字都具备独一无二的形式。

从技术角度出发，部件组合属于分级字库，是提高制作效率和节省存储空间的有效方法，技术专家认为笔画和部件组合法是汉字字形描述的未来方向，为大部分字库公司所应用。华文公司的黄克俭教授曾介绍，他通过将近10 年的时间对汉字拓扑学和汉字构形学进行研究总结，逐渐完善了工程量巨大的汉字声旁表和形旁表，专门用于华文字库的字体开发。原方正字体创意总监朱志伟老师也表示，他带领方正字库团队时所使用的部件组合法是受朱邦复先生的仓颉造字法的启示，朱氏将汉字分为字首、字身、组合字及整体字四部分进行汉字输入，实际上就是形旁和声旁重复组字的原理。他在深圳朱氏公司工作时深感此法用于字库开发极为合理、科学，后经深入整理终为方正字库的字体开发所用。

部件组合的最小层级是笔画组字的方法，它采用的是将汉字部件进行再分解得到字元笔画后进行造字的方式。笔画是最基础的造字单位，是最关键的设计部分，整字及文本的最终效果由此决定，因此也是最花时间和心智的地方。华康字库的柯志坚先生曾言，修改笔画是牵一发而动全身，可能影响百字甚至上千字（图 5 -6）。

---

①　［德］雷德侯：《万物》，张总译，生活·读书·新知三联书店 2005 年版，第 14 页。

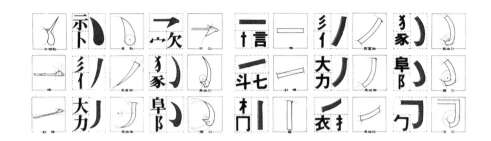

图 5 – 6 （左）宋体字基本笔画拆解；（右）黑体字基本笔画拆解

随着研究的深入以及实践经验的不断积累，从笔画到部件，再到拼合汉字的技术路线都已相对成熟，但部件组合面临的最大问题是拼字过程中对汉字整体结构、比例关系、动静的把握。曾经将模件理论运用到设计实践并进行批量生产的巴黎活字制造专家葛兰德①的失败在于以一个外国人的角度仅把汉字视作一个机械的图形，而忽略了汉字鲜活的有机性特征，从单独的元素到独立的成分，再到模件、单元、连贯的文本，直至最后的总集，种种层次间的穿插、咬合、空间、法度等动静关系远非一两个层级的模件简单、机械地拼合就够了。尤其在流水线般枯燥的工作状态下，是否能对生产优美字体保持高度的敏感性和责任心将决定汉字字库的品质，也决定了字库公司的出路。

二 艺术性的深入拓展

数字字体既是技术性产品，又是艺术性、社会性的产品，社会需求、使用途径及受众审美需求决定数字字体开发的走向。90 年代后，以电脑为使用工具的技术环境已经形成，各字库公司纷纷展开了艺术性的探索，推出各种经典基础字体以及适应社会需求的装饰字体。

---

① 从 1834 年开始，葛兰德便开始研究汉字。作为巴黎最熟练的匠师，出于对技术和美学的兴趣，他制定出一套减少字模，节省排版时间和人力的办法，就是利用汉字形旁、声旁的微妙关系分别雕刻形旁、声旁再进行拼接的"拼合活字"，又称"中文叠积字"。虽然这套字体后来由于过于僵硬、比例失调、缺乏经验而废弃，但它确实笔画精细，字形高度精确。

（一）经典字体的数字化

字库产品以各种字体为基础物料，20 世纪 80 年代末至 90 年代中期字库物料储备中，各字库公司首先采取的是忠实于铜模、字体原稿的"再现"，一般称之为对中文经典字体的数字化。当时字库公司开发的经典字体主要包含两部分内容，一是铅活字时代老一辈字体设计师创设沿用的字体，二是 80 年代全国字体设计比赛的部分优秀作品。

铅活字时代的经典字体设计严谨规范，使用目的明确，经过多年使用已经得到市场和受众的认可，因此，各字库公司首先将这部分字体数字化为字库产品。但这部分字体由于字体母板是同一字稿①，存在雷同多、创新少的现象。各字库公司在原有字稿基础上，进行结构或笔形的适当修改后即可产生一套重新命名的"新"字体，而这种修改并非建立在复刻理念的基础上，对细节的修改较为粗糙，字体质量参差不齐。实际上，"新"的产生是建立在"旧"的研习、揣摩、提炼及重新定位的基础之上，诠释当代内涵的过程，虽然采用同一原稿，但设计师灵感和阐释角度的不同，致使设计结果往往是超越历史的。西方和日本的字体设计师非常注重对历史的研读，以获取原始字体的精神，马修·卡特曾言："学习某个过去字体雕刻师的整个工作，因为除此之外我很少能找到一个字体能包含该字体设计师风格的最好元素。"② 对相同的字形进行重新开发时，不可避免地会出现大致相同的样式，但将相近字体样式进行细节整理、比对是日本字体设计师的必修课，在日本各种"字体书"（font book）中详尽地收录了各个时代的字体风格、样式及字体细节以供设计师参阅，可以说研读已有字体风格和改造，成为新字体设计创新意志的基础，这种开放、共勉的心态也值得我们去学习。

此外，80 年代字体设计比赛的部分优秀作品也是经典字体数字化初期的选择。当时的比赛作品集合了许多优秀字体设计师多年的设计经验，字稿设

---

① 见第三章第二节。

② 马修·卡特：《我的字体人生》，TED 2014 演讲，加拿大，2014 年 3 月。

计匠心独具，因此不乏经典之作。比赛结束后评委们即已决定将部分获奖作品制作成铜模投入使用推广。由于比赛用字字数有限，因此，只有十几款字体经过扩写后制成铜模，并在数字化初期形成字库产品①。

经典字体数字化的另一种方法是复刻。复刻是基于原始蓝本的改造和扩充，是设计者主体意识的注入和演绎，而不是对客体的单纯复制。国际字体公司（ITC）的创办人之一艾德·隆德沙勒（Ed Rondthaler）曾言，复制字体的历史和铸字本身一样久远。复制字体除了"再现"经典，更多的是"复刻"经典，可以说，复刻是对经典字体的复兴，它贯穿于西方字体设计的历史，适配于不同技术平台（包括金属活字、照相排版及DTP）而存在。复刻是使经典字体流传久远的手段，也是字体传承、创新的方法，它针对的范围亦可不必限于某一时代和平台。

电脑时代，复刻的字体被设计者和生产厂商重新定位和复活，并扩展家族化后被大量收入字库当中，至今仍被广泛沿用，长盛不衰。如著名的Garamond就是跨越几个世纪，经历不同技术平台，被不断诠释开发的典型字体，有着

Stempel Garamond

ACERSaedor
ACERSaedor

Adobe Garamond

ACERSaedors
ACERSaedors

Granjon

ACERSaedors
ACERSaedors

Garamond #3

ACERSaedors
ACERSaedors

ITC Garamond

ACERSaedors
ACERSaedors

图 5-7 从上至下各版本 Garamond。施腾佩尔加拉蒙，德国施腾佩尔公司1924年发布，由 Linotype 数字化。Adobe公司的加拉蒙体。格朗荣字体，1592年根据克洛德·加拉蒙的活字为范本。Garamond3 号，以美国莫里斯富勒本顿设计的 ATF Garamond 为基础，最原始的参照范本为17世纪雅农活字。ITC 加拉蒙，1977 年由美国托尼斯坦设计

① 根据《让印刷字体在新时期放出异彩：我国印刷字体设计评选工作采访印象》，《语文建设》1988 年第 3 期和黄克俭教授采访整理。

诸多版本，但字体细节和设计理念上均有差异（图 5 - 7）。20 世纪初开发的格朗荣 Granjon 及施腾佩尔加拉蒙 StempelGaramond 均是以 1592 年克洛德·加拉蒙（Claude Garamond）的活字样本为蓝本进行开发的，Granjon 是为莱诺自动铸排机设计的正文活字；StempelGaramond 则是德国施腾佩尔公司（Stempel）于 1924 年发表的，后施腾佩尔公司被莱诺（LinoType）公司收购，该字体被数字化用于电脑排版使用至今。80 年代后，Adobe 字体设计团队在字体设计师罗伯特·斯林巴赫（Robert Slimbach）的主创下也基于此蓝本复刻了 Adobe Garamod 字体，Adobe Garamod 字体手册中这样记载道："Adobe 不能让 Claude Garamond 起死回生，但它可以复活他的字体。"① 为了更好地复刻这款字体，罗伯特不仅参观了比利时的帕拉丁莫瑞图斯博物馆，而且对照相排版的 Garamond 样本进行反复研究。"Claude Garamond 的字体是基于权威的罗马体，罗伯特则是以意大利斜体为基础。"② 由于每个尺寸的金属字形都是独立制作的，且样稿被放大后字体细节和骨骼并不清晰，重新设计时必须反复在各种尺寸间找到其本质的形式进行再设计。经过罗伯特的诠释，一种尺寸特点适合激光打印机的数字字体诞生了，由于便于阅读，字形符合现代设计的特点，且增加了 Garamond 的家族字体，具有很高的使用价值。20 年代后期开发的加拉蒙字体则更多的是以 17 世纪雅农（Jean Jannon）活字为范本制作的，雅农的版本和克洛德版非常相似，仅在衬线的斜度和轴线的处理上略有不同。

马修·卡特（Matthew Carter）先生在创办比特流（Bitstream）公司时就表示，数字字体设计使字体设计师的地位更加独立，许多经典字体必须加以合并，以成为一个有用的字库，在此过程中复刻是重要的部分。对他而言，复刻的价值在于它在所在的平台上的"可用"程度，他的复刻作品多是取意而非形，设计风格也与受众的喜好和字体的用途保持一致。如他所创造的 Georgia 和 Miller 就是复刻 19 世纪 Scotch Roman 的版本，以适应低分辨率的屏

---

① *Adobe Garamond*，Adobe 内部资料，1992 年，第 5 页。
② 同上。

幕媒介。

在东亚汉字文化圈的日本，复刻亦是历史悠久，尤其是对主流字体——明朝体的改刻一直持续不断，手工雕刻时代和金属活字时代的复刻字体比比皆是。如字游工坊的"游筑标题明朝"是筑地活版的金属活字"36 点明朝活字"的复刻，字体保持了原有字体的基本造型和雕刻风格，舒缓曲线构成的竖线、撇、捺柔和优雅。森泽公司的"A1 明朝"则保留了浓厚的筑地活版字体的形神①（图 5 - 8）。

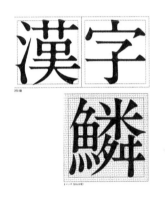

A1明朝体　　　　　　　　　　　　游明朝体36　　　　　　　　筑地见初明朝体

图 5 - 8　手工雕刻时代和金属活字时代的活字是当代数字字体创作的源泉，图为日本开发的数字格式明朝体（小宫山博史：《基本日本语活字集成》，株式会社诚文堂新光社 2008 年版）

（二）多样性风格的兴起

字体是时代的产物，按照预先设定好的使用目的进行开发是字体重要的属性特征。就使用目的而言，除了便于阅读的正文字外，可以活跃版面，应

---

① 小宫山博史：《日本数字字体的分类》，《基本日本语活字集成》，株式会社成文堂新光社 2008 年版。《日本数字字体的分类》为该书前言，由西北大学孙明远老师译。

用广泛的多变性、艺术性字体得到了更多的开发。正如小宫山博史先生描述的："基础字体的开发告一段落后，会出现装饰字体开发活跃期。"① （图5-9）字库公司在完成了经典字体的数字化后，集中精力开发创制了一批装饰字体。② （我国的字体分类中有不同的称呼，如创意字体、美术字体或艺术字体，实际上是不再使用美术字后的叫法）和书法字体③（我国的字体分类中单独列出）。

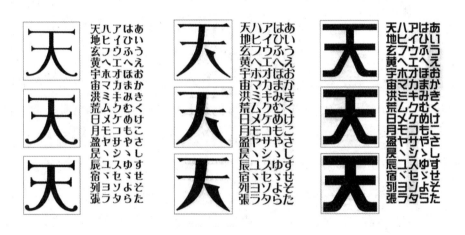

图5-9 由我国设计，日本开发的数字字体：（左）优雅宋；（中）丽雅宋；（右）综艺体（祖父江慎：《和文基本书体编》，日本每日交通株式会社2008年版）

装饰字体在商品经济时代起着友好沟通和美化宣传的作用，它的设计主要考虑用于沟通，其次考虑识别和阅读，一般采取在基础字体的原形上加以修饰的设计手段。它的大量应用打破了以往单一、陈旧的视觉体验，成为90年代大量生产的字库产品。对于装饰字体很难说清其出处和源头，如综艺体

① 小宫山博史：《日本数字字体的分类》，《基本日本语活字集成》，株式会社成文堂新光社2008年版。《日本数字字体的分类》为该书前言，由西北大学孙明远老师译。

② 小宫山博史先生在《日本数字字体分类》中将OpenType格式的日文数字字体分为五大类别：基本字体、传统字体、装饰字体、新样式及学参字体。装饰字体集中了手工艺样式、自由样式、笔刷样式、POP样式、插图样式、图案样式六种。

③ 小宫山博史先生将这部分字体集中收录在传统字体类别中，其中子项一般书写字体、古笔中均有收录。

在以往的中国大陆出版物中没有出现过，据朱志伟老师介绍，它是由我国香港设计师设计，后由日本公司开发推行的。根据小宫山博史先生的说法，综艺体是由中国人开发并广泛使用的字体，其造型以日本人的思路是不可能完成的。进入中国大陆后几乎每家字体公司都对综艺体进行了开发，可见该款字体受欢迎的程度。除此之外，倩体也是90年代比较重要的字形，至今仍活跃在各种设计宣传当中。倩体是以黑体为主，糅合了宋体横细竖粗的特点的创意设计，柔美而不失挺秀，犹如扁平硬笔运动过的轨迹，转折处没有直角出现，均以流线贯穿，韵律感很强，经过不同设计师的演绎，给人耳目一新之感。我国港台地区的柔美体、清秀体、超宋体、雅宋体等都属于同一类型的字体，但在笔形塑造、字重、装饰角方面存在较大差异。如雅宋体的名字听起来更像以宋体为原型的设计，实际上仅保留了横细竖粗的特征，起笔留有书法的顿笔感，其他部分都是以黑体为主。此外，水柱体、珊瑚体等也都是以黑体为原型的创意设计，琥珀体、彩云体等则是以圆体为基础的装饰字体，对字库物料的繁荣起到了重要作用。

应该说，带有装饰意味的字体代表了当时字体创作的潮流，带动了字体设计朝着更加个性化、多样化的方向发展，以满足日渐活跃的大众审美的需求。

90年代的曲线轮廓技术突破了非黑即白的点阵字体的局限，使汉字字形的线性特质得以发挥出来，带动了以往难以表现的书法字体植入字库的热潮。可以说，对我国传统书法形式的挖掘是中文数字字体区别于其他汉字文化圈字体开发的标志，也是中文字体设计持续性的研究课题。

舒体、康体及启体都是90年代中后期将书法家的字体引入字库体系的尝试，各字库公司开发了不同版本，虽然与原作气韵疏离甚远，但仍然为之后的同类创作积累了宝贵的经验。此间，瘦金体的开发可视为我国复刻字体的开端。

瘦金体历史久远，是宋徽宗独创的一种楷书，也是书法史的重要节点。选择古本作为原型开发非常具有挑战性，难度之一便是字稿的设计（图5-

10、图 5 - 11）。瘦金体流传下来的版本较多，《楷书千字文》是现存保存较好，字数最多的真迹字稿。设计字稿要从研读真迹字稿开始，然后提取笔形和结构。瘦金体本身完全是骨露肉避的杰作，线条弹性极韧，连笔处若游丝，却气韵不断。笔画结构的程式化明显，横、竖顿笔处及钩、挑的收笔处特点突出，整字结体纵长，如银钩一般挺秀。从真迹笔形到设计笔形的转换以及对字体结构的把控是介于书法与设计之间的创作空间，在体现原始气韵之余，突出时代感是关键。难度之二是字形规范。古本与现代的字形规范存在很大差异，繁体字、异体字及讹字等问题是横亘在书法与设计之间的障碍，遵从现代字形规范的整理工作也是复刻字体的重要组成部分。难度之三是字数的增补。《楷书千字文》虽然号称千字，但去除重复字和生僻字仅有八九百字，想要符合字符集标准必然需要扩充字量，等于再造数千新字，工程量浩大。

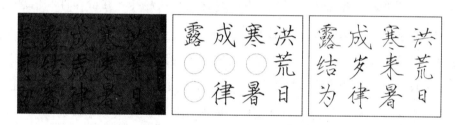

图 5 - 10　（左）宋徽宗楷书千字文字样；（中）华康瘦金体，柯志坚先生主持制作（圆形部分为缺字处）；（右）方正瘦金体

图 5 - 11　汉仪瘦金体字样（摄于汉仪公司）

第三节　大众文化的兴起对数字字体设计的影响

"由于某种原因，一种技术的美学意义只有当它有意识地、广泛地表现在一种文化的生活方式中时才能明确显示出来。"① 20 世纪 90 年代以来，随着我国市场经济体系的逐步建立，整个社会语境从政治本位过渡到文化消费的大背景下，社会文化领域呈现市场化、商业化及产业化的特征，从而迎来了消费膨胀下文化的大众化。

大众文化②对数字字体设计的影响主要表现为以下三个方面。首先，大众文化表现出普遍性的社会审美需求和大众化的审美趣味，在群体性和信息化的交织影响下，大众审美介入艺术设计活动，并不断产生新的审美诉求，如个性化、通俗化、书写化、古典化等。文字既为信息交流的载体，则回避不了沟通设计与受众的职能，决定了数字字体设计必然遵循社会化的审美需求，并以大众审美心理作为创作动机及价值取向。其次，大众文化默认技术与媒介的改变，使新媒介迅速替代印刷媒介的权威地位。新媒介、新技术催生了不同的设计观念，影响着审美方式的变化，同时审美也通过技术的渲染表现出极大的颠覆性，促使作为行为主体的设计师做出适应时代的应对。最后，技术是大众文化得以生存和传播的决定力量，主导了艺术生产力结构的革新，促使艺术生产工具与生产方式随之改变。作为科技与艺术产品的数字字体创作生产也显示出与变革的同步性。以个人电脑、软件程序、激光打印机为组合模式的新型工具构成了崭新的设计环境和工作方式，推动了数字字体设计民主性的进程。

---

① ［英］汤因比：《艺术的未来》，王治河译，广西师范大学出版社 2002 年版，第 82 页。
② "大众文化"起源于 19 世纪末 20 世纪初的西方，它是工业社会和技术时代结合的产物。大众文化是对传统精英文化的挑战，对它的争论旷日持久。

一　普适性诉求——大众审美与数字字体设计

大众文化的兴起是以现代信息技术和传播技术发展为主要支撑，依附于现代科技的新型文化模式。随着技术的更新，大众文化表现出多样性的特质，并屈从于市场化、商品化及产业化的渗透，迎合大众的审美需求与旨趣，走向世俗和实用。设计是实用艺术，满足现实需求的多样性是实用设计的基础，字体则是设计最基本的语言与符号，因此"文字设计必须回应需求的多样性，而需求的多样性也决定了文字设计将不断变化"①。

20 世纪 90 年代伴随着市场经济的蓬勃发展，消费主义膨胀使大众审美体现出一种与市场相适应的天然能力，呈现多元化、多层次的趋势。一方面，字体大量被应用于广告宣传、公共设施、包装印刷及电影、电视、个人电脑、手机等新媒介传播中，受众也在自我意识为主体的转移中表现出需求的多样性，他们热切地希望得到与以往单一、乏味的字体设计不同的视觉体验，能够在自主选择中做出主动判断，因此，大量的装饰字体受到了相当广泛的欢迎，并引发了各字库公司创新装饰字体的热潮。如汉仪公司在成立之初就瞄准了字体应用市场的崛起和大众审美的主导势力，字库储备方面以装饰字体为主，设计了咪咪体、黑咪体、清韵体、娃娃体、神工体、秀英体等字体②（图 5－12）。与汉仪装饰字体相得益彰的还有各字库公司的剪纸体、雅艺体、饰艺体、稚艺体、少儿体等。装饰字体以艺术性诉求为主要目的，反映了"美是人们生活的感性存在及其证明，审美活动越来越失去原有的精神价值的独特性和唯一性，而成为大众生活的直接存在形式"③。

在引进和自主创新的同时，仿制粗糙且夸张变形的"新奇、特异"字体，如火柴体、冰裂体、泡泡体等被市场无条件地全盘接受。这一现象背后虽然隐含了受众自主选择的盲目性，但无疑暴露了消费主义膨胀下字库生产厂商

---

① ［美］戴维·朱里：《什么是文字设计》，杨文贺等译，中国青年出版社 2007 年版，第 153 页。
② 汉仪公司在 1995 年推出的 56 款字体中，确以装饰字体居多。根据刘水仙的多篇文章整理。
③ 徐恒醇：《理性与情感世界的对话：科技美学》，陕西人民教育出版社 1997 年版，第 50 页。

的短视和业界良心的不足，造成了视觉生态环境的破坏。此外，市场运作和商业行为虽然以谋利为资本扩张做铺垫，但大众主体的审美趣味仍然起着决定性的作用。与传统审美文化相比，消费时代的大众审美体现了生活与审美的同一性，审美成为日常生活的感性存在，满足人们精神活动的内在需求。由于大众主体在性别、年龄、爱好、职业、受教育程度等方面都存在很大差异，因此字体产品的精品化、差异化成为满足不同审美需求的必要补充。精品化的设计对设计师主体提出了更高的要求，这一时期的华文宋体、黑体、仿宋、楷体、细黑都是数字字体中的精品，不仅体现了华文公司创始人黄克俭教授对人文性产品的追求，也凝结了老一辈字体设计师的经验（图5－13）。在数字字体正式替代铅活字印刷后，谢培元、钱焕庆、徐学诚、周今才等老先生被聘请为华文的设计顾问，负责数字字体的设计、指导、质检等环节，因此字体的品质得到了很好的保障，这五款字体被收入苹果电脑公司的专业字库，一直沿用。

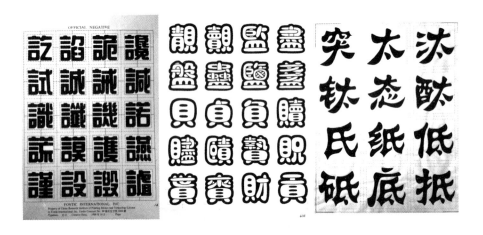

图5－12　（左）汉仪综艺体原稿；（中）汉仪咪咪体原稿；（右）汉仪雁翎体原稿（摄于汉仪公司）

图 5－13　华文黑二体原稿（摄于常州华文）

二　活化的观念——技术审美与数字字体设计

大众文化与技术革新并行，信息技术与媒介技术为大众文化的形成提供了坚实的物质基础，同时，技术本身也被看作审美对象，被视为新的审美方式及观念革新的决定力量。"字母的数字化文本已从自己的灰烬中复活，一只再生的数字凤凰飞翔于显示器上，穿行于网络，活跃在视觉空间中。"①

首先，媒介技术活动本身为人们提供了全新的审美经验，并在数字字体设计中发挥了极大的作用，这方面最明显的表现是新的字体设计观念的产生。设计师高耐尔·文德林（Cornel Windlin）善于利用新兴技术创造字体作品，比如他设计的 Moonbase Alpha 字体就是利用电脑化初期系统附带的用于低分辨率显示的 Akzidenz Grotesk 字体，该字体本身就是位图字体，在低像素输出时会更加粗糙，而文德林正是利用这种意外效果进行字体的再造；再如特里格利用复印过程中移动纸张所得到的偶然效果创造的字体，都是建立在新观

①　［美］埃伦·普鲁顿：《字体设计指南》，王毅译，上海人民出版社 2006 年版，第 76 页。

念基础上的表现性字体设计（图 5 - 14、图 5 - 15）。

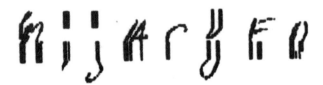

图 5 - 14　技术美学激发了设计师的想象

图 5 - 15　利用纸和复印机接触时移动纸张所形成的偶然效果

其次，由于技术的非物质性存在使技术产品大多附带着冷漠的距离感，技术理性催生的现代主义风格也因过于机械而备受争议，这种现实情况提醒技术美学需要通过情感化的设计语言来调节实用功能和审美功能的矛盾。作为表意系统的汉字本身与高度几何化的罗马字有着本质的区别，汉字承载的意义系统使它自身就带有情感的温度，这实际上给汉字创作带来了某种预设的空间。老年体的设计理念则建立在这种深入思考的基础上，老年体是专门模仿老年人手写不稳状态下形成的字体轨迹而创作的，定位为唤起老年群体意义领悟和情感体验的字体，创作者倪初万老师将它称为"情感字体"（图5 - 16）。如果说老年体是连接字体形式与情感体悟的字体，那么朱志伟老师专为报纸阅读设计的"博雅宋"则是设计师从关爱受众视力的角度出发，将"情感字体"提升至"情感设计"的高度，为技术美学与字体设计之间注入了情感的张力。与屏幕媒介相比，纸媒虽然式微，但仍然拥有相当稳定的受众群体，对于报纸正文用字的字号大小及视力保障政府早有明确指示①，虽然规定有其时代的局限性，但此后一直未有更新版本出现，因此根据经验，各报纸一直采用小 5 号字作为正文用字。2000 年前后，许多报纸采取缩小字号的方式进行扩版，引起很多老年读者的不满。2004 年专为报纸阅读的"方正博雅宋"诞生，延续了纸媒上关爱视力健康的原则，赋予了这款字更多的人文色彩。

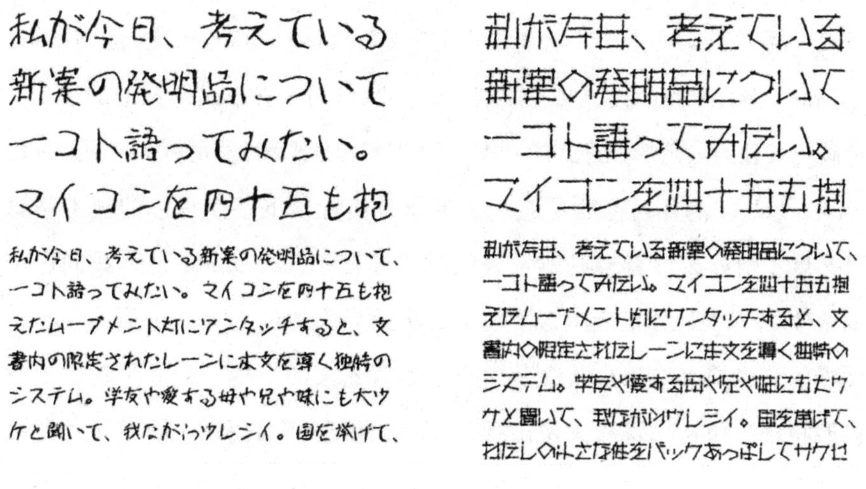

图 5-16　老人体和绣花体，作者为陆华平

另外，技术本身也常常被视为审美对象，设计师在创造新字体时，等于运用某种技术创造新的审美对象。实际上，审美通过技术渲染极大地丰富了自身的表现力，通俗化、个性化、随机化取代了古典艺术形态的韵味与深度，审美的激情和观念也注入了技术创造的过程。对审美技术化的接受如同本雅明对艺术品"灵韵"消失的彷徨失落与对"新灵韵"塑造和肯定的态度一

———————————

① 详见第二章第二节。

样，技术造成"灵韵"的消失势必成为"新灵韵"建立的契机，这与艺术形式存在的特定社会文化背景相关联。数字字体"新灵韵"的塑造也逃避不了对历史回望的永恒结构，同时也意味着超越性和现代性的建构。从20世纪具有转折意义的几款无衬线体的嬗变即可管窥一二。埃里克·吉尔的人文主义无衬线体GillSans是20年代后期重要的无衬线体，它继承了铅字时代罗马字母的经典比例，小写字母的部分保留了书写化的痕迹，如"a"的字碗和"g"的字耳的连接处，是对第一款现代无衬线体约翰斯顿的Johnston Underground的致敬，这款字体也因为其人文主义的特征成为出版界和学术界的最佳选择（图5-17、图5-18）。实际上，Johnston Underground字体已具备了几何化的特征①，但将平直的、工业化的、现代的特征推向高峰的是保罗·伦纳（Paul Renner）的Futura——20世纪重要的几何无衬线体。与同一时期的GillSans相比，Futura拥有平直的横、竖与斜线，近乎圆形的字谷以及半圆形的字碗，还有笔画交叉处的三角形处理，如"A"和"M"顶部呈锋利的锐角（图5-19）。事实上，Futura的几何特征是那个大工业时代背景下字体承载的技术信息与设计态度，恰如设计者自己所发表的时代宣言一样，Futura是"我们这个时代的字体"②。大机器的轰鸣似乎在第二次世界大战的炮火声中戛然而止，经过缓慢的自愈和重整，欧洲逐渐摆脱了战后缩紧的束缚，迎来了现代消费主义。照相排版和新兴媒介大量出现，庞杂的信息扑面而来，因此避免花哨的装饰性笔画，建立在清晰、准确传播基础上的理性主义成为时代的需要。与瑞士国际主义风格倡导的中性、实用、简约相一致的Helvetica诞生。Helvetica的灵感源自德国早期无衬线体Akzidena Grotesk，出于现代性和易读性的考量，Helvetica收缩了字宽，笔画整体的粗细更加均匀，字母"C""G""S"笔画末端采用纯水平设计，小写字母如"a"的字尾带有细小上翘的尾巴（图5-20）。Helvetica最大的风格在于没有风格，使它在照相排版和数字时代很

---

① 参见［英］杰里米·安斯利《20世纪平面设计的先驱》，蔡松坚译，中国建筑工业出版社2005年版，第126页。

② 保罗·伦纳（Paul Renner）在为自己的实验性字体选择字样时使用的样句。

快适应并生存下来，甚至在多元化的后现代风格崛起后发挥着持久的影响力。
新的 Neue Helvetica 拥有更齐备的字重，所有字符也统一进行了视觉修正和优
化，被用于 Mac OS X10.10 的 UI 界面字体。

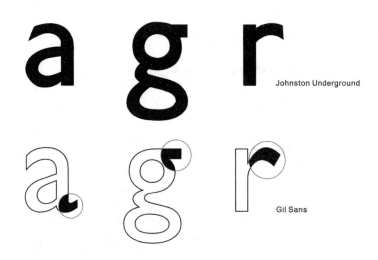

图 5 - 17　GillSans 书写特征

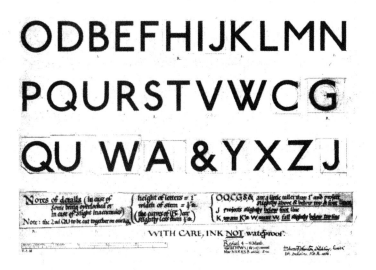

图 5 - 18　约翰斯顿（Johnston Underground）字体原稿

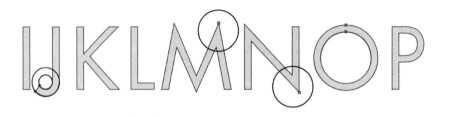

图 5 – 19 Futura 笔形设计特征（笔者绘制）

图 5 – 20 Akzidena Grotesk 和 Helvetica 字形对比

　　20 世纪 90 年代初正值现代西方设计理念在我国广泛传播与接受的时期，现代设计不仅在风格上具有"简约性、反装饰性、强调功能、高度理性化、系统化的特点"，而且与社会生产、社会生活、高效市场紧密相连。现代设计深刻地影响了我国平面设计理论与实践的走向，其中对高度理性、功能性、人文性的强调则影响着中文数字字体设计及编排的现代转向，经历了接受、吸收、再寻与重塑的自我构建过程。我国字体设计存在的时间较短，60 年代开始的字体设计活动实际上建立在对时空轮回的梳理和总结之上，并适应于机器生产时代要求的实践探索。80 年代末的中文字体数字化仅是对铅活字时代经典字体的描摹及技术方面的优化，这一大规模的"复制"持续至 90 年代中期，之后中文数字字体的创制才转向以设计意识为中心的轨迹上，以受众主体与行为主体设计师的互渗关系为准则，以新型媒介为主要载体，中文数字字体"新灵韵"的塑造在2000年之后才真正开始。

　　整个20世纪90年代，审美技术化的烛照促进了正文字体朝着现代设计观念逐渐过渡。一方面，笔画造型更趋于通过精准化、规范化的标准制图手段，及电脑软件的便捷修改特性增强字体的现代感和科技感；另一方面，随着用于屏幕显示字体需求的增加，字体设计原则从传统书写艺术的中宫收紧过渡到字面率大、中宫开放的字体空间，以提高字体的易读性。

　　首先，笔者通过对三代报宋中宫设定的变化以及笔形标准化制作过程的比对，总结了这种变化的规律性。以笔形为例，铅活字时代宋体竖笔起笔可以归纳为右侧出锋型和左右出锋型（钉子头）的基本款型，同时有圆角和尖角的不同造型及大小。顶部为陡峭的斜直线，这种起笔方式可以视为对传统书写的顿笔方式的转译表达，出锋起笔的方式也见于黑体（图5-21）。竖笔收笔的处理有类似颜、柳楷书的垂露、悬针出锋，以及短中竖的自然离笔状（图5-22）。如老报宋的竖笔收笔为悬针式平头收笔。以使用功能论，左右出锋型适配于笔画纤细、字号小的工具书字体，如字典、地图、注释等处；左直而右出锋的样式适用于笔画稍粗的书报体。无疑，笔画"出锋"是对书写痕迹的模仿，在向现代设计转向的过程中，书写性更加低调、内敛，对于"锋"值的把控已经几何化、规范化，通过各笔画部件的标准制图法既可达到视觉统一，也可增强字形的规范化。新报宋和博雅宋的竖笔收尾都采用了垂露出锋的几何程式，而且规范程度呈递增之势。同时，笔画造型更为丰富，增加了起笔及收笔处尖角和圆角的造型变化。

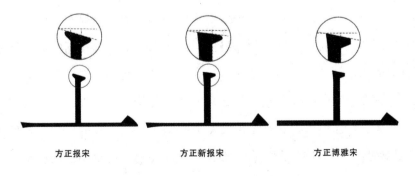

方正报宋　　　　　　　方正新报宋　　　　　　方正博雅宋

图5-21　钉子头起笔；左右出锋起笔（笔者绘制）

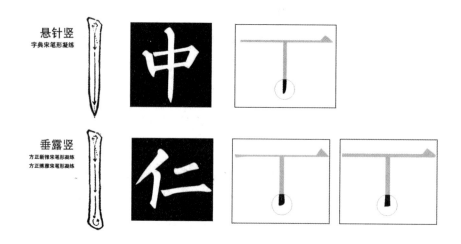

图 5-22 "悬针竖"与"垂露竖"笔形的提炼过程（笔者绘制）

其次，中宫与汉字重心、布白空间、结构有着紧密的联系，第二章中已有讨论，在此不详述。传统书法讲求聚气于场，将外放笔画向中心收紧，不致结构松散，因此在"收"的过程中字面不可避免地显小，在这一点上楷体最为明显。那么，中宫开放是否就意味着结构松散？毋庸置疑，答案是否定的，现代科学研究表明，"米"字格中心点四周的力会沿着四角轴线向中心运动，而偏离轴线的点虽然力不及中心点稳定，但朝着中心点运动的趋向不会减弱。也就是说，只要汉字笔画在四角轴线或其周围就会产生向中心靠拢的力，因此中宫开放并不意味着视觉中心点凝聚力的减弱。据此推断，只要笔画位置合理，结构仍然可以避免松散，尤其主笔的位置更为重要。结构的变化同样意味着黑白空间的改变，根据格式塔心理学的研究显示，黑与白所形成的正空间和负空间是不可分割的整体，人的视觉很难选择其中的一部分作为识别对象，也就是说，黑白的认知行为捆绑在一起才可以实现。对于笔画粗的字体，白空间也必须保持足够的尺寸才容易辨识。另外，布白空间通过黑色的实体分割才得以存在，黑色实际上起到了分割边界的作用，黑色使布白空间的边界十分明确，在此意义上，中宫放大使布白空间的面积增加，黑白边界的识别性也随之增强。因此可以判断，在合理的阈值内中宫开放既符合科学认知的合理性，也可以作为增强易读性的手段。但是，中宫、布白和重心是有机整体，相互制约协作形成良好的阅读体验，在追求单一维度改变的同时必然以牺牲其他方面作为代价。比如，布白分内白和外白，中宫放大随之内白空间扩大，同时意味着外白空间的缩小，实际等于字距的默认值变窄，字与字之间会相对拥挤。如博雅宋较之新报宋，中宫、字面率与其几乎相近甚至略小，但视觉感受却稳中带匀；而新报宋中宫放大后，内白空间随之增加后分布不均匀，出现跳跃感和刺激感，笔画的疏离加大了灰度不匀。两者并置的情况下，布白空间的膨胀使同等字距下后者明显过于拥挤，而缺乏了整体的通透感（图5-23、图5-24）。

中宫与汉字重心、不白空间、结构有着紧密的联系，第二章中已有讨论，在此不详述。对于方块字而言，中宫是笔画伸展向中间凝聚的中

中宫与汉字重心、不白空间、结构有着紧密的联系，第二章中已有讨论，在此不详述。对于方块字而言，中宫是笔画伸展向中间凝聚的中

图5-23　（左）方正博雅宋和（右）方正新报宋内白空间及外白空间对比（笔者绘制）

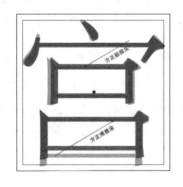

图5-24　博雅宋和新报宋中宫比对（笔者绘制）

三　民主化开端——工具革新与数字字体设计

技术的进步以生产工具的进化为标志。生产工具是生产力结构的根本要素，具有物质性与精神性的双重内涵。"物质性艺术生产工具，是指艺术生产中那些具有物质形态的生产工具、材料、设备，如文学的语言文字符号……"[①]精神性艺术生产工具则是艺术生产者思维方式、创作方法等主观意识的体现。电脑是信息时代艺术生产力的重要生产工具，也是创造意志实现的工具，"计算机已不再是军队、政府和大型企业的专利。它正在直接转入社会各个阶层的极具创造力的个人手中，通过使用和发展，成为他们的创造性表达工具"[②]。

回顾历史，文字的历史一直与工具的进化紧密相连，自发端就与书写工具、书写方式、相应载体等有机整体共同作用。就汉字而言，书写时代三者的共同作用直接影响字形的产生：甲骨文的契刻讲求刀法，如初期文字呈生硬而方折是刀法不臻熟的表现，后期的甲骨文已经有了根本的改善，出现了圆笔、圆圈等相对柔和的笔画。商代后期铭刻于青铜器上的金文开始流行，此时毛笔已经成为主要书写工具，铸造之前需用毛笔打底，再用尖锐工具剔出阳文，因此出现了勾廓的技法，"刻字的人为了提高效率，不得不改变毛笔字的笔法，主要是改圆为方，改填实为勾廓，改粗笔为细笔"[③]。这表明，字形的变化是为了适应铸造工艺的需要。隶书的出现又一次验证了工具革新的意义，由于书写载体由金石转向简牍缣帛，为了适应这一转变，不仅毛笔工具得到了改进，且为了在有限空间内使横多竖少的汉字便于运笔、安排，"蚕头燕尾"特征的隶书产生了。"战国以后，汉字便在众人的书写应用中，不断改变图画式的线条结构，顺应右手握笔，从左到右，从上到下，有节奏地运笔的写字要求，经历战国、秦、西汉，最后形成以秦字为基础的由篆至隶的转变。"[④]

①　宋建林：《艺术生产力的构成与特征》，《文艺理论与批评》2003 年第 2 期。

②　［美］尼葛洛·庞帝：《数字化生存》，海南出版社 1996 年版，第 101 页。

③　裘锡圭：《文字学概要》，商务印书馆 2014 年版，第 47 页。

④　李约瑟：《中国科学技术史》（造纸与印刷卷），科学出版社 1990 年版，第 37 页。

从字体设计的角度出发，设计工具、设计载体的革新决定了设计方式的转变。钢笔、铅笔、自来水笔等硬笔工具是西方的产物，20 世纪初进入我国后迅速与工业制图所使用的尺子、圆规、鸭嘴笔等工具一起为美术字、印刷字体的设计绘写开启了崭新的模式——铅笔稿—双钩—填色—修正（图5 - 25、图 5 - 26）。陈初伏老师对于当年为提高字体墨稿效果，改造鸭嘴笔缺陷的情形仍记忆犹新。双钩是字体绘写的组成部分，为了不让老式国产的鸭嘴笔露墨，他亲自动手制作了金属薄片加在笔中间，起到了减慢墨水下流速度的作用，在墨水充盈的情况下墨水不会滴漏影响双钩的效果。[①] 至 80 年代以后，个人电脑的普及以及软件功能与硬件的分离，为电脑排版的个人化提供了可能。根据美国的一项调查表明，"20 世纪 80 年代初，设计工作几乎用不

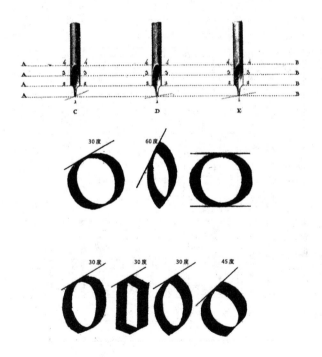

图 5 - 25　西文书写工具——鹅毛笔笔尖的宽度不同，书写出的字形也不尽相同

---

① 陈初伏访谈整理，上海大学提供。

到电脑，到了1990年，有68%的平面设计师使用电脑工作，而还有26%的设计师正准备购置系统"①。Adobe 字体设计师罗伯特·斯林巴赫（Robert Slimbach）先生在访谈中描述了电脑出现前他的字体设计工作方式：创作一款新字形前，先利用宽边笔进行草图或手绘稿，然后细致修改字体样式，再利用照相技术进行各种尺寸的测试，完成稿再交由其他照排公司进行数字化处理。② 排版则需要由照排公司提供字样，粘贴在版面上进行调试。现如今，这种烦琐的工作流程已经集中在以电脑为中心的范围内，崭新的环境开启了数字字体设计的全新模式，人人都是设计师的时代到来了。

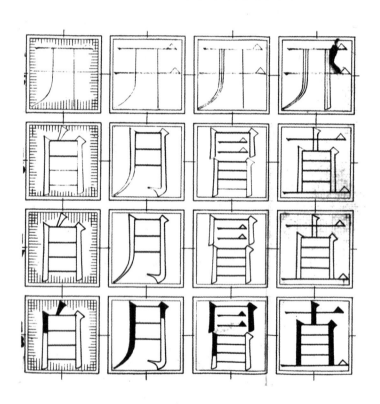

图5－26　利用鸭嘴笔勾边，之后填色的设计过程

---

① ［英］路易斯·布莱克威尔：《西方字体设计一百年》，许捷译，上海人民美术出版社2005年版，第138页。

② 参见 Robert Slimbach 先生访谈。

　　此外，在一款字体的设计过程中及发布之前，工程师的介入是必不可少的，尤其电脑创作环境带有工程师的预设，如软件程序参数、工具箱里设计工具的合理性、屏幕字体的显示与优化，以及字库打包中行距的生成和设定均出自工程师之手，因此设计师与工程师合作的模式一直存在（图 5－27）。这种合作方式在 Adobe 公司的团队中一直是工作常态，David Lemon 先生在访谈中讲道："在 Adobe，字体设计人员是和生产工程师们合作非常紧密的。一个团队会帮助另一个团队了解需求以及为什么要这么进行设计和生产。这也是我认为 Adobe 是字体设计最佳工作场所的原因，因为同时我们也在影响着科技的发展。"① 类似的情况在我国字库公司中同样存在，这种合作模式从侧面验证了数字字体是在科学与艺术共同推动下得以发展的，是技术性与艺术性双重品质的体现。方正字库的张建国先生表示，方正的每款字体设计软件都是自行开发的，软件程序的每次改进都是为字体设计高效、精准、美观而量身定制的。电脑工具的使用能够使书法字体获得更多的探索空间，这也预示着未来字库的一个重要方向②。汉仪字库的马涛老师也谈道，设计师经常与工程师一起开会讨论，了解各自的需求而做出

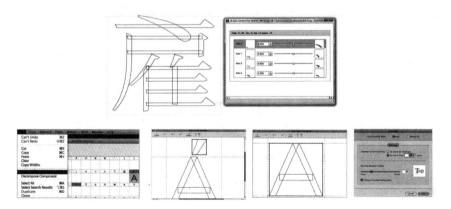

图 5 - 27　专业字体设计工具的使用，使字体设计掌握在个人手中，加快了字体设计民主化的进程

①　David Lemon 先生访谈。

②　参见方正电子字库业务部总经理张建国先生访谈。

相应的改进。如汉仪公司采用的是德国软件,对汉字系统的支持并不十分契合,为此工程师们做了很多后台辅助的工作,2012 年以后汉仪字库在自己的数据库逐渐完善后,开始使用自己研发的软件程序,对中文数字字体进行制作与发布。①

---

① 参见汉仪字库设计师马涛老师访谈。

第六章 中文数字字体的成熟与未来建构（2001 年至今）

　　进入 21 世纪，以互联网为代表的大量新兴媒介形态和产品不断涌现，新旧媒介在统一的数字平台上实现了融合。在新旧媒介的混合地带，屏幕介质成为信息展示、传播、交流与发布的主要设备，而字体仍然是信息交流的主要工具。当文字信息以非物质形态传播时，如贝塞尔曲线、二次样条曲线等字体技术对数字字体非物质形态的生成已不再具有重要作用；字体表现形式的多样化也不是单一的美学观念问题，数字字体在虚拟空间中如何承载世界范围内的信息传递、信息交流及信息接收等问题被纳入更广泛的研究视野。如何通过屏幕媒介上的清晰阅读来理解世界，在海量信息中建立系统有序的视觉逻辑，如何应对新媒介带来的生理、心理的变化，这些问题都促使中文数字字体设计必须加紧与计算机科学、心理学、传播学等其他学科进行广泛交叉。西文已经在屏幕字体、网络字体（Web）的实践上积累了大量经验，而中文数字字体在新媒体平台上的设计实践才刚刚开始。

　　技术与人文的互动关系贯穿了数字字体设计的全部历程，在 21 世纪表现得更为明显，以市场为主导的消费狂潮已经冷却为人的主体精神的提升和感性的释放。恩格斯认为工具是人体的附庸，麦克卢汉解释的媒介是人的延伸，实际上都是对技术工具之外——人的主体性、参与性、体验性的强调与放大，这与数字字体设计在信息传播中以"人"为向度的终极关怀是一致的，体现出工具变革引导下数字字体设计新的表现潜力和价值的追问。

此前，我国的字体设计一直在对西方技术与设计编排逻辑的预设中被动前行。在对西方设计理论与实践有了更多了解和掌握的前提下，我国的数字字体设计已经展露出主动性的一面，越来越多的人关注字体，关注字体背后的历史、标准及原则。更重要的是，我国设计研究者和实践者清晰地认识到，没有什么比认识传统、再塑传统更具影响力；中国传统美学带有鲜明的设计身份的识别性，汉字的设计未来只能由国人自己来解决。随着更多的院校、设计师、字体爱好者投入字体设计的研究与实践，中文数字字体设计已经显现出蓬勃之势，它的未来发展让我们充满期待。

第一节 数字媒体技术下中文数字字体 "屏"面空间的全新探索

进入 21 世纪，科技发展的显著标志是数字媒体所主导的社会文化。数字媒体是指以计算机网络为核心的传播媒介，开始于 20 世纪 90 年代中叶。数字媒体以数字技术、计算机网络技术、移动通信技术为中介，满足传播者和接收者信息传播功能媒介的总和，也称为"新媒体"。

数字媒体技术的发展是一个不断叠加的过程，而不是替代的过程。它整合了众多传统媒介存在的物质形态，如报纸、广播和电视等传统媒介也基于数字化技术而有了新的应用形式，因此，数字媒介体现出两大表现形态：一种是传统媒介数字化以后形成的传媒形态，如数字电视、数字出版、电子报刊、手机报纸等；另一种是从诞生之日起就是数字化的，如网络媒介、网络电视、网络广播、IPTV（借助互联网传播且通过计算机接收的方式）等①。

新媒体技术不仅是一个时间概念，同时也是一个技术性的概念。计算机网络技术作为通信技术与计算机技术结合的产物，具有资源共享、人机互动、下载访问、发布参与等基本特征，深刻地影响了受众的阅读习惯、消费模式

---

① 参见李四达《数字媒体艺术史》，清华大学出版社 2008 年版，第 36 页。

及阅读方式。在网络技术不断发展的基础上，移动通信技术将网络和电视的功能融为一体，通过宽带流的传播，将各种文字、图形、音频信息变为"一个个 0 和 1"进行数字化传播，主要存在于手机平台及移动数码设备中。

正如麦克卢汉所言："我们塑造工具，工具也在塑造我们。"根据第七次全国国民阅读调查结果显示，截至 2010 年，手机及网络等电子设备接触率占 49.4%[1]，其中阅读方式包括网络阅读、手机阅读、电子词典、光盘读取、PAD/MP4/电子词典以及其他手持电子阅读器阅读。此外，《中国出版蓝皮书》中显示，2012 年我国人均阅读电子书的数量是 2.35 本，比 2011 年增加了 0.93 本，增幅达 65.5%，这一数字在未来仍有较大的增长空间。[2] 可以说，网络阅读、手机阅读、电子阅读器成为受众认同和接受的阅读方式，随着数字阅读方式的大迁移，传统媒介中的信息内容都转化到屏幕中，中文数字字体设计随之进入了以屏幕介质为主要载体的时代（图 6-1）。

图 6-1　阅读媒介的改变（笔者绘制）

一　屏幕载体的环境与技术的升级

屏幕显示硬件决定了数字字体存在的物理空间，同时也是影响阅读体验的重要因素。数字字体的显示、阅读与显示硬件的像素、亮度及对比度直接

---

① 参见《中国阅读：全民阅读蓝皮书》，http://www.cnreading.org/ydyj/lps-2/。

② 中国新闻出版研究院，http://www.chuban.cc。

相关，技术所营造的"屏"面质感影响着数字字体设计与呈现。在低分辨率屏幕显示时代，字形处理不得不对屏幕显示做出妥协。幸运的是，技术的不断升级逐渐解除了这种桎梏，并朝着"适人性"的一面积极发展，为数字字体设计提供了优质的展示平台和阅读体验空间。

随着屏幕阅读的普及，显示技术也为应对这场深刻变革做好了准备。

（一）屏幕类型与显示技术的发展

现代意义上的屏幕泛指电影、电视、电脑、手机、移动设备等各种视觉显示窗，狭义的屏幕媒体则特指数字、网络、视觉技术下以屏幕为显示窗的各种视觉终端平台。如莱文森在《软利器》中所言："计算机的到来增添了一种屏幕，展示用户书写的文本和其他作者的文本，全球的文本互相连接，产生了崭新的能力、可能和含义。"①

屏幕显示技术的发展，是从将 CRT 阴极射线管用于模拟计算机显示装置开始的，20 世纪 50 年代以后被广泛应用于电影、电视等设备。阴极射线管在水平和垂直方向单位长度上能够识别出的最大光点数被称为分辨率；相同尺寸的屏幕，点数越多，距离越小，分辨率越高，显示的文字及图形质量也会越精细。随着屏幕显示性能提升，显示材料也处于不断探索与改进中，如将阴极射线管做得很薄，在外观上由球面化改进为平面直角，甚至纯平面化；同时在分辨率和软件多窗口化的支持下，屏幕的尺寸也由原来固定的 12in、14in（英寸）逐渐增大，但其限制阈一般在 37in 左右，造成了大屏幕显示的局限，因此加快了液晶显示器（Light Crystal Display，LCD）、等离子显示器（Plasma Display Panel，PDP）等显示硬件的发展。

1968 年，美国 CRA 公司普林斯顿实验室提出了液晶显示技术的概念，其源头可以追溯到一百年前奥地利植物学家 F. Reinerzer 发现的液晶。但液晶显示器一直存在着亮度较低和耗电量较大的问题，因此曾一度发展缓慢。20 世纪 90 年代以后，显示分辨率、观看视角、显示亮度、对比度等工艺大幅度提

---

① ［美］莱文森：《软利器》，何道宽译，上海大学出版社 2011 年版，第 138 页。

升，液晶显示技术才重新被市场认可，以主导性的地位影响至今。像近年来较为流行的 OLED（Organic light – emittingdiode）就是现代液晶显示技术逐步分化的类型，它属于有机发光二极管显示器件，具有自身发光显色的特点，因此在手机和电脑屏幕中得到广泛的应用。由于自发光的特点，OLED 可以达到高亮度显示，更主要的是可以实现柔性显示工艺，与"显示器将向柔性方向发展"① 的大趋势相吻合。2000 年 11 月，E – Ink 就基于朗讯贝尔实验室的有机晶体管技术进行了第一个柔性的电子纸显示屏（16×16 点阵）的概念性展示。2007 年，Polymer vision 公司将电子纸显示屏应用在 Readius 手机上，形成实用性产品推向市场。柔性显示屏的最大特点更多表现在可弯曲和折叠上，使其具有了与纸张一样的柔韧度。2013 年，日本半导体能源研究所（SEL）、夏普以及 Advanced Film Device Inc 三家公司在 SID 2013 上，展示了显示部分尺寸为 42.12mm×74.88mm 的 3.4 英寸立式柔性 OLED 显示屏面板，该显示面板像素为 540×960，分辨率为 326ppi，厚度为 70 微米（um），重量为 2g，可弯曲的曲率半径为 4mm。② 德国德累斯顿有机材料和电子设备中心（COMEDD）与 VONARDENNE 设备公司联合提出了面对未来的 OLED 微型显示器概念，微显的最小像素单元由 1 个"像素"的红、绿、蓝（RGB）及三个亚像素（Sub – pixel）组成，面积通常为 8 平方微米，与传统色彩化技术能够处理的 50 平方微米形成鲜明对比，这项技术在能耗较高的移动设备和数码设备中使用将形成更大的跨越。③

　　等离子显示技术（Plasma Display Panel，PDP）与液晶显示技术几乎同时产生，它源于物质第四形态——等离子的发现，1936 年由匈牙利工程师蒂汉奕（Kálmán Tihanyi）构思，1964 年由美国伊利诺斯大学厄本那—香槟分校比策（Donald Bitzer）等人所发明。④ 它具有显示速度较快、亮度高及对比度

---

①　C. T. Liu. *Revolution of the TFTLCD Technology*，The 6th International Meeting on In – formation Display，2006.

②　参见《业界动态》，《现代显示》2013 年第 5 期。

③　同上。

④　参见黄奋鸣《数码屏幕美学：由来、议题与理念》，《厦门大学学报》2014 年第 2 期。

不受视角限制的优势，但其体积较大①，因此在计算机领域应用并不广泛。

现代显示技术的又一跨越以 2006 年以后普及的视网膜显示技术（Retina Display）为代表。实际上它是液晶显示技术分化类型中的一种，属于 IPS 材质屏幕。该术语在 2010 年苹果公司销售 iPhone 4 的宣传中首次使用，并于 2012 年将"视网膜"注册为计算机设备商标，通过了美国专利局和商标局的批准。② 亮度、分辨率、尺寸和响应速度一直是衡量显示性能的重要参数，视网膜显示技术从人眼识别像素的极限角度出发，对以上四个重要参数进行提升。苹果公司在对外宣传中给了视网膜屏如下定义：在一定的距离内，Retina 超高的像素密度超过了人眼所能分辨的范围，将图像的逼真度提升至全新境界，文字显示更加棱角分明。iPhone 4 显示屏将 960 × 640 分辨率压缩在 3.5 英寸的高密度液晶屏内，超高清像素密度可以达到 326ppi（Pixels Per Inch，即每平方英寸的像素密度），在此后 New ipad、Mac Book Pro 等一系列产品中都应用了该技术。经过科学证明，人眼的视觉极限建立在人眼调节作用基础上并与观察距离相互作用，正常视力范围内距离在 30.5cm 时，像素精度 287ppi 就达到了人眼视觉的极限；超过此阈值，肉眼无法区分单个像素，也就是通常所说的无颗粒感。因此在手机、平板电脑此类近距离观看的移动终端上，视网膜屏幕带来的超高清显示的确给文字显示带来了无比细腻的视觉体验。此外，视网膜屏的广色域生成使色彩显示饱和度高、颜色表现准确等特点得以提升，给专业设计领域带来福祉。除此之外，苹果公司还在 2007 年的 IOS 中采用了多点触摸技术，可以用一个手指刮扫屏幕做水平滚动；也可以一个指头轻点选择对象，而两指同时向外、向内做分合动作可以放大、缩小图像和文字。该技术激发了凭借感应手的压力模拟手写痕迹的软件的开发，为数字字体设计寻找"手写的温度"提供了重要的技术支持（图 6 - 2）。

---

① 早期等离子显示器尺寸最小是 42in，2008 年左右降至 32in。参见阎双耀《浅谈大屏幕显示》，《现代显示》2009 年第 5 期。

② Wikipedia：*Retina display*，https：//en. wikipedia. org/wiki/Retina_Display.

图6-2　触摸屏的出现，字体可以在屏幕上放大缩小，而且随着科技的发展，屏幕可以感知手的压力，模仿书写的痕迹

新的显示技术不断深化了其存在的使命，大屏幕、高分辨率、高亮度等关键词曾一度成为显示技术标准的代名词，但理想化的信息显示是与节能环保、室内外可视性高、方便携带与设置等目标高度一致的，因此，柔性显示技术成为方向性的选择。柔性显示技术以电子纸的发明为标志，1974年，美国施乐公司的谢利敦（Nicholas K. Sheridon）首次提出电子纸（E-paper）概念后，许多科研机构、企业不断投入研发，如美国惠普公司与亚利桑那州

立大学、英国塑料逻辑（Plastic Logic）公司、加拿大皇后大学 Human Media 实验室等机构[①]。电子纸显示技术的商业化应用从 2004 年索尼公司推出的第一款电子阅读器开始；2007 年美国亚马逊推出 Kindle 电子书彻底将电子纸技术推向高潮；2011 年以后 Kindle 相继推出了触控显示屏的设计，如 Kindle touch、Kindle paperwhite，引领了电子阅读器的未来走向。"据预测，从 2008 年到 2020 年，电子纸的市场规模将从 70000 万美元增加到 70 亿美元，增长 100 倍，年复合增长率高达 47%。"[②] 电子纸本身就是一种轻薄的显示屏幕，在数字阅读时代可作为纸张的替代品，具有节能、便携、被动发光的特点[③]。电子墨水技术是电子纸显示技术的一种，主要利用具有复杂成分的墨水状悬浮物涂覆在柔性材质上，在不同电压的作用下实现显示与消失。尤其是电子墨水屏属于受光型，靠自然光反射显示信息，亮度和对比度不受周围环境中强光的影响，可以随着周围光线而改变，因此其显示效果可以获得与纸质阅读同样的体验，成为电子阅读器和电子书的主要实现技术，如 SONY Reader、Amazon Kendle、汉王电纸书等都采用此技术（图 6-3）。

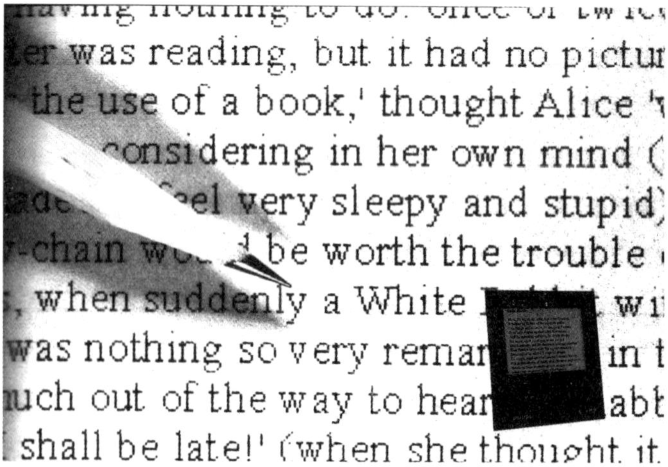

图 6-3 电子阅读越发朝着"适人"的方向发展

---

① 参见赵晓鹏《电子墨水与电子纸》，化学工业出版社 2006 年版，第 2—15 页。
② 张卓等：《电子纸显示技术的应用与市场情况》，《光机电信息》2009 年第 11 期。
③ 电化学反应、光写入型、电泳式微粒型、微胶囊电泳式、喷墨发光聚合物、微杯电子纸、电子粉流体等几种。

（二）屏幕字体渲染技术的升级

如今，屏幕通常是终端输出，许多交互式设计的产品必须在多平台、浏览器和设备之间执行。用户的设备可以是移动的或是桌面电脑，系统可以是 Mac 或者 Windows、Linux、Unix，屏幕可以是一台液晶显示器、一台苹果平板电脑、一本亚马逊商城电子书或者一个黑莓平板电脑。因此，如何在屏幕上渲染字体直接关系数字字体的显示效果。

随着屏幕显示精度和计算机硬件水平的不断升级，在屏幕上渲染字体的技术也随之得到了相应改善。正如 Tim Ahrens 所指出的，在屏幕上如何渲染字体，取决于使用什么样的操作系统。① 自 1998 年，作为主流操作系统的 Mac 和 Windows 都使用次像素渲染技术（Sub – pixel rendering）使字体在低分辨率的屏幕上显示得更加清晰，但两家公司在对字体平滑的算法上表现出两种不同的字体哲学。苹果公司一向重视桌面出版和平面设计，因此它的字体渲染算法更加忠实于字体的原始设计，在字体渲染中故意忽略了 Hinting，使字形边界的处理并不特别清晰，有着颜色的深浅变化，也就是 Joel Spolsky 所说的"毛茸茸"的感觉②，它能够让屏幕字体接近印刷出来的样貌。而微软的 Clear type 是让字体尽量适应屏幕像素的分布，字形的边缘呈现锐利的边界，尤其针对近年来手机、平板电脑和笔记本电脑上采用的液晶显示屏，效果更加突出，这种算法完全出于实用主义的角度，让屏幕中的字体显示更加清晰从而方便阅读（图 6 - 4）。随着计算机操作系统和相应软硬件的不断升级，字体渲染技术也随之得到改进。Clear type 最初被应用在 Windows XP 和 Vista 操作系统中，与 LCD 的物理属性相适配，此时的图形文字渲染接口仍是传统的 GDI（Graphics Device Interface），在字体、字号和文本样式的显示中带有局限性，在后续版本的"GDI +"中对复杂的文本信息提供了更多的支持，

---

① Tim Ahrens, *A Closer Look At Font Rending*, Smashing Amgazine, 2012. 4.
② 参见［美］Joel Spolshy《软件随想录：卷二》，杨帆译，人民邮电出版社 2015 年版，第 82 页。

并增加了子像素消除锯齿功能，目的是提高 LCD 文本显示质量。

图 6 - 4　不同操作系统下的字体渲染方法

　　一直以来，让屏幕上的字体更加接近印刷字体的效果，使用户能够得到优质的视觉体验是工程师们的不断追求，正是基于这种人文理念的指导，如"GDI + +"① 以及 Mactype② 这种第三方开源字体渲染引擎不断被开发出来，不仅允许用户自己对字体渲染进行多项精细定制，而且可以根据自身需求自定义字体渲染效果。2009 年，自 Windows 7 版本开始，系统引入了全新 2D 加速引擎，增强文字显示的效果和显示速度；更重要的是，Windows 7 中的新型 API 增加了可以实现硬件加速的 Direct2D 和 DirectWrite，DirectWrite 最大的特点就是针对文本渲染，增加了子像素渲染，以及 X 轴和 Y 轴方向抗锯齿渲染的两种新模式，不仅改善了传统渲染只对 X 轴方向抗锯齿，而且提供具有独立分辨率的字体轮廓，配合 Direct2D 利用图形处理器进行加速，带来硬件加速文字显示和抗锯齿的效果。

　　较之 Windows 字体渲染需要顾及各种屏幕和分辨率，很难做到文字显示的统一性，Mac 的字体渲染一直是以美观的互动界面以及与印刷文字相媲美

---

　　① 由日本民间爱好者在 GDI + ban 版本基础上开发的开源字体渲染软件，拥有与 Cleartype 类似的字体渲染技术。2006 年停止更新。

　　② 在"GDI + +"基础上开发的版本，主要目的是在 Windows 环境下实现类似于印刷模式的字体渲染效果。

的效果著称。字体渲染是苹果 API 核心基础的一部分①，与 Mac OS 和 ios 系统所遵循的字体渲染原理是一致的，所有浏览器使用的都是可靠性高的 Quartz 渲染引擎。"此外，苹果似乎也应用一些精妙的自动化措施增强渲染效果，但这类增强技术没有文档说明，也完全超出我们的控制。"② 苹果产品的系列化和高解析度使它不用顾及各种屏幕和分辨率的差异，因此，在自成体系的字体渲染上一直保持着相当的优越性。

2007 年，谷歌推出了基于 Linux 语言的开源操作系统安卓（Android），打破了 Windows 和 Mac 操作系统一统天下的格局。由于安卓高低端设备的显示精度不同，为了兼顾不同分辨率下字体显示清晰和精美，采用了基于 Linux 的 FreeType 字体库③和 3D 图形渲染引擎显示字体④。

随着屏幕显示精度的不断提升，高分辨率屏幕本身已经提供了水平和垂直方向的解析度，不用开启次像素渲染功能，只需要灰度抗锯齿技术就可以达到较高的可读性。各种操作系统及应用软件都允许用户自己选择字体样式、大小及效果，这与数字媒体技术的先驱尼葛洛庞帝预言的"在后信息时代，信息变得极端个人化"是一致的，字体渲染技术必定与人的需求更加紧密地联系在一起。他还表示，根据这一时代的特征，"建立完美的人性世界"必定是科技与人文融合的大方向。

二　网络载体及字体实现技术的进步

"回溯到 2006 年，在网络字体改变设计世界之前，超文本的杰出人物奥利弗·赖肯斯坦（Oliver Reichenstein）在他的文章中提出了'网络设计有 95% 都是排印'这样一种场景。他提出，由于万维网主要是由字符组成的，

---

① 广义的媒介战争，归根结底是一个古老的电脑应用程序接口（API）之战。每个操作系统都有自己的 API，它决定了系统干什么，用户看什么，以及其他公司的编程员怎样在这个 API 上开发应用。参见［美］阿伦拉奥《硅谷百年史》，闫景立译，人民邮电出版社 2014 版年，第 245 页。

② Tim Ahrens, *A Closer Look At Font Rending*, Smashing Amgazine, 2012. 4.

③ FreeType 是一个用 C 语言实现的字体光栅化制作的一个函数库。

④ 参见魏文辉《基于安卓系统 3D 引擎的设计与实现》，武汉理工大学硕士论文，2012 年，第 63 页。

网络设计师们已经开始更加注重对文本的处理。"① 网络字体是屏幕载体延伸细化的一种应用类型，不仅受显示精度的限制，同时被网页浏览器的字体实现技术所束缚，为了实现在各操作系统下正常显示字体，长期以来网络字体一般只依赖各操作系统提供支持的安全字体②。随着互联网的迅猛发展，打破使用字体的有限、单调、乏味，在浏览器中使用更加多样化的字体，建立与读者的友好互动关系，成为网络字体努力的方向。

网络上排字的多样性并非是一个新的想法。早在 1998 年，多风格样式表语言 CSS2（Cascading Style Sheet）③ 就已经被设计出来，其中包括@ font face 等字体模块。基于 CSS2 的功能特性，字体可以不再依赖 Flash 动画渲染，而是通过 CSS 处理真正的文本以修改字体样式并被任意编辑。这种变化主要是基于@ font face 能够激活浏览器下载字体信息，将网络字体嵌入所需网页，原则上允许任何网站上使用任何一种字体。网页浏览器 IE4 执行@ font face 规则，但是由于@ font face 并不包含任何剽窃保护，允许用户下载没有许可的字体，甚至是通过不同的网站链接到这些字体，字体版权受到威胁，因此被停止使用近 10 年。

此后随着互联网变得越来越复杂，网页的设计也变得越来越讲究，人们也希望有更多的字体可供使用。网络字体技术的突进填补了 CSS2. 1 的空白，比如 SIFP（Scalable Inman Flash Replacement，可伸缩 Inman Flash 替换）通过 JavaScript 和 Flash 相结合将页面的文本修改为可升级的 Flash 元素；只需运行简单的 JavaScript 代码便可实现任意缩放的矢量图形（Cufon）；使用纯 JavaScript 嵌入相关字体就可以任意编辑的字体画布（Typeface. js）都被合理地开发出来，并允许任何印刷字体在网络上使用，无须购买附加的许可。字体设计师们开始较少担心剽窃现象，更多关注于字体设计本身以及快速向前发展

---

① Ellen Lupton，*Type on Screen*，New York：Princeton Architectural Press，2014，p. 13.
② 安全字体指高度通用的字体库，是所有操作系统默认安装的字体，在任何浏览器中都能正常显示的字体。
③ CSS 也称为层级样式表，是制作网页时使用的样式表。除了可以控制文字的样式、背景颜色、隔线等细节装饰外，还可以进行分栏等排版设置。

的设计市场。

2008 年，火狐浏览器（Mozilla Firefox）和苹果浏览器（Apple Safari）执行了@ font face 规则，使网络排印可以被大部分的互联网用户所使用。与此同时，页面流量的激增使在服务器上安装字体的理想成为可能，字体主机服务商为互联网用户提供开源的字体资源标志着网络字体的转向。2010 年，Google 顺应这一趋势推出了 Google Font API 和 Google Font Directory 两项服务。Google Font Directory 中，Google 联合了众多字体设计师提供了更多非标准字体，并与 Google Font API 配合使用，不仅消除了浏览器兼容性的问题，而且方便用户在网页设计中使用所提供的字体样式，在推广初期共有 18 种字体可以免费使用，不需要考虑版权问题。同时，Google Font API 在 CSS3 中允许设计者添加更多额外的设计字体，成为真正意义上的自定义网络字体实现方案。随着字体主机服务的流行，Adobe 的 Typekit、Fontdeck 以及 Monotype 的 Sky-fonts 也介入并填充 CSS 3 模块，使用者向这些服务提供商支付一定的费用获得授权后即可使用它们提供的自定义字体，成为实现网络字体多样化的主要途径。

西文网络字体的解决方案实际上是@ font face 按需索取思路的实现，得益于云计算模式的理念，也代表了未来网络字体实现的主要方向。云计算是按需提供的网络计算，2006 年共用云存储已经合法化。"它是一种以互联网为基础的计算技术，在这里使用者看不见电脑，而计算的能力是按需供给的，就像电力在需要时按需求量输送至每家每户一样"，"由于宽带的增加和更复杂的互联网软件的出现，人们可以创造在网站上运行的应用，用户能够经由网络浏览器来访问"。① 由此可见，云计算是建立在互联网基础上的虚拟化资源的计算方式。在云计算模式下，使用者不需要具备计算机内部的专业知识，只需要一个移动终端设备并接入云端服务器，就可以通过网络服务来实现需要的一切。

对于西文网络字体而言，将云计算模式应用于 Web Fonts 的实现方案已成

---

① ［美］阿伦·拉奥：《硅谷百年史》，闫景立译，人民邮电出版社 2014 年版，第 413 页。

为主流模式，越来越完善的在线字体服务使西文网络字体的多样化成为可能。但网络环境的速度、浏览器自身设计的局限以及云服务器接口的支持都存在种种限制，对于中文网络字体仍然是很难逾越的屏障。中文字符集太过庞大，即使只需要几个汉字，也必须传输整个字库文件，在页面加载和服务器流量上效率很低。不仅如此，我国的网络浏览器主要依赖进口，如果对方欲对汉字进行特殊处理，就必须进行汉化，汉化需要集成商与字库公司协调字库使用权问题，这些协作和具体操作需要较长的技术转换及协调时间①。此外，云服务的接口是面向西文开发的，应用于中文云服务时在发送和返回的过程中需要做前端的子集操作，不仅时间长且需要强大的技术支持。基于以上原因，英文 Webfonts 技术中仅有@ font face、Cufon、Typeface. js 能够实现中文网络字体。目前，方正字库云服务、汉仪的云管理、华文子云平台、我国台湾 just-fonts、锐字云字库、有字云字库等提供在线字体服务的平台相继出现，为中文网络字体的发展起到了重要的推动作用。

第二节　屏幕媒介对中文数字字体设计的影响

不可否认，自新媒体技术介入人文科学的研究以来，不仅加速了人文研究的步伐，而且为人文对象的研究提供了新思路、新范式，中文数字字体设计与实践也得益于此。信息技术对世界的"再现"是在以屏幕为载体的环境中展开的，在新的媒介环境中文并没有淹没在图像传播的视觉转向中，而是在较大范围内承担着重要的传播责任，字体、物理环境与人的联系构成了全新的关系，需要从科学的角度去重新认识从印刷视觉到屏幕视觉的转换。

新技术对数字字体设计的影响在内、外两个不同方面展开，外部影响主要源自屏幕媒介引起审美维度的改变，即观看方式、阅读行为和认知心理的

---

① 参见杨凤霞《互联网终端中 Web 浏览器汉字显示方案设计》，《武汉理工大学学报》2004年第 8 期。

变化；内部影响则来源于技术革新与字体实践逐渐适应的过程。

一 审美维度的改变——人、字体与屏幕新型关系的构建

（一）观看与距离

在屏幕构建的新的阅读环境中，观看带有一定的科学性，屏幕尺寸、字号大小以及距离都是影响屏幕阅读的重要因素，这无疑需对数字字体设计进行更为复杂的考量。

首先，屏幕尺寸相当于设计"开本"，显示分辨率则代表着密度①（屏幕最小构成单位像素的密度）。近年来，移动设备浏览已经占据了领先位置。面对如此快速的变革，著名设计师 Khoi Vinh 在《排序混乱》一书中指出，在网络设计快速发展的世界中，我们也需要使用有用的标准。他推荐使用屏幕大小为 1024×768 像素作为网络设计师的起始点。在分辨率方面，智能手机可以通过缩放实现较大的显示从而拥有足够的可扩展性。根据实践经验，1024×768 像素最接近整个屏幕尺寸。在这种基本的版面中必须预留出大量界面元素的位置，比如说明系统菜单所占据的空间，浏览器的工具菜单、自定义视图标签和状态栏所需要的空间；当所有的这些元素都去掉之后，网站上所剩下的便是大约 960×650 像素。

由于在出版印刷中默认的字体大小到了台式机或者笔记本电脑中字号的表示有多种，在栅格化的屏幕中以像素为单位描述字号最为精准，磅（point）和像素（pixel）是最常用的设定单位，常需要转换②。在传统印刷中，1 磅等于 1/72 英寸（约 0.35146mm）；在屏幕中，正常尺寸下 1 英寸 =96ppi，大尺寸下 1 英寸 =120ppi。转换公式如下：像素数 = 磅数 × 设备分辨率/72。如小五

---

① 传统印刷中的分辨率表示为 DPI（Dot Per Inch），即每英寸所能印刷的网点数，屏幕显示分辨率使用 ppi。

② 在测量屏幕上的字体大小时，有四种计量单位：Ems（em）、Pixels（px）像素、Points（pt）磅、Percent（%）百分比。像素和磅是浏览器所设定的最基本的元素。百分比和 Ems 是可扩展的非固定的单位，在浏览器当前磅值中确定。

号字是 9 磅，Windows 默认的分辨率为 96ppi，换算成像素单位就是 12px，所以小五号字是 12×12 点阵字。[①]

在纸质媒介上阅读，人眼与纸面的距离一般很近，并能够由人自主控制，而在电脑屏幕上，这个距离相对要远一些，*Computer Monitor Height, Angle and Distance* 中提出人眼与屏幕的距离在 60cm 或以上最为合适（图 6－5）。因此，在出版印刷中习惯的字体大小到了台式机或者笔记本电脑上很可能过小；在台式机或笔记本电脑屏幕上获得舒适的阅读体验需要的字体大小比打印的要大，低分辨率和背光的情况下需要较大的字体。比如对于 Georgia 字体而言，在浏览器前阅读，比较好的起始点是 17pt，这是大部分浏览器的默认大小（100% 或者 1em[②]）。如果你在距离面部同样距离的位置，对比书籍上的字体和屏幕上的字体，屏幕字体好像会让你觉得很大；但如果你在相应的阅读环境下浏览这些字体大小，它们就又变得正常了。

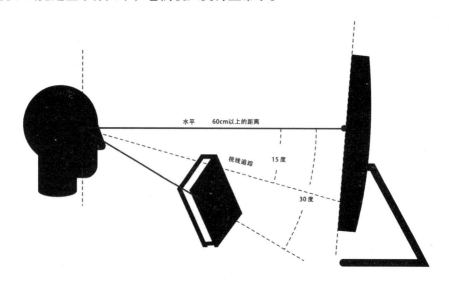

图 6－5 纸质阅读属于近距离观看，而人在屏幕前阅读，需要照顾到屏幕亮度及周围环境的一致性（笔者绘制）

---

① 陈文文：《嵌入式平台文字显示研究》，硕士学位论文，中国科学技术大学，2009 年，第 20 页。
② em 是相对长度单位，相对于当前对象内文本的字体尺寸，如果字体尺寸为 17px，那么 1em = 17px。

（二）观看与文本

"从非屏幕到屏幕文化转变的本质在于观看方式的变化，一种现代性的虚拟移动视域，并由此带来认知方式和传播方式的改变。"① 当下，在屏幕上不停滚动的信息培育了新型观看方式——浏览。

浏览实际上是阅读被屏幕碎片化的一种表征，与超文本的使用有着最为直接的关系。"超文本"这一概念是泰德·尼尔森在 1965 年提出的，意为可以由读者自行选择，并通过屏幕界面来阅读的文字。超文本的出现意味着文字信息不再以封闭、连贯的形态出现，而是通过无限的链接将内在关联的信息叠加于无形的网络当中，一旦开启就会有无数的文本链接进入人们的视野，引导人们有选择性地阅读。正是由于文本信息的开放性使大量的信息涌现，过量的信息无法使阅读者的注意力集中，因此阅读即被碎片化。文字作为深度的阅读文化，是需要理解和沉思的；文本的意义更为重要，但超文本的阅读过程来自搜索和兴趣模式，而非意义模式，因此文本的使用和体验占据主要地位。

浏览的过程使阅读不再是单一的体验，而是以线性和非线性的方式在屏幕中同时展开。阅读可以快或慢，精力可以集中或不集中，地点可以是公共场合或私人场合，形式可以是数字的或者打印的。如今读者的身份已经转变为与内容发生相互作用的使用者，存在一种非线性形式响应，他们不仅仅寻求控制阅读的内容，还想控制阅读时间、阅读方式、阅读地点和以什么媒介进行阅读。

网络化的工具允许使用者回顾、注视文本并在不同的材料中检索。如今新兴的平台允许作者在整个出版过程中与读者进行沟通、选读，像谷歌图书搜索在 Kindle 或其他基于 ePub② 的设备中提出了一种完全不同的格局，并以

---

① 苏状：《屏幕媒体视觉传播变革研究》，《南京社会科学》2014 年第 8 期。

② ePub 是代表和编码数字内容的一种标准格式，是一种可以以电子方式分散和销售的单独整体式的文件。

非线性的阅读模式进行引导。谷歌图书搜索界面可以链接到其卖方、图书馆和评论的内容；以替代文本孤立的静止页面。阅读的过程，不管是目标导向还是娱乐目的，都会涉及将书打开并逐页吸收其中的内容。首先，读者需要选择想要阅读的内容和想要忽略的内容；随后，完全投入阅读中，依照自己的意愿选择自己感兴趣的并跳过部分内容；最后，确定如何给自己已经读过的内容做下标记，保存有用的字节，然后删除剩余的部分。从打印图书到电子图书再到随后的阅读应用程序，不同的媒体以不同的方式支撑着阅读过程。

可以说，受众对文本的观看行为及阅读行为是指导数字字体设计与编排的又一重要指标，具有巨大的潜在意义。字体和文本的设计需要从字形、版面和用户体验到软件工程，再到创建能够以不同方式响应新平台和新需求的文字信息，吸取多个领域的专业知识。

（三）受众与文本

英国大众文化理论家约翰·费斯克曾在罗兰·巴特"文本的隐喻就是网络"的理论基础上创造性地提出了"生产性受众"的概念，他认为当代文化中社会意义的生产和流通依赖于文本所提供的意义，又依赖于受众的参与和创造，正是基于文本与受众的互动，"生产性文本"也就成为生产性受众产生的条件之一。

生产性文本的复杂性在于它的使用方式，网络时代，文本不是由作者创造出来的，而是来源于受众，正如约翰·费斯克所言："当读者的社会体验与文本的话语结构遭遇时，读者的创造行为便得以发生。"① 同样的描述也适用于数字字体的设计与编排领域。今天，字体的使用者、作者及设计者的身份重叠在一起，这种现象在消解了字体设计的专业性的同时，却增强了字体设计的参与性，人人都可以是字体的设计者及决策者，获取自己设计的意义。近年来，国外流行的在线字体个人定制已相对成熟。一方面，以云服务为技

---

① ［美］约翰·费斯克：《理解大众文化》，王晓汪译，中央编译出版社 2001 年版，第 148 页。

术支持，使用者不需要下载字体到本地，只要在云端注册账号，选择个人喜爱的字体并获得授权，就可以在不同设备终端同时使用（设备有数量限制）。本书上一节介绍的 Typekit、FongtDesk、Skytype、Fonts. com、Google 所提供的在线按需字体解决方案就属于此类字体个人定制的代表；另一方面，个人字体发布平台被搭建起来，如我们较为熟悉的 MyFonts、FontLab。字体发布平台允许字体爱好者将自己创作的字体进行发布并授权（免费和收费两种形式），从而使自己的设计作品迅速地被选择和传播。授权规范制定了一系列标准以保护字体的版权，如 MyFonts 在对销售字体规定的第 5 条中明确指出，你可以输出这些字形用于你的计算机图形设计项目，但不允许修改、编写、转换它们的结构、编码或分解去创造衍生的作品。① 此外，你还可以建立自己的字体工厂，不仅可以用自己的名字命名，还可以形成一种商业架构进行字体销售。这种以个人或团队为单位的小型发布者在国外正逐渐兴起，但国内仅有造字工坊、文悦科技（wytype. com）等少数团体和自由字体设计师付诸此类实践。目前，由自由字体设计师设计关键字字样，再由规模较大的公司进行后期开发和批量制作的方式较为多见，但小型生产和发布仍然是重要方向，正如微软 Windows 字体组的成员 Aaron Bell 所说："代表旧有模式的远距离、集中型字体设计是需要被我们这个时代重新定义的，我不确定字体商业的未来是大型的发行者将继续拥有重要位置抑或是小型发布者或字体工厂建立自己的名称。"②

此外，生产性受众的特征还体现在参与和传播的一体化中。冷字和热字是字体设计领域从技术的角度对字体进行划分的结果，冷媒介和热媒介则是传播学中从受众参与传播的角度划分的结果，戏剧性地颠倒了两个领域对冷热划分的结果；即冷字属于热媒介，热字属于冷媒介，这是现代字体设计与传播的现实写照。毫无疑问，冷字的确属于热媒介，因为受众参与设计与传

① Alec Julien, *Fontface*: *The Compelete Guide to Creating*, *marketing*, *and Selling Digital Fonts*, Burlington: Focal Press, 2012, p. 175.

② Ibid, p. 167.

播的"热"度为中文数字字体开启了新的设计模式。2014 年，Google 与 Adobe 联合推出了面对泛 CJK 地区的开源字体——思源黑体，自此，"开源"一词被字体设计师所熟悉并喜爱。实际上，开源来自电脑 IT 行业的常用术语，是开放源代码的意思，早在 20 世纪 60 年代一些计算机软件就提供用户间的自由共享并附有源代码以供修改，因此理解开源需要将源代码及自由软件捆绑在一起。按照此逻辑定义开源字体，意味着将字库制作（无论个人或公司）中的设计及技术的核心内容一并贡献（包括字体模板及技术链），允许更多使用者使用字体并改变其核心内容，通常在附加说明中加以标示：他们使用的开源字体源自某个开源字体文件。随着开源字体的增多，国外对开源字体的保护和授权也随之发展，如 The SIL Open Font License 中提供了诸多这样的信息。开源字体的意义对于推动中文数字字体实践具有重要的意义。一方面，它扩大了中文字体参与及传播的广度，使更多参与者共同协作开发一套中文字体，这对于字符数量庞大的中文字体而言在效率和成本上无疑是幸事。开发者的参与也意味着字体传播广度的增加，可以增强更多使用者对字体重要性的认识，从而使数字字体设计朝着良性发展轨迹进行。另一方面，开源的精神也拓宽了世界了解中文的维度，随着国外主流操作系统需要越来越多的中文支持，汉字融入世界文化的进程势不可当。但对于开源字体的看法也存在着不同的意见，如日本著名字体设计师鸟海修先生就认为大众参与制作方式难以保障字体的质量，并表达了对后期维护问题的担心；此外，他还表示，使用者对免费字体的渴望如果超出了对付费字体的渴望程度，那将是字体设计师的责任，这也从侧面体现了不同文化背景下对字体文化的理解和重视程度的差异。

　　将开源文化引入我国字体设计实践领域是从 2000 年左右开始的，文鼎公司首先做出了示范性的贡献。1999 年，我国台湾文鼎公司贡献给开源社区覆盖中文简体的宋体和楷体，并在此基础上衍生了 Firefly 和 CJK Unifonts［2004 年由中国台湾志愿者 Firefly 完成的嵌入点阵文鼎矢量字体（AR PL New Sung）和由旅居中国台湾的德国人 Arne 与中国香港特别行政区的开放系统研用协会

（OAKA）的 Akar Chen 等在文鼎字体基础上组织开发的 CJK Unifonts 字体①]。之后，我国台湾中原大学王汉宗教授在 2000 年和 2004 年分别贡献了天蚕字库中的部分成果，包括 10 套 WCL 字形和 32 款新字形，即王汉宗自由型中文。除此之外，文泉驿的开源字体实践影响深远；从 2004 年开始，文泉驿开启了大规模的志愿者参与计划②，持久性地对中文开源字体进行开发，提供了众多可以免费使用的屏幕字体，如点阵宋体、正黑、等宽正黑、微米黑等，为推动中文开源字体的实践做出了重要的贡献。

（四）屏幕与认知

"所谓认知方式，是人们对信息和经验进行组织加工时表现出来的一贯和持久的倾向和特征。它是长期形成的，是个人性在认知过程中的体现。"③ 因此，人的认知方式直接影响他们的阅读行为和心理。屏幕介质的出现预示着阅读媒介的改变，基于科学的认知方式对字体设计师的设计考量和决策比单纯从感性出发来得更加可靠，因此，对屏幕与认知关系的研究势必纳入字体设计师的视野进而指导设计实践。

首先，今天最广泛的阅读行为是在屏幕媒介上进行的。随着显示技术的发展，屏幕与纸媒的显示效果已趋同，正如 John Maeda 在《创意代码：美学与计算》中指出，"未来，屏幕分辨率的问题将不复存在，计算机屏幕和纸张一样会显示得非常清晰，这已成为专家们的共识。"④ 但科学研究表明，屏幕与纸媒虽然在阅读内容理解方面不存在明显差异，但屏幕阅读的速度仍慢于纸质媒介，这样的结果不仅存在于电脑显示分辨率低的时代，即使在显示效果已与纸媒趋同的今天仍然存在。主要原因在于人们的认知心理受到屏幕载体外部因素的诸多影响，如屏幕分辨率、屏幕文本呈现方式等。在此

---

① 参见文泉驿官方网站，http://media.ccidnet.com/art/3019/20061...999_1.html。

② 同上。

③ 王瑛：《场依存特性学习风格研究进展》，《高等教育研究学报》2003 年第 4 期。

④ John Maeda, *Creative code: Aesthetics and computation*, New York: Thames&Hudson Inc, 2004, p. 128.

意义上，通过字体及编排设计的合理化介入可以适当提高屏幕阅读的舒适度及速度。

屏幕文本的呈现受显示屏幕尺寸的限制，文本呈现不完整，就必须通过滑动的方式自上而下地阅读，从而影响了人对文本内容的整体认知和理解。认知心理学研究显示，人对文字信息的加工具有"整体优先权"，人在阅读中视线不是保持线性不变的，而是集合注视和回扫的过程，当人们阅读完一行文字后，视线是会大幅度换行来到下一个注视点，中间的内容并非被遗漏而是已经存储于记忆信息库当中；当摄入信息并不能被认知加工完全消化时，就会跳跃回某个注视点对内容进行再次加工。屏幕阅读时整体认知的过程被滚动的屏幕所打断，当视线需要回溯到某一注视点时，很难一下子回到原来位置，此时，不仅认知的连续性受到了干扰，还影响了阅读整体的流畅性；尤其在网页浏览中因为反复寻找回溯点，可能使人们失去耐心而离开页面。因此，屏幕阅读适宜较短的文本，或者较小的屏幕，该结论也得到近年来各学科实验的证实。

其次，除了屏幕介质对文本可读性有着直接影响，字体大小、行长、行间距等也是影响屏幕阅读的重要因素。随着中文屏幕阅读研究的逐渐发展，建立在科学的汉字认知模式基础上的研究，证实了屏幕介质中字体、字号、行长、行距、对比度等对阅读效率存在影响，为在屏幕阅读方面提升数字字体设计与编排的合理性增加了科学的依据。

字体大小、行长和行间距三者的关系一般被视为提高文本易读性的重要指标。同样字号下汉字看起来比英文大，英文"在正常阅读距离下，最容易辨读的字体大小是 9 – 12pt 之间。这是从不同字形的各种 x 高度所得到的结论。"[①] 过大或过小的字都会影响识别，这在汉字中也是一样的。中文字在印刷媒介中通常使用小五号（9pt），汉字适阅性测试得出结论，五号字和小五

---

① Rob Vater, Ben Day, Philip Meggs: *typographic Design*: *Form and Communication*, Hoboken New Jersey: John Wiley&Sons, inc. 2009, p. 92.

号字是综合阅读最为舒适的合理字号①。因此，在屏幕媒介如 Word 中使用默认字号为五号（10.5pt）是较为合理的字号。英文行距一般以字体大小的百分之二十为基础，加上字体大小的实际点数（pt）作为最后行距的标准②；中文行距的一般标准是从活字排版的常用行距转换而来的，五号字的情况下，行距铅线的规格为五的1/2，转换为点数是5.25pt，也就是字号（pt）的1/2。但印刷字体是通过加铅线的方式分行的，铅线的型号只有固定的几种，因此对于不同字号而言，铅线是通用的。屏幕显示中的行距未有定论，根据数学模型的计算，"字高和行距的配合没有一个最佳值，只能是分别在一定范围内变化而得到阅读效果较好的配合关系"③，从实践应用和综合评测的结果来看，行间距为字高的1/3或2/3最为合适（图6-6）。

图6-6　铅活字时代的排版规则在电脑时代得到了传承（笔者绘制）

---

① 参见林川《汉字印刷文本的阅读适性探讨》，《北京印刷学院学报》1993年第1期。
② 参见朱其明《自由自在谈字形》，龙溪图书2009年版，第43页。
③ 林川：《汉字印刷文本的阅读适性探讨》，《北京印刷学院学报》1993年第1期。

　　"正视的阅读姿势下，在阅读 120mm 的横行长度时，眼球运动偏转不大于 20°的情况下即可阅读全行；当行长超过 120mm 后，阅读换行容易错行而降低阅读效率。而且横行阅读适应了人的双眼左右横向分布的生理结构，因此 120mm 长度内的横行文字，阅读适性很好。"[1] 现今我们使用的操作系统下，Word 的默认字体为宋体，字号为五号（10.5pt），一行文字在 40 个字符左右，行长在 135mm 左右，120mm 大致包容的字符数量为 35 个，过长的行长就需要换行进行分栏设置。目前，小尺寸屏幕的移动终端阅读流行，并可以通过触屏放大、缩小字体，较好地解决了行长过长的问题，因此，可以使设计者将精力集中于字体设计的质量、风格等方面。

　　再次，近年来，基于认知心理学的眼动研究兴起，不仅为屏幕界面中文字的行长、版面信息量、阅读轨迹等提供了科学的依据，而且它与使用者的心理活动有着密切的关系，能够帮助设计师捕捉用户行为发生的规律，使设计师对于如何布局版面、浏览信息做出更合理的决策。此外，中文的视觉广度小于英文，在对中文的研究中，以往的研究成果存在不一致的现象，折中而言，左侧为 1 - 2 个汉字，右侧为 3 - 4 个。不同人群视觉广度也不尽相同，主要集中在右侧信息范围内。如成年人在注视点右侧信息获取为 8 个汉字左右的空间，高中生为 8 - 11 个字符空间。如果阅读时一行文字过长，就意味着眼动的次数增加，容易引起视觉的疲劳，因此与行长的信息容量形成正比。这样的测试结果已经被电子设备制造商作为全球范围内相对普适的范例应用于系统版本更新发布时的说明中；同时也提示设计开发人员依据科学标准，针对产品的用户群的差异展开设计方案的思考和表达。

　　最后，人对文本的认知来自整体，而非部分，因此，去除文字多余的装饰和笔画信息是提升阅读速度的有效途径。正如惠特海默所说："当其部分之间获得一种具体的相互依存时，整体便具有了意义。"[2] 根据汉字信息加工的特点，汉字的扫读率要快于拼音文字。在对汉字的整字认知中，人眼往往会

---

① 林川：《汉字印刷文本的阅读适性探讨》，《北京印刷学院学报》1993 年第 1 期。
② 王鹏、潘光花、高峰强：《经验的完形》，山东教育出版社 2009 年版，第 231 页。

不摄入冗余笔画和部件，只凭借字形轮廓即可识别整个汉字形象，这使汉字的笔画数效应在整体识别中往往被忽略。这种效应扩展到词句的识别中同样加快了汉字文本的识读速度。日本学者铃木修次说过："在现代高速公路上，以80公里/时速度行驶的车辆，对于标志地名的汉字，能够准确无误地认出来。但对汉字底下的罗马字，一到80公里/时的速度，一般就很难完全认出了。"许平教授在《字里行间的风采》一文中根据汉字容错性的特征验证了该结论的意义："高速公路标志汉字'东京'和拉丁文拼写的'TOKYO'比起来，前者更像是在'识别'，后者更像在'拼读'。"日本的高速公路字体普遍采用既减省笔画又不影响识别的设计，与中文点阵字体中的缺笔和省笔设计的初衷是一致的①。基于以上的科学认识，可以帮助字体设计者们根据字体不同的使用目的，从字形整体与笔画之间的关系入手设计相应的方案。

除此之外，研究者还从字形结构对识别的影响入手，为字体设计研究提供认知心理学依据。周先庚先生曾提出，字的上半部比下半部对于识别更为重要；研究者在此基础上指出了上下部分的信息量分布差异比左右之间对于识别而言更悬殊。为了更加精确地说明这一研究结果，学者们将一个汉字分为四个相等面积，发现对合体字而言，左上角包含的信息量最多，右下角最少；对于独体字四个部分并无差异。② 对此研究者给出了解释，即字的起始部分比末笔部分提供更多的信息的原因在于，起始笔部分能够更好地进行运动控制；人在识别单字时注视点更倾向集中在开始部位。这样的研究结论对现代数字字体设计仍然具有启示意义。以往我们在设计字体时会根据审美和书写的特性去审视字体，如黑体字设计，在包围结构和部件中，左右同时出脚时，不同结构出脚规则不同，如"明"右脚会短于左脚，我们会理解为出于书写提按的考虑，这确实是不争的事实；但如果根据认知心理的分析，我们会做出更合理的判断，并指导字体设计实践。根据上面汉字四部分的认知规律和黑体字左右出脚的设计，右侧长于左侧时会保持识别的均衡，当人的认

①　许平：《造物之门——艺术设计与文化研究文集》，陕西人民美术出版社2008年版，第469页。
②　朱晓平、顾泓彬：《汉字字词识别研究的现状》，《心理科学》1992年第1期。

知集中在左上角而忽略右下角时，更应该注意强调右下角，增强识别度。汉仪旗黑是将屏幕显示纳入设计考量的一款字体，在便于识别的细节上依据科学认知做出了更多的思考，比如它是从整字认知的角度对出脚的设计进行处理，左侧偏旁中包围部件的"右脚"全部省略，只保留右侧或下部包围部件的出脚，使视觉识别在科学指导的范围内做出更加精准的策略（图6－7）。再如UD（Universe Design）字体，主要是针对视力下降和视力障碍的白内障患者开发的，除了夸张的中宫和字面，更重要的是它消除了表示强调的多余字脚，如包围结构的"口""国"不做出头的设计，这种设计策略不仅建立在科学认知的基础之上，同时也体现了字体设计者对使用者最真切的关怀（图6－8）。

 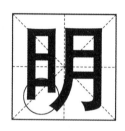 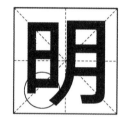

图6－7　（左）欧阳询《九城宫醴泉铭》；（中）华文细黑；（右）汉仪旗黑（笔者绘制）

图6－8　源自UD设计理念的文鼎UD晶熙黑字样（选自Font Select）

（五）屏幕与视知觉

屏幕介质的流行，使文字的呈现方式从纸媒大幅度移植到屏幕载体上，当人的视觉与屏幕发生摩擦时，光、屏幕、对比度等外部因素都会对人自身的生理机制产生不同的间接作用，从而影响其对屏幕显示中视觉对象的体验。事实上，这种影响来自人的视觉与知觉所产生的复杂关系。

首先，人的视觉是最复杂和重要的感觉，而人的视觉有阈值限制。[①] 19 世纪德国心理学家、物理学家韦伯·费希贡（Weber Fechner）提出了人的"视觉阈限值"，对"审美阈"的刺激程度达到一定强度才能进入审美阈的学说[②]，成为很多现代创意设计产生的科学依据。事实上，视觉刺激需要一定的强度引起个体的感知，来自外界的刺激强度超出一般规律，被认为是超出"感觉阈限"。根据韦伯定律所说，所能察觉的最小强度差别，和背景强度成正比，标准刺激越强、越大，则达到最小可觉察差的刺激增量越大。除此以外，当额外刺激的强度不能引起个体的感受，则形成了视觉上的适应，也就是说，人的感觉适应了一定水平的刺激，标准刺激不再引起人的注意，只有当刺激再次超出差别阈限时，才能引起注意。通常意义上，宋体字横画较细，竖笔较粗，不仅增大了笔画的间隔，而且增强了笔的清晰度，衬角的强调作用相对于黑体字而言具有额外刺激的作用。因此，心理学研究的结论是宋体字适读性最好，其次为黑、楷、仿宋[③]。这样的结论在屏幕显示时仍然具有效力，宋体字作为适读性最优的字体毋庸置疑；至于 2007 年微软雅黑推出后，黑体成为屏幕字体的主宰，是综合因素的驱使，和宋体字与黑体字谁更适合屏幕阅读无关（本章下一节具体论述）。

其次，视错觉是知觉现象规律性的表现，已得到广泛认可。视错觉主要是眼睛所见构成了物体失真或扭曲事实的知觉经验，"感官对知性所造成的错

---

① "心理物理学"研究表明人的视觉有阈值限制。
② 参见柳沙《设计心理学》，上海人民美术出版社 2009 年版，第 35 页。
③ 参见金文雄、朱祖祥《汉字字体对辨读效果的影响》，《应用心理学》1992 年第 7 期。

觉可以是自然的，也可以是人为的，它要么是幻觉，要么是欺骗。这种强加于人的错觉，某些是由眼睛的见证而被看作真实的，虽然也许这见证由同一主体通过知性而解释为不可能的，这就叫视错觉"①。对于在屏幕载体中显示的字体应该同样引起设计者的特别关注。我国自 20 世纪 60 年代印刷字体研究开始，老一辈字体设计师就已经关注了视错觉对字体设计的影响，如面积大小的错觉与形状影响面积大小的错觉、视觉中心位置的错觉、分割与位移的错觉、笔画长短的错觉对字体结构、笔画分布的影响，这些成果依然对数字字体设计具有指导作用，但同时需要考虑屏幕字体显示的特殊性，而不断加入新的内容。

屏幕显示是自发光原理，屏幕本身发光，一定强度的光线投射到视网膜上会产生明度视觉。人的视网膜上有两种对光敏感的细胞——椎体细胞和杆体细胞，在明亮的环境下，椎体细胞产生作用，杆体细胞受到抑制；在黑暗条件下则正好相反。人眼对光线的适应有光适应和暗适应两种，光适应是指从暗处到亮处的适应过程，暗适应是指从亮处转到暗处的适应过程，后者比前者要长很多；因此，强烈的光线直射人眼，会造成视力能见度的下降。这也是在屏幕阅读中需要调节显示对比度的直接原因，在文本阅读的试验中对比度的指标也是非常重要的②。此外，影响明度视觉的另一个因素是周围环境光线的强度，在较黑背景下同样明度的物体看起来更清晰、明亮，反之则不突出；如果想要物体非常明显、突出，就需要将背景明度差调至更大；中明度对比会产生视错觉，如同一文字分占黑白屏幕的各一半时，白色背景下的文字会比黑色背景下的文字黑，当中间文字调至纯黑或纯白时，还会产生光渗错觉。由于人眼的晶状体与相机镜头类似，呈球面状且具有伸缩调节的功能，因此，当光亮物体在视网膜上成像时会产生与球面镜头一样的"像差"效应，即光亮物体的轮廓边缘比其他位置更加明亮，似乎在轮廓处增加了一

① ［德］康德：《实用人类学》，邓晓芒译，重庆出版社 1987 年版，第 29 页。
② 有实验表明，低对比度屏幕显示对小字号阅读产生影响显著，对大字号基本没有影响。只有当对比度降至 0.1 时，无论多大字，阅读速度都会明显下降。

层光圈，因而黑色背景下白色会看起来比实际物体大，而白色背景下黑色物体则看起来比实际物体小，这种现象被称为"光渗"（图6-9）。在光渗作用与人的视觉生理特点的共同作用下，产生了白色扩张、黑色内缩的光渗错觉。思源黑体自产生以来一直被冠以最大字符集、最齐备的字体家族、开源字体等头衔而备受关注，但其重要的意义还在于科学、严谨的视知觉的考量。在思源黑体的字体家族中有7个字重供选择，其中Normal和Regular是极其相似的字重，很少有使用者关注两者背后的差异（图6-10）。实际上，两个字重的设计理念是对光渗错觉的视觉补偿，Normal供浅色背景下使用，Regular则用于深色背景，以此消解光渗错觉对文字识别的损害，这种设计理念是基于人文关怀和科学态度的数字字体设计的重要发声。此外，笔者在对汉仪公司马涛老师的访谈中获悉，汉仪旗黑的设计中，钩的部分都被刻意伸长，且尽量平直些，如"光""对"这类字，是因为在白色背景下光渗现象会"吃"掉一些笔画所占的像素，因此适当地调节字形会使视觉趋于平衡（图6-11）。[①]

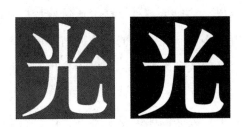

图6-9　（左）不同明度的背景导致白色强度的错觉，黑色背景更亮；（右）明度对比的错觉

图6-10　思源黑体的两个相似字重对比

---

① 参见汉仪公司马涛老师访谈。

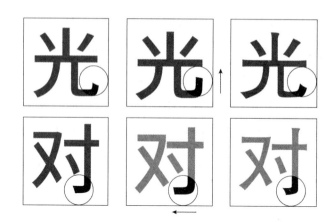

图 6 - 11 通过加上笔画长度弥补光渗现象所占掉的像素（中为汉仪旗黑个别笔画的特殊处理）

光渗错觉对字体的影响还延伸至字体群文本的处理上，当文字呈序列排布时，字与字之间形成的负空间会随着视线的移动导致正形文字内缩、变形，而负空间也会随着移动加剧而呈现灰色地带。对于这个灰色地带科学研究给出了合理的解释，这种现象是由于侧抑制而产生的。侧抑制是指相邻感受之间能够相互抑制的现象，负空间呈现灰色就是侧抑制发生作用的过程。当人注视十字交叉时，视网膜上有两个区域，一个注视十字交叉点，一个注视两个交叉处的白色区域。物理上两个注视区的明度是一致的，但它们临近的区域是不同的，交叉点周围都是白色的，而交叉处白条周围则是黑色的区域，因此使交叉点的视网膜区受到抑制，在视觉上就会显示为暗一些，而白色条处亮一些。这样的效应在字体设计的字距和行距中都会产生作用（图 6 - 12）。合适的字间距会使字体左右的边缘更加清晰明亮，适当的行间距可以避免侧抑制带来的行与行的粘连。因为拼读的关系，英文字体设计中这些效应尤为突出，"过小的字体使阅读者看不出负向形态而难以辨识，过大的字体会迫使读者将一个字分成不同部分来阅读"[①]。对于中文而言，一般的字库软件中，字

---

① Rob Vater，Ben Day，Philip Meggs：*typographic Design*：*Form and Communication*，Hoboken New Jersey：John Wiley&Sons，inc. 2009，p. 90.

身框的默认值为 1000×1000（units per em，UPM 意为单位每 EM①），字身框不动的情况下，字面框可以根据设计师的理念自行设定大小，字身框与字面框的比值就是半个自然字距；但很少有使用者察觉到这种细节，还任意调整这种默认字距，破坏设计师精心设定好的标准结构。在电脑显示精度不高的情况下，大字面设计思路刚开始流行的时候，常以牺牲字距为代价，如微软雅黑的字距很小，不仅字体边缘容易搭界，也使辨识非常困难，为此，雅黑在行间距上采用了 200% 的默认值进行视觉补偿（Word 环境下，100% 显示），避免了上下行的粘连。为屏幕显示而设计的微软雅黑存在这样的问题也是合理的，微软雅黑的设计者齐力先生在访谈中也提到，这种设定是为了让字体占据更多的像素点而做出的妥协。随着屏显字体设计研究的深入及经验的叠加，之后推出的方正兰亭黑，对字面大小、字距等方面进行了调整②。

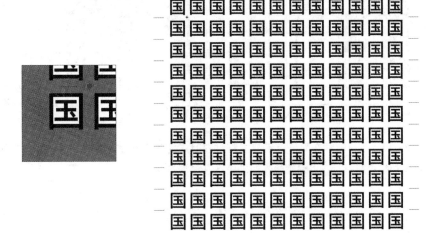

图 6-12　文本的行距受侧抑制效应的影响，因此适当的行距可以增强文字可读性（笔者绘制）

① Aleec Julien，*Fontface*，Focal Press，2012 Alec Julien，*Fontface：The Compelete Guide to Creating*，*marketing*，*and Selling Digital Fonts*，Burlington：Focal Press，2012，p. 64. EM 是一个长宽近似于正方形的相对度量单位。

② 参见齐力老师访谈，上海大学提供。

二 设计实践的影响——人、字体与屏幕适应关系的蜕变

(一) 像素与清晰度的博弈

自字体的呈现在屏幕空间展开以来，字体设计一直处于像素与清晰度博弈的狭缝中。在低分辨率屏幕显示的年代，依照字体设计师 Peter Bil'ak 的观点，"99% 的字体缺乏字体微调（Hinting），这使在社会中居主导地位的 Windows 系统上字体显示效果很差且不一致"[①]。英文尚且如此，对于繁复的中文而言，能够带有完整 Hinting 的字库都是凤毛麟角，更不用谈及供大范围使用的中文字库（图 6－13）。

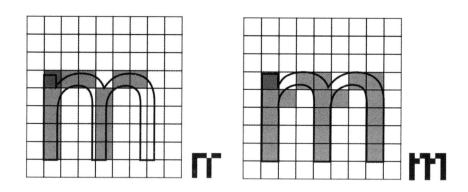

图 6－13 字符轮廓在网格上不能规整对齐时（尤其低分辨率情况下），字库工程师会通过添加指令或提示，以保障像素对准轮廓（笔者绘制）

传统的 Windows 操作系统默认字体一直是中易宋体（宋体字，SimSun），宋体字作为典雅的传统印刷字体典范毋庸置疑，同时作为易于阅读的字体也得到认知心理学等学科的认可；但在低分辨率和小字号显示下，宋体字的显示和辨识度之间构成了矛盾，原本便于认知和引导识别的笔画衬角便成为干扰。因此，为了向"豆大"的像素分辨率妥协，微软选择干净、利落的黑体

---

① Ellen Lupton, *Type on Screen*, New York：Princeton Architectural Press, 2014, p. 11.

作为早期屏幕显示字体有一定的科学根据（审美风格在此不论），同时一切影响小字号识别的装饰都被废除，包括代表优雅书写痕迹和为防止光衍效应而使笔画变圆的喇叭口。微软雅黑是针对屏幕分辨率迅速提升的液晶显示屏幕而开发的，传统的 CRT 屏幕分辨率一般为 800×600、1024×768（像素），而液晶显示屏可以达到 1280×1024 或 1920×1080。像素提升的情况下，字体显示会相应变小，针对这一状况，微软启用了让中文显示更加明亮的 Clear Type 字体渲染技术，以确保小字号下中文字体显示的清晰度。同时，微软面向 CJK 地区采用了同样的字体设计和技术策略，如我国台湾地区的微软正黑体（JhengHei）、日文版的明瞭体（Meiyo）、韩国的 Maigun Gothic 都属于黑体系列，这几款字体虽由不同字体公司制作①，但在结构上有着类似的特点，即字形稍扁、字面宽博，去掉了传统黑体的喇叭口，这也是在笔画减省到极限后从结构上做出的最大优化。以这些特征为代表的新生代黑体顺理成章地成为中文屏幕显示的主导字体，被纳入了更广泛的屏幕表现空间。

事实上，极简的笔画和开放的字形策略与初期英文屏幕字体的设计方法有很多相同之处。英文字体在适配屏幕显示方面的实践开始得较早，在分辨率为 72dpi 的时候就已经开始了。Adobe 公司在早期屏幕显示字体的实践方面的先驱地位不容忽视，该公司不仅拥有强大的字体设计团队，而且掌控着让字体与屏幕和谐相处的技术密码。Adobe 字体设计总监 Summer Stone 先生表示，在粗糙、低质的屏幕上，那些点实在是太大了，因此限制了表现字体细节的能力。例如，一个正文字体 10 点大小只能用一个点粗细表示干线，除非有非常细致的渲染，否则屏幕能破坏字体的显示。因此，想要在低分辨率的屏幕上提高它们的易读性，就要尽量避免造成这些问题的动因，比如避免使用不水平或垂直的线。② 此外，Adobe 公司发明的多母版技术（Muliple Master，MM）提供了小字号显示下视觉自动修正功能，比如同一款字体，当缩小

---

① 中文简体微软雅黑由方正电子制作；中文繁体微软正黑由 Monotype Imaging Inc 制作；日本汉字和假名由河野英一与 C&G 公司制作。

② Sumner Stone, *ON STONE The Art and Use of Typography on th Personal Computer*, San Francisco：Bedford Arts Publishers，1991，p. 42.

至 12 点以下时，其字距和笔画粗细会适当放大；对于衬线体而言，当字号缩小时，衬线会相应变大以示强调①。在技术的支配下协调显示字体功能与美学之间平衡的设计意识，对那个显示粗糙的年代甚至现在都具有重大的意义。1985 年，Bigelow&Holmes 铸造厂的克里斯·霍姆斯（Charles Bigelow）与查尔斯·比格罗（Kris Holmes）受邀为 Adobe 公司设计了 Lucide 字体家族。这款字体的设计保持了和 Summer Stone 一样的理念，字体简化了传统字形中较为复杂的细节，在字体的主干部分使用多边形替代细微的曲线，并尽量在细节处理上采用短直线，如大写字母 "A" 顶部使用平头处理，小写的 "a" 起始部分采用垂直的短线等，避免了小字号显示下倾斜线对易读性的干扰；另外，Lucide 还继承了早期杰拉德·恩格尔（Gerard Unger）为低分辨率设计字体的基本法则，包括提高 x 高度、开放性的字体结构、避免过细的笔画。适应屏幕显示设计字体更为人们所熟悉的莫过于著名字体设计师马修·卡特（Matthem Carter）先生的大量实践作品，如 20 世纪 90 年代初期为微软公司设计的 Georgia、Tahoma、Verdona 字体常常为人们津津乐道。为了适应屏幕的自然环境，他的设计是从具有特殊大小的位图字库着手进行设计的，因此在字形省减上非常合理。此外，他还将这些字体的字间距调整至最少一个像素，以免文字被缩小时出现不必要的连字及不正确的显示。在字号和行距相同的情况下，Georgia 和常见网页浏览器的默认字体 Times Roman 的对比中，Georgia 较大的 x 高和连续的干线分量以及字符与栅格的适配都优于后者。日文版明瞭体（Meiyo）的拉丁部分，是由马修·卡特先生在 Verdona 基础上设计的，为了与 Verdona 的设计风格相统一，汉字部分的基线被提高了，确保汉字、假名、英文及其他字符混合使用时保持文本的一致性与可读性。

以上的英文屏幕字体实践验证了吉姆斯·菲利奇（James Felici）先生的总结："作为屏幕显示时，较高的大写字母高度、较长的升部和降部以及较大的 x 高。明确的无衬线体通常在屏幕上比衬线体的精细特征表现得更好些，

---

① Tamye Riggs, *THE ADOBE ORIGINALS SILVER ANNIVERSARY STORY*, San Jose: Adobe Systems Incorporated, 2014, p. 73.

而且对可辨认性有较好的表现。"① （图 6 - 14） 但遗憾的是，这些字体大多数在打印时看起来刻板呆滞、欠缺精神，因为它们是为了另一个媒介设计的。

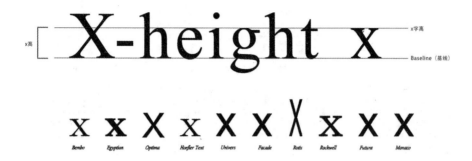

图 6 - 14　x 高是以没有升部和将部的小写 x 为参照，将其命名为 x 字高。在相同磅值的情况下，x 高越大，字形在视觉上越会显大（笔者绘制）

随着屏幕分辨率的提升及显示技术的发展，肉眼很难分辨出像素颗粒的高解析度的屏幕已经普及，数字字体设计从以上的桎梏中解放出来，不再片面追求节制的笔画、宽大的字面、开放的中宫等特征，而是倾向于采用折中主义的手法处理字体细节、结构与整体风格（图 6 - 15）。2009 年，苹果公司在其 Mac OS X10.6 操作系统雪豹浏览器（Snow Leopard） 中使用的冬青黑体（Hiragino Sans GB）② 就体现了这一设计主张。冬青黑体不仅适合屏幕显示，而且兼顾了印刷设计的效果，具有适当的中宫，内敛的结构，笔端保留了微小但不张扬的喇叭口以及优美的弧线，在字形规范上也严格按照国标和国人的书写传统进行改良。2010 年以后出现的黑体大多遵循这种折中主义的理念以及具有鲜明特点的设计，如汉仪旗黑、方正悠黑、思源黑体、苹果苹方、安卓 Droid sans fallback、信黑等离我们今天很近的字体。

---

① ［美］吉姆斯·菲利奇：《字体设计应用技术》，胡心仪、朱琪颖译，上海人民美术出版社 2006 年版，第 7 页。

② 冬青黑体原为苹果日本环境下的默认字体，简体中文部分由大日本网屏公司（Dainippon Screen MFG）与北京汉仪公司合作开发，并依据 GB18030 - 2000 国家标准的字符集标准覆盖 29000 个字符，拥有两个字重。

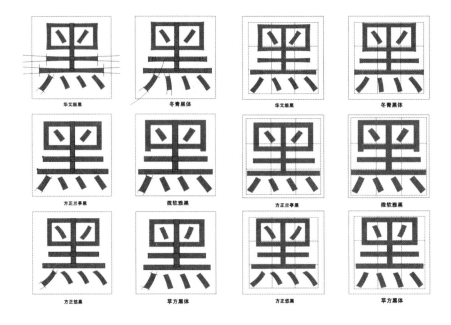

图 6 - 15 通过各个时期黑体字笔形的塑造和字面大小的变化可以看到从纸质媒介到早期屏幕显示再到当下折中主义设计的过渡（笔者绘制）

  正如罗伯特·斯林巴赫先生预言的："对于设计和字体使用，计算机是一个冰冷和技术的环境。在未来，当技术变得更复杂，我认为字体外形将会有一个更天然和自然性的回归。"① 如今，屏幕显示的精度不再构成设计的干扰，提供给数字字体设计自由的表现空间，尤其宋体字重新回到人们的视野当中，如战国栋设计的瑞意宋体、陈嵘的新人文宋以及余秉楠的圆宋体都代表了这一方向性的变化。同时，这种变化还表现为使用者越来越趋向于对自由字形的选择。马里兰艺术学院的研究者们曾根据每个字体呈现在不同的操作系统和浏览器时，对其易读性、可读性与灵活性等因素的比率展开调查，调查结果显示：排在前十四位的有五款衬线体，Fedra、Georigia、Meta Serif、Minion及 Skolar；四款无衬线体，Dagny、DIN、Helvetica 及 Proxima Nova；五款粗衬

---

  ① Robert Slimbach 先生访谈。

线体，Adelle、Chaparral、Kulturista、Museo Slab 及 Tisa（图 6 – 16）。[①]

SERIF

Fedra Serif
Georgia
Meta Serif
Minion
Skolar

SANS

Dagny
DIN
Helvetica
Proxima Nova

SLAB

Adelle
Chaparral
Kulturista
Museo Slab
Tisa

图 6 – 16　来自马里兰艺术学院研究者们的调查结果

---

① Ellen Lupton，*Type on Screen*，New York：Princeton Architectural Press，2014，p. 17.

（二）字体家族和字重的拓展

在没有任何技术局限的后屏幕时代，中文数字字体设计另一个显著的变化是字体家族化扩展中多种字重的出现，这种变化与字体技术、屏幕显示精度的提升及字体应用范围的扩大有着直接关系。

首先，字体家族的概念源自西文，这种想法可以回溯到 16 世纪，并在 20 世纪时被固定下来。在一个字族中包含了众多设计特色相似的字体，字族中的每个字体都是经由修改母字形的外观而形成的，具有亲缘关系。早期的字族一般由罗马字体、粗体及斜体构成，字体家族中又有字号、尺寸和粗细的变化，如细的、淡的、黑的、长的及扁的。19 世纪末 20 世纪初，字体家族已经涵盖了衬线体和无衬线体，原来只属于衬线体中的大小写字母和半角数字等字符信息也都在无衬线体版本中体现出来。字重的变化代表了字体粗细的变化程度，依据字体的高度和大小来改变笔画的宽度，能够制造出由极细到极粗的变化。一般而言，拥有 8 个字重在英文中是很普遍的，但通常 4 种粗细，即细、一般、中等和粗就已经可以满足使用需求。1954 年，亚德里恩·佛鲁迪格（Adrian Frutiger）设计的 Univers 出现了，不仅改变了这一传统设定，而且打破了以往字族字体命名的方式，他制定了 21 种变体的原则并对它们的关系进行说明（图 6 – 17）。Univers 不再使用"超粗"或"极细"这样的术语，而使用了精确的参考数字作为设定字体的标准，Univers 55 是所有字族的母字形，被放置于图标的中心，它的笔画粗细和对比是用来发展其他字体的基本形态，在黑白关系和比例上最适合作为内文字体。横坐标代表字体的透视变化，纵坐标代表磅数，偶数编号为斜体字，罗马字形用奇数表示。更重要的是，Univers 的设计还促成了将 x 高度加大的字体设计的风潮，小写字母与升部、降部和大写字母比较下显得大些；大写字母的尺寸和粗细与小写字母的尺寸与粗细相似，这使它们同时出现在一个页面当中时非常和谐。这 21 款字体具有同样的 x 高度、大写高度、上升和降部的长度，并同属于一个系列，这使它们可以毫无拘束地进行混排，赋予了设计师更大的设计空间。

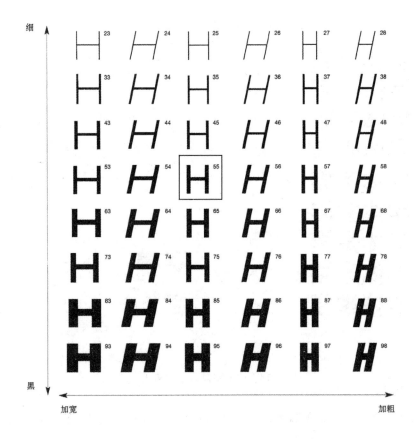

图 6 – 17　Univers 家族字体的命名方式

中文字体虽然从聚真仿宋①开始就已具备了字体家族的概念，但这一概念并未得到推广使用，传统的字重上仅用粗、中、细三个粗细级别，字形上使用方、扁、长来区分，使用观念上仅停留在"够用"即可。真正使用大字体家族概念是从 2006 年方正兰亭黑系列及方正雅宋系列开始，如兰亭黑系列有 14 个字体家族，雅宋有 11 个字体家族。中文字体一直未使用家族字体的概念，一方面与文化观念有关，另一方面是受制于制作和显示技术（图 6 – 18）。

---

①　聚真仿宋在当时已具有 7 个粗细。

字体家族	CHĀO XÌ	超细/超細	Ultra Light
字体家族	QIĀN	纤	Extra Light
字体家族	XÌ	细/細	Light
字体家族			Regular*
字体家族	ZHǓN	准	Medium
字体家族	ZHŌNG	中	Demi Bold
字体家族	ZHŌNG CŪ	中粗	Bold
字体家族	CŪ	粗	Black
字体家族	DÀ	大	Extra Black
字体家族	TÈ	特	Heavy

字扁	PIĀN	扁	flach
字长	ZHǍNG	长/長	lang

图 6 – 18　中文字体家族的构成

在铅活字时代，完成两个或三个级别的字族已经非常困难了，因为原稿都是手写出来的，难以达到统一。20 世纪 90 年代以来，数字字体不同字重生产已经可以借由软件自动生成，但字形上的变化需要重新设计一套字体，加之每套字体需要一套完整的 Hinting，严重限制了中文字体家族化生产。90 年代中期，华文在黑体系列已经生产出 7 个字重。1994 年，华文公司为 Font-work 开发了华文楷体家族字体投放日本市场，它们有 3 个字重，至今仍旧是日本市场上最重要的字体之一；华文平黑是为苹果公司的中文网页 apple. com. cn 设计的一套有 4 个字重的家族字体。但因苹果采用的华文黑体、华文细黑被人们所熟悉和使用，所以像华文平黑、华文大黑、华文粗黑及华文特黑在使用上并未普及，也未按照 CJK 字符集标准进行开发，只是覆盖了GB18030 – 2000，因此未被列入字体家族的范围内。至 2000 年中期，黑体字由于具有克服屏幕显示屏障的优势而被广泛开发，它自身的特点决定了方便被设定为不同字重，因此，从方正兰亭黑系列开始字形和字重的变化就丰富起来。现如今，拥有多种字形变化和字重的中文数字字体已经普遍存在，如思源系列、方正悠黑系列、汉仪旗黑系列以及造字工坊尚品黑系列。尤其在显示精度达到一定极限时，"细"或"极细"都可以被很好地表现出来，使黑体字作为内文字体使用成为可能。从方正兰亭纤黑到汉仪旗黑 25 和思源Exlight，"细"似乎已经做到极致，只剩下字的筋骨，这对于笔画数相差悬殊、结构复杂的汉字而言是一种考验，对字体的大小、灰度、布白、均衡等方面都提出了更高的要求。当使用者仔细品味这种近乎夸张的"细"时，会发现，"细"不等于没有力量，也不意味着松散。像汉仪旗黑放大后就十分紧致、秀雅，不失遒劲，非常具有现代意义上的视觉美感。

目前，中文字体家族的概念已经固化下来，字族的生产更重要的是与使用环境和使用者的需求相联系，而且会更多关注与西文字体搭配的协调性。如小林剑先生在回答思源黑体的 Light、Normal 这样极为近似的字重时指出，设计的考量是为了与西文 Noto Sans 和 Roboto 字体协调统一，消除视觉差异。①

第三节　技术与人文的融构——开放性的建构与传统意识的回归

在全球化的进程中，由"后工业"信息时代取代工业制造时代，标志着既有中心性地理政治秩序的非中心化的开始。"完全本土化的，与外部影响分离的纯文明已不复存在"②，世界文化交织在平行的时空中相互影响和作用，因此，由历史和社会积淀形成的本土文化模式得到了空前的重视。王蒙先生在《汉字的伟大复兴》中曾言："文化的特殊性与全球化之间存在着某种矛盾

---

① 孙志贵：《思源黑体的 DemiLight/Normal 字重因何而生？》，http：//www. zhihu. com/question/24607502，2016 年 2 月 20 日。

② 美国驻亚洲研究局成员 Robent Anthony Scalapin 教授在北大进行"挑战与机遇——世纪展望"演讲。

的张力，而语言文字则是保持自身文化特点的基石。"① 汉字本身承载着中国传统文化中特有的思维逻辑，以及传统审美思想的特殊观念、命题、概念和范畴，决定了中文字体设计必然在世界文化开放性的平台和语境中不断寻找自我与重塑自我。

在此背景下，文化显示出因适应技术开创的新环境而变迁的特点，技术与人文的水乳交融构成了整个社会的景观世界。在数字技术开创的开放性系统中，数字字体具有更强的生产力、传播力及创造力，数字字体设计的审美标准必然以数字美学的标准为参照。一方面，从传播方式和手段的角度看，网络空间将字体、文本及图像以具有数字美学元素特征的信息总集形式加以传播，并对信息赋予虚拟性、交互性、混合性及多感性等特点。在此基础上，人们对审美对象的感知也披上了数字技术的外衣，并借用自然科学中的概念和方法，如"信息""熵""非线性""交互性"等理解数字字体的美学效应。另一方面，从传播主体的价值取向来看，以传播主体的人的使用需求、审美需求及心理需求为向度，促使计算机软件做出更加"适人"的调整，使数字字体设计更加趋于自觉和个体化。同时数字技术使艺术设计创造了美学新质，使设计师获得了精神解放的自由情感，满足个体化的审美旨趣，回归内心的自然情感，根植于传统的意识超越构成了数字美学的新内质。

从上述认识出发，在数字为媒的技术时代探寻数字为魅的人文向度，成为中文数字字体未来发展的重要途径。以此为基点，根据汉字自身逻辑特点，寻求中文数字字体设计的解决方案不仅被视为对自身文化特殊性语义的强调，也是对抗技术霸权的自主性态度和文化责任。

一　数字之"媒"——中文数字字体设计开放性的建构

（一）开放性的中文数字字体设计观念

党的十八大以来，习近平总书记对增强中华文化软实力做出了一系列重

---

①　王蒙：《汉字的伟大复兴》，"2004 文化高峰论坛"演讲，北京，2004 年 9 月。

要论述，他强调优秀传统文化是中华民族的精神命脉，是最深厚的文化软实力。当今世界多元文化的共存使汉字文化成为整个世界文化的有益补充和比照系统。在多元文化激荡的条件下，民族文化和外来文化间充满了冲突与对话，在这种冲突与对话中，我国一直秉承着尊重差异、包容多样性的同时保持自身民族文化特征的基本立场，通过加强国家文化软实力，增强我国国际影响力成为降低"冲突"的有效方法①。汉字被喻为中国文化的根元素，是在文化符号系统中起主导作用的符号单位，在此意义上，汉字的设计可以视为增强国家文化软实力的重要线索。

近年来，中文数字字体设计显示出与国家形象输出相匹配的重要进展。2012年，中国海军舰艇舷号整体更换新形象，首次引入了字体、颜色、涂装位置等类似于VI设计标准的明确规范。舷号是舰艇对外公开的称谓，它的字体的选用代表着现代中国海军整体精神面貌和对外形象；此次新舰艇舷号启用了立体和正常两种新样式，采用了简洁、锐利的几何化设计风格，以显示庄严、醒目的军队形象，凸显了国家层面对字体设计的重视。文化软实力是无形的，一个国家的文化越是具有普世价值和吸引力，就越接近掌控国际事务的实力和范围，字体同样可以成为民族文化隐喻性的符号。牡丹体和青铜体的设计者郝刚老师在提及创作初衷时表示，牡丹体的设计最初是想作为国家官方外交用字的"国体"，他认为中国应该有属于国家官方使用的装饰字体，以凸显我国文化软实力（图6-19）。多年来他一直致力于考察传统元素和字体设计的融合性，从传统文化的典型符号中获取装饰字体的设计灵感（图6-20）。相信随着国家意识的增强，字体设计作为国家文化及形象输出的典型符号会越来越受到重视。

---

① 党的十七届六中全会通过的《中共中央关于深化文化体制改革推动社会主义文化大发展大繁荣若干重大问题的决定》指出："当今世界正处在大发展大变革大调整时期，世界多极化、经济全球化深入发展，科学技术日新月异，各种思想文化交流交融交锋更加频繁，文化在综合国力竞争中的地位和作用更加凸显，维护国家文化安全任务更加艰巨，增强国家文化软实力、中华文化国际影响力要求更加紧迫。"

图 6-19　牡丹体及青铜体字样（郝刚老师提供）

图 6-20　祥云体及唐草体的设计灵感源自对中国传统文化中经典符号的提炼（郝刚老师提供）

在开放与多元文化交织的网络中，人文文化的导向必然与物质技术基础联系在一起。数字字体是技术与艺术叠合的产品，长期以来，中文字体制作一直受制于西方字体技术的先导性预设，从操作系统、字体渲染技术到设计软件都是按照西文字体设计的逻辑设置，无形中导致了中文字体设计必须向西文靠拢。如Windows、Mac OS及Android这些国外主流操作系统，在中文地区销售时会附带一些中文字体，与系统中的西文相协调；但相对于字重繁多的西文而言，中文字体的字重显然不能满足一切搭配组合的需要，因此，中文字重就必须向西文字重靠拢，以满足整个版面协调性的需要。此外，西文设计软件中的诸多选项，是为西文的编排而设置的，并非完全适用于中文编排。如Illustrartor、Indesign图形设计编排软件中的字符紧排（Kerning），主要针对的是西文字符中特定字母之间的空距异常设置的，以大写与小写字符组合，及标点与字母组合两种最为常见；而对于中文而言，紧排可能会使某些标点、括号等特殊字符的位置异常，并且使设计师预先设置好的字距被破坏，引起整个版面的调整。同时，行间距的设置以英文基线的逻辑为基准，按照基线、上升线、下沉线的关系去计算，如果文本中在一行内出现中英文混排，常常会出现错位感，从而使文本灰度和行间距看上去不一致。

开放性的文化语境是当下无法回避的现实，中西方文化交流频繁使中西文混排并置的情况愈来愈多，因此，以开放性的心态及开放性的字体设计意识不断增强我们自身的能力，形成新的适应模式和新的经验，从而具备抵御外力干扰和应对危机的能力必不可少。

（二）开放性字体平台的搭建

开放性字体模式是建立在统一的字符编码标准（Unicode）基础上的，2000年以后编码标准的扩充准确地反映了当下信息交流的多样性需求。

2003年，Unicode 4.0字符标准诞生，它最深远的意义在于多语言计划，包括了55种语言编码，将一些生僻语言也涵盖其中，如地中海线性B语（Mediterranean Linear B）、彻罗基语（Cherokee）、欧甘语（Ogham）等，共覆盖96000个字符、148种语言，并允许任何人在任何地方用自己的语言通过一台电脑进行交流。

可以说，Unicode每一次推出新版本，都在不断完善和扩充开放性平台的意义和功能。至2014年，Unicode组织推出了7.0版本，不仅增加了新字符、脚本，更主要的是包括了来自Wingdings和Webing的装饰图形及其他象形文字符号、表情符号等（图6-21）。① 这意味着在超文本阅读、发布信息和即时性对话等过程中可以更多地使用表意性符号进行沟通，这与浅阅读时代的阅读心理以及信息传播的个人化、个性化特征极为吻合。正如巴特描绘理想型文本时所言："文本可以由大量的词语或图像构成，可以通过多种途径、链条或踪迹进行链接，呈现出开放的、未完成的文本性，可用链接、节点、网络和路径等术语加以描绘。"② 这种理想文本与今天超文本的概念如出一辙，但它们的实现需要建立在统一的字符编码标准之上，Unicode 7.0正提供了这种可能性。

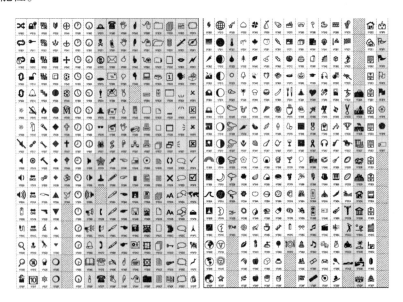

图6-21　Unicode 7.0增加了图形元素，为个人化表达提供了方便

---

① Unicode 7.0, 2016.2.2, The Unicode Consortium, http：//www.unicode.org/versions/Unicode7.0.0/.

② 麦永雄：《光滑时空与块茎思维：德勒兹的数字媒介诗学》，《文艺研究》2007年第12期。

（三）开放性字体展示空间的异变

数字媒体技术开创新的字体展示空间，即基于屏幕表现的物理空间与作为文本陈述的网络空间。网络空间的特质修改了以往规范化、线性化、中心化的特征，转向了开放性、关联性、去中心化、多元异质并存等与网络空间形态密切相关的特性。

基于网络空间的显著改变，文字信息不断地流动、链接和重新排列组合，更主要的是，数字媒体技术将文字、声音、图形、图像、影像等元素嫁接于同一时空之内进行信息传播与互动，从而使信息具备了更加复杂的属性。面对这一改变，增强字体的互动性及多元表现的可能性成为数字字体设计的一种方向。如华文公司开发的属性字库，将文字的音、形、义及与字有关的知识链接等要素整合于一体，动态化地展示字体、认识字体。此外，字体群文本的设计方面，必须对文本信息的整体组织结构和层级，以及文本的可读性和易读性在特定的物理空间内做出适应性的调整。事实上，网络信息的排布要求缜密安排的层次体系，整个体系就像是一个被网格分割的容器，包容着那些被不可见的"后台技术"支配的文本、图形及图像；还有能引起关注的强调性的字体，清晰地引导着使用者关注、进入和返回想要到达的任何地方。因此，层级分明的体系中，通过文字的强调来提示连接至其他入口的线索是关键因素。改变字体的大小、重量及颜色，或者使用互补的字体和图标的变化，来表达文字的层次体系，排布整体和部分的结构关系。每个层次都应该由一个或多个可应用的提示线索来示意。当这些层级被明确划分和做好提示后，文本的可读性及易读性的重要性便凸显出来，信息交流的目的是清晰地传达，需要确保语义的有序和清晰，同时易于理解。上一节中分析了很多关于屏幕阅读时字体与文本外在的和内在的变化，构成了对屏幕文本的潜在影响。总体而言，字体的大小、灰度与阅读距离，行文字的容量、间距与段落长度、间距及展示方式等细节设计都是未来数字字体设计的重要研究方向。

此外，新型的展示空间还具有时间性和空间性的特殊属性，这也是新媒体与传统纸媒的重要区别。时间和空间是一对相互依存的表达秩序的范畴，人们对空间的认知经历了从一维的线性空间、二维的平面空间到三维的立体空间的过程，这种空间解读的方式决定了认知中的时间具有一维性和线性的特点。

传统纸质媒介中各视觉形态的组织形式，是在二维的平面中塑造三维空间的立体感，但这种表现是一种暗示性的形式，换言之，平面中三维空间的种种景象是暗示性的语言形式通过人类的视觉立体机能而产生的认知形象，虽然可以模拟纵深的空间，但所表达的内容不能在时间中前进，也不能表现活动的形象。但在屏幕空间中，计算机软件可以模拟三维物体在假定空间（三维或多维）内的任意运动，构建多维度空间中时间的连续性。在字体设计领域，时间和空间的概念常常被应用到三维动态的表现当中，但这些字体不能被收录在字体样本当中（图6-22、图6-23）。比如设计师 Chisa Yagi 设计了一系列时间字体（Timeface），字体由15个像素构成二维形态，但每个像素增加了一个向 z 轴空间变化的属性，将这些字体置于三维的空间时，字体便一直处于二维和三维的转换中（图6-24）。

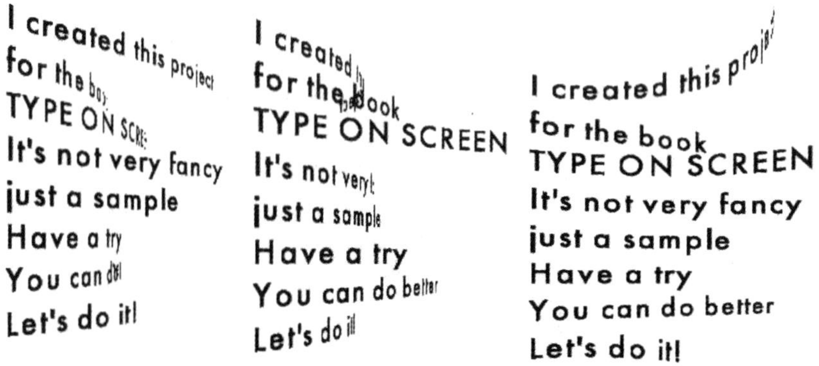

图6-22　文字在三维空间的变化（选自 Ellen Lupton, *Type on Screen*, New York: Princeton Architectural Press, 2014）

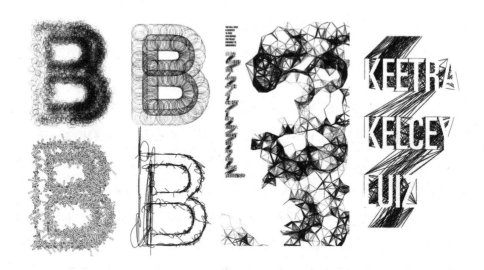

图 6 – 23 文字在多维空间的探索（出处同上）

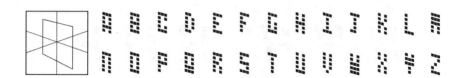

图 6 – 24 由美籍日本设计师 Chisa Yagi 设计的时间字体

就时间而言，网络结构中的空间既分且合，既历时又共时。将过去、现代和未来设定在同一时空之内，时间的概念便也随之消失在这个新的时空之中①。同时，网络空间中的时间被压缩和延展了，打破了时间的线性顺序，从而变得无序；时间的密度也提高了，产生了双重时间，这种双重时间的表现是移动媒介的使用时间叠加在物理时间之上②。可以说，网络空间中的时间已经被主观化、概念化和无序化，而主观化的时间常常被艺术家和设计师们所

①　著名社会思想家曼纽尔·卡斯特在《网络社会的崛起》中提出的时间和空间是新的社会形态的两个重要因素。

②　参见何睿《网络社会下的空间与时间新类型》，《传媒 e 时代》2014 年第 12 期。

利用，如电影艺术中的蒙太奇手法经常会将时间压缩、截取、切换而形成艺术化的时间。空间和时间的异变使字体设计师将目光投向了在二维"空间"制造时间的动态延续的尝试。马修·卡特在 1995 年为沃克艺术中心设计了著名的 Walker 字体，其中 5 种不同的衬线具有"可脱卸"（Snapons）的功能，可以产生许多外观统一但风格各异的效果；同时，衬线被随意添加或删除后，字与字之间的副空间会产生丰富的变化，充满了动态组合的趣味性（图 6 - 25）。事实上，"可脱卸"的衬线赋予了静观的主体字符以时间的概念，并打破了时间的线性顺序，以时间的无序出场，形成了静态中的"动"。另外，将时间和空间主观化、艺术化的还有 2011 年 Peter Bil'ak 为 Typotheque 设计的 Julien 字体，它是受到 20 世纪前卫的设计运动的启发，含有一千多个交替的字形，这意味着如果你将一个标准的 A 和 Julien 中的交替字符一起使用，可产生无数种可变的结果，并且，Julien 字体中设定的文本类似于几何字母集合而成的形象，是经过精心组织和重新结合的（图6 - 26）。

图 6 - 25　马修·卡特先生设计的 Walker 字体

图6－26　Peter Bil'ak 为 Typotheque 设计的 Julien 字体（选自 Tony Seddon，*Type Team*：*Perfect TypeFace Combinations*，Lindon：Thames & Hudson，2015）

（四）开放性文字系统审美功能的转向

　　今天我们沉浸在"海量信息"当中，在这些海量信息传递中影响读者接收和理解信息的是"熵"和"秩序"。"熵"通常是衡量信息增减的尺度，当"熵"接近最大值时，信息将无法传播；同时，信息也是秩序单位，一个可以通用交流的信息是按照秩序组织起来的。在信息传递中，秩序感强、熵值低，意味着信息传播有效，也就是说，信息越小越有序，传播就越快越明确。在此基础上，信息过剩和有效传播构成了现实的矛盾，从而引发了文字审美功能的转向。

　　传统文字审美主要在于有效传递信息的功能和获取情感的认同与共鸣，而在信息时代和网络空间中字体更多地以信息为单位加以传递，其美学意义不再以阅读的结果为标准，而在于过程，即被引申为信息引导和阅读体验。如，近几年主流移动媒介中流行的"扁平化"设计，一度被认识为狭义的"二维平面化"，实际上广义的"扁平化"既是一种将信息"扁平化"的设计方法，也是一种理念；信息的"扁平化"可以解释为不需要链接，直接铺排图标、文字，直观地看到想要搜索的信息再进入下一层级，最主要的目的在于通过减少信息层级的方法消除冗余信息的干扰。

　　除此之外，根据信息传播特点的变迁，文字的审美主体也从大众转向了

"分众"和"小众",以适应使用者需求的多样化和市场的细分。"Web 2.0 的教父克里斯·安德森在其'长尾'理论中提到,'当可供选择的产品极大丰富,用户需求的多样性和消费意向的小众化就格外明显'。"① 信息时代最主要的特征之一,就是信息的个人化及个性化,尤其是人们需要获取符合个人喜好的定制内容及服务,字体、图像便成为个人信息传播的工具,也成为个人艺术生产的工具。2007 年,方正静蕾体推出之后,建立在个人或小众审美经验和情感体验基础上的个性化字体开始增多,如汉仪柏京体、汉仪晨妹子体、汉仪小麦体、方正呐喊体、方正羽怒体等。这些字体的出现,形式已不再重要,重要的是字体符号所承载的意义和情感与使用者的心理共同构成的文化图式,成为当代数字字体重要的组成部分。

二　数字之"魅"——中文数字字体设计中人文主义的复归

今天我们生活在"文化数字化"的后现代社会中,"艺术与科学这些文化领域的彻底智性化,其结果便是丧失了直觉性、直接性和可感受性"②,这也意味着在我们的生活环境和社会环境被彻底技术化和信息化后,会不自觉地唤起人们对人文性的眷恋,那些具有情感、温度、文化意蕴的设计都会改变技术发展下人类心灵的一般处境。因此,强调数字字体的人文性"复归"既脱离不了社会语境和历史环境,也必然站在对以人为主的自我主体精神的肯定和释放之上,依据人的审美心理、情感体验及感知展开。

字体设计的历史是犹如金字塔状不断累积的,人们总是在频频回望历史的同时,创造与之有关的新的可能性,尤其是对手写痕迹的怀念不断充实着新的内容。正如史蒂芬·海勒（Steven Heller）所言:"字体设计是所有设计学科中最复古的……每当一个新的媒体出现,就会有大量的修改并重新改写最流行的字体,试图重新发现那些被遗忘的历史痕迹。"③ 西方历史上的人文

---

① 李四达:《数字媒体艺术史》,清华大学出版社 2008 年版,第 36 页。
② ［德］阿德诺·盖伦:《技术时代的人类心灵》,上海世纪出版社 2008 年版,第 23 页。
③ Steven Heller and Louise Fili, *Typology: Type Design from The Victorian Era to the Digital Age*, San Francisco: Steven Heller & Louise Fili Ltd Chronicle Books, 1999, p. 11.

主义字体是在文艺复兴时期人文主义学者、印刷商们怀揣复兴传统文化之志的背景下，借鉴罗马风格书体和碑刻铭文创造而成的字体，具有手写体的意味。Roman 是意大利文艺复兴时期诞生的字体，1470 年，由伟大的印刷商尼古拉斯·杰森（Nicolas Jenson）推出并取名 Roman，可能出于对文艺复兴时期著名的人文主义者布拉乔利尼的致敬，Roman 体被命名为"人文主义体"（Humanistic）或威尼斯体（Venetian）[①]（图 6 - 27）。随着印刷、复制技术的发展，意大利人文主义者的书籍及思想在欧洲大陆传播开来，Roman 字体也从一款字体扩充为一类具有书写性字体的统称。在具有优美弧线和细腻转折的手写体被金属活字所取代后，英国艺术与手工运动的代表人物威廉·莫里斯再次复兴了尼古拉斯·杰森的字体以怀念那种具有古典主义特点和温度感的字体，Roman 开始成为正文标准字体，影响至今。实际上，在活字印刷出现后的很长时间里，人们仍然以手写体的标准去衡量印刷字体，并努力地向手写体靠拢。这与我国雕版印刷兴起不久，人们将中早期手抄书作为这些"复制品"的标准范本，刻工们也尽量模仿这种手写痕迹的历史是相似的。"不幸的是，人们用了很长时间才发现，机器凭借自己的力量就能成为一项技能，而不需要，事实上也不能，努力模仿特别优雅的书写艺术。"[②] 确实如此，人们在肯定机械生产的同时又对手工痕迹充满期待，比如高度机械化的无衬线体占据主流以后，饱含人文主义精神的无衬线体被设计出来，它们既保留了手写体风格和人文主义的影响，又具有清晰的轮廓和实用性，像 Johnston、Gill Sans 都被冠以人文主义无衬线体之名。这从一个侧面反映了不论在任何技术时代、任何文化背景下，字体中的人文主义价值及情感化因素都是人们期盼的。

---

① 参见厉致谦《西文字体的故事》，同济大学出版社 2013 年版，第 47 页。
② ［加］戴维·克劳力、保罗·海尔：《传播的历史：技术、文化和社会》，董璐等译，北京大学出版社 2011 年版，第 117 页。

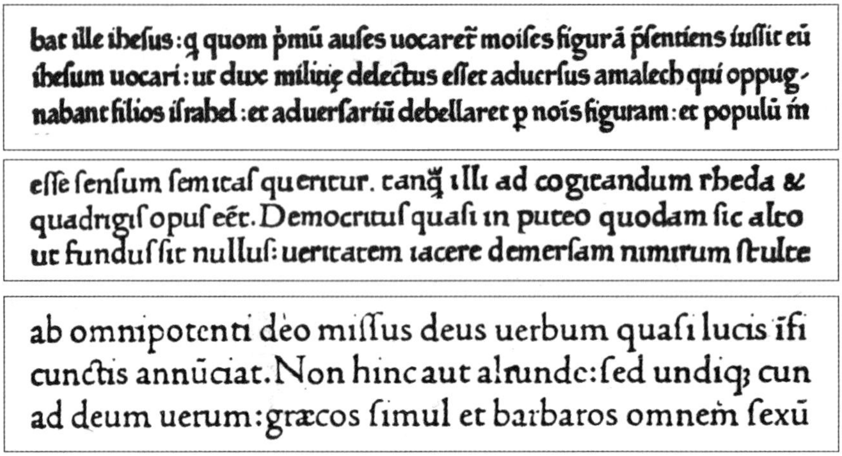

图6-27 （上）1465年设计出的意大利字体，已经含有罗马字体（Roman）的特征；（中）1467年设计的字体受到罗马碑文和卡罗琳体手写体写成的手稿影响，是最早的罗马式字样；（下）由尼古拉斯·杰森早期设计的具有威尼斯风格的罗马字体

从中文设计实践的角度出发，我们今天所处的时代，互联网和数字媒体技术使人们获得了新的行为方式和表达方式，与此同时也废止了某种能力，比如"写"。"写"在我国是有文化传统和历史积淀的，也是无数字体设计师、平面设计师努力想要达到并将其内化为自己设计精神的一种动力。近些年，我国的字体设计师也尝试着将"手写痕迹"融入当代字体实践，除了本身手写特征明显的楷体、仿宋体，还有现代感强烈、变化度有限的黑体。岳昕老师的汉仪铁线黑被称为具有"手写感的温度黑体"，该字体在横竖主笔上均保留了黑体横平竖直零装饰的特点，但在副笔笔画起笔和结尾处加入了手写的痕迹，如竖钩处类似于宋体的顿笔，"提"的处理呈慢节奏的平弧（图6-28）。由岳昕老师设计的另一款汉仪元隆黑则将"写"注入了更细微的变化中。他在讲演中提到，元隆黑的四大特点之一是"飞翔"的横，它是将传统书写中"右倾"和"上扬"的笔势体现在横中，但并不影响整体的视觉平衡（图6-29）；特点之二是坚决的"钩"，钩的处理没有任何弧度，仅是平直的短线，在与具有弧度的竖连成切角时会顺势读出手写感，而不是生

硬的转折。同时，"写"还意味着拒绝标准化、整齐化，这与规模化复制是相悖的。书法之美在于时间性，而人工字体在于空间性，书法结体在于随意中的秩序，人工字体的秩序在于严谨的工整性，这也是书法作品与人工字体最大的区别。实际上，带着这些问题的思考早已在字体设计师的视线范围内，如倪初万老师在《一字一生》中谈到的，中文书写字体应当按照宽度表给定每个字体一个宽度，再考虑不同宽度的文字组合和叠加的关系。这种设想就是基于"写"的自由度和编排的规范化的一种考量，但与实际应用还存在一定的距离。再如日本 Adobe 设计师西塚凉子于 2009 年率先将这一理想付诸实践，她设计了突破方框限制，既不等宽也不等高的"Kazuraki"字体，并在排版上模拟了书法错落有致的节奏与韵律，是设计师用实践力去验证理想的"写"的最好例证。

图 6-28　汉仪元隆黑字体样本

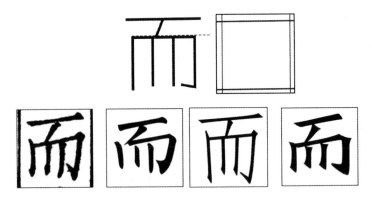

图 6 - 29　"飞翔"的横是汉仪元隆黑体主要的特征之一（笔者绘制）

　　另一种对传统文化的致敬和"写"意义上的延伸来自 2000 年中后期的复刻风潮。复刻字体的内涵十分宽泛，并不限于某种经典的铅字、手写体、碑刻字体或古籍善本。我国的字体复刻主要围绕着古代刻本展开，复刻不仅是对传统文化瑰宝的继承，同时也是人文精神的一种体现，整个过程具有丰富的人文内涵；不仅是对古本的再现，更注入了设计者的主观想象和观念。2010 年，自由字体设计师厉向晨推出了康熙字典体，无疑加速了中文复刻字体风潮的到来。实际上，各字体公司对复刻字体一直都在关注和蓄力，从同年方正推出了清刻本悦宋、方正宋刻本秀楷可以看出这点。康熙字典体还有另外一个版本，是由第一代字体设计师徐学诚老师设计的宋七体（也称康熙字典体），这套字体也是以康熙字典为蓝本，在研析的基础上创作的新字体，直到 1967 年才真正完成，并由北京字模厂制成铜模。两套字体的创写基础虽然是同一蓝本——《康熙字典》，但厉向晨的康熙字典体属于"再现"，包括斑驳的古本质感，遵循蓝本字形（繁体），古风与怀旧使这款字体受到推广和使用；徐学诚老师的康熙字典体属于"再造"，整体上是遵照楷法的宋体，整字基本没有锐角，收笔圆润浑厚。[1] 2012 年，方正就在日本欣喜堂[2]授权下，

----

　　① 徐学成：《活字设计　笔耕一生：徐学成文集》，上海印刷技术研究所，内部资料准印证〔2015〕第 35 号。
　　② 日本欣喜堂一直致力于古籍善本的电子化，它们的复刻字体不仅已经精确到我国的蜀本、闽本，还包括了碑刻、刊本。2016 年，"中文复刻字体研讨会"中那个日本设计师今田欣一详细介绍了"汉字书体二十四史"的范围、蓝本及制作方法。

合作开发"汉字书体二十四史"中的金陵、龙爪、荧雪系列，被视为较大规模的复刻字体的开始（图 6 - 30、图 6 - 31）；2013 年以后，汉仪全唐诗、方正苏新诗柳楷、应用会的浙江民间书刻体等复刻字体逐渐推出。复刻字体虽然难度巨大，但复刻是一种精神，也是责任，对于数字字体在传统与现代间的融构具有重要意义。

图 6 - 30　2016 年 1 月，北京方正电子与北京大学现代出版研究所合作主办的"中文复刻字体研讨会暨方正金陵粗、方正金陵细、方正龙爪、方正萤雪字体发布会"复刻字体样张

图6-31　日本字体设计师今田欣一介绍古籍字体复刻的过程

　　文字不同于书法，更不是单字的艺术，文字一旦进入信息载体，其组织方式便成为群体性的。"若单独来看文字中的任何一个字母，它是不具备任何意义的，对含有这种字母的图像或标志来说，它只不过是一个抽象的形态，唯有将它应用在文字中，它才会具有特定的意义。"① 随着现代科学与人文的融汇越发紧密，数字字体设计也从更加科学、理性的角度以及系统的观念出发，将字体、字号、行间距等一些内在的要素关联到一起，并在不同的应用空间中做出完整性、系统性的解决方案。方正俊黑系列是由李少波教授主持，为国家大剧院的导视系统开发的字体，根据介绍，整体设计策略首先考虑的是户外环境与人的视觉关系的适配性，如字形上选择了长体，字面比例为100∶87，这决定了字间距十分宽绰；行间距建议使用字体高度的30%，这种设定不仅增强了单字的识别性，而且在少量文本群编排时会显示出版面的通透性。

---

① Rob Vater, Ben Day, Philip Meggs: *typographic Design*: *Form and Communication*, Hoboken New Jersey: John Wiley&Sons, inc. 2009, p. 92.

此外，为了达到窄身字形字面率的最大化，笔画全部采取等宽无透视设计，钩全部拉平，充分考虑到户外使用时字白空间的比例，利于快速识别（图6-32）。对于屏幕显示的字体群文本而言，Monotype 的字体总监 Steven Matteson 指出，最重要的两个要素是肌理和色彩（灰度）。通过肌理，可以看出文本段落视觉上的流畅、尖锐、平静或是雄健有力，符合设计者视觉肌理和灰度考量的字体即是正确的选择。汉仪字库马涛老师和方正字库仇寅老师也表示，中文屏幕字体的关键在于对文本整体灰度和布白的调控，包括拉丁文及影响版面的其他字符的协调性和一致性。仇寅老师主持和设计的方正悠黑体，就是在总结了之前屏幕字体的诸多优劣之后推出的又一款屏幕显示字体，设计的理念主要集中在优雅的字间距、舒适的空间布白及均匀灰度的掌控上。当我们对屏幕环境愈发了解，中文数字字体的设计也越来越科学，除了前期合理的策略制定，后期测试也是必不可少的环节。后期测试可以检验字体是否适合使用人群的视觉体验，避免了设计的盲目性，同时也体现出以人文关怀为出发点的字体设计的积极意义。

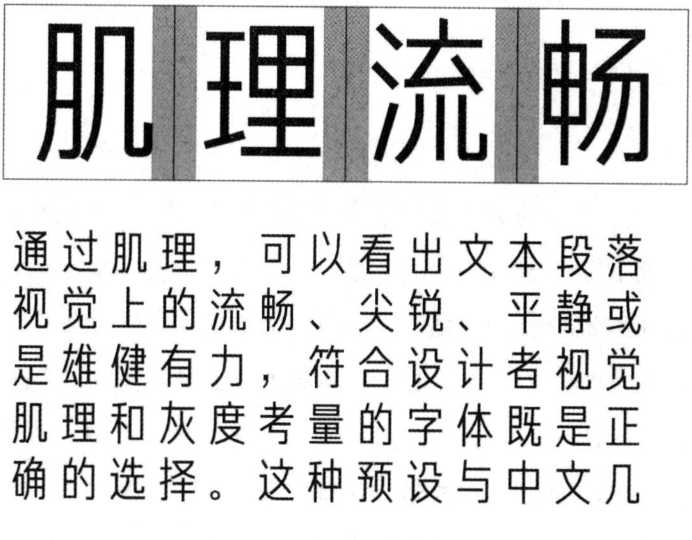

图 6-32　方正俊黑采取的是窄身字形设计，使字距空间加大，文本编排整体显示出通透之感（笔者绘制）

总　　结

　　行文至此，本书已从字体工艺变迁的角度考察了技术对中文数字字体设计方法、工作方式的影响；也从人文的视角分析了技术更迭的背景下，文化层面及社会审美等方面发生的转变；进而明确了中文数字字体在技术与人文之间的相互渗透、相互作用下发展至今，它承载着丰富的文化、技术与审美特质。

　　下面本书根据不同时期社会文化、技术演变及审美因素的关联对中文数字字体的产生前提、技术演化路径及美学嬗变做出整体的梳理和总结。

一　中文数字字体产生的前提

　　文字是每天我们都使用的交流工具，它的生产关乎效率、品质及推广使用，对思想传播、文化进程至关重要。文字处理技术主要应用于两大系统，一是小型办公系统，二是大型印刷厂系统。在铅字时代，办公系统常用的文字处理工具是机械打字机，印刷厂系统使用的是铅字排印，两者皆需要使用铅字来完成文字处理。对于数量庞大、笔画繁难的汉字而言，铅活字印刷的重负严重影响印刷出版的效率和质量，进而影响了文化传播的深度和广度，直到 20 世纪 90 年代初才最终被激光照排完全取代，退出历史的舞台。从字体工艺的角度出发，我国的铅活字印刷技术一直依赖西方印刷技术的引进、改造，处于被动接受的状态。手工制作铅字铜模的字体工艺一直延续到 20 世纪 60 年代，随着日本字模雕刻机的引进才实现了机刻字模的历史性跨越，但这并未从根本上解决我国字体工艺的落后局面。技术的被动引进直接导致字体设计方法和观念的落后，以前我国并无字体设计的意识，直至引进机刻字模技术的同时带入了字体设计的需求，自此，我国才开始了从无到有的真正意义上的字体设计实践，并为数字字体设计奠定了坚实的基础。

电脑被誉为 20 世纪最伟大的发明之一，其发展的轨迹是从最初的军事、国防等领域逐渐转向民用化、个人化，20 世纪 80 年代迎来了世界范围内的电脑化浪潮。电脑化意味着信息处理进入自动化、产业化发展的轨道，而中文融入全球化信息产业浪潮的前提是汉字必须进入计算机，成为计算机可以读取、运算的编码信息，即通常意义上的中文信息处理。面对信息化的格局，汉字编码、输入、存储和输出成为东亚各国重点研究的问题。我国在此领域的探索开始得较早，在汉字输入、存储和输出方面取得了突破性的进展，成功地将汉字输入计算机。1974 年 8 月，以解决中文信息处理为目标的"七四八工程"启动，集中了我国优秀的科学技术攻关团队开始了旷日持久的中文信息处理的研究，并成功将其应用于大型激光照排系统，开启了我国出版印刷业的新纪元。

自汉字成功输入计算机，字体就从一个物理块体转化为非物质的信息编码移至计算机内，使用点阵信息加以描述和存储，产生了不同于以往金属活字时代的字库；折线字库作为过渡技术，解决了电脑化初期文字存储和压缩的问题。铅活字时代建立起来的一系列排版规范，如金属字身框决定 1/2 字距，铅线规格决定的行间距，开本比例与版面容量的定量关系等在计算机内以数据的方式得以延续，"我们仍然能从这些印刷品中看到它们是几千年以来自我修养和美学上的训练，以及与之相伴的对于思想领域的天赋的尊重，和深入挖掘生命内涵的努力的成果。这些训练中的一部分对今天那些设计编排版式的人仍然是重要的"[①]。

在此意义上，中文数字字体是在 20 世纪六七十年代以电脑的应用为标志

---

① ［加］戴维·克劳力、保罗·海尔：《传播的历史：技术、文化和社会》，董璐等译，北京大学出版社 2011 年版，第 117 页。

的信息革命背景下产生的，是以汉字电脑化为前提展开的，从其诞生之日起便携带着隐含的技术性特征。

二　中文数字字体的技术演化路径

我国在完成一系列印刷革命之后，中文数字字体技术从原始的过渡阶段脱离出来，形成了独立的发展路径，并与西文字体技术紧密地捆绑在一起。20 世纪 80 年代中期，西方社会发生了一场深刻的"桌面出版"革命，以 Apple 的个人电脑、Adobe 的 Postscript 技术及 Aldus 的 Pagemaker 排版软件"三 A"联合为标志，将字体设计编排、打印输出集合于一体，形成了以新兴艺术家、设计师个人为中心的桌面出版系统，开启了个人参与印刷出版全过程的工作方式。以个人电脑为平台，电脑图形处理软件和专业排版软件为设计工具，电脑桌面模拟出了设计师工作的界面，大大激发了个人字体设计实践的发展，较早地使西方字体设计师投入对适用于屏幕显示的数字字体的设计，并积累了大量的经验。

对于数字字体而言，字形描述技术是其形态得以存在的根本，它决定了字体的质量和美感，同时也决定了计算机存储、显示及输出的技术标准。Adobe 的 Postscript 字体描述技术建立在三次曲线的基础上，对完美展示字体内部的各种细节有着强大的描述能力，辅以字形微调的修正和优化，能在屏幕上再现数字字体的风貌。此外，Postscript 技术作为页面描述语言，支持任何分辨率输出设备，因此，很快成为国际公认的工业标准。与此同时，随着 PC 机的普及，微软公司开发了基于二次曲线的 Truetype 字形描述技术，支持扩展字符集，并满足打印和网页字体使用需要。自此，基本确定了用于高端印刷出版的 PostScript 技术和跨平台信息处理的 TrueType 技术的两大主流字体技术引领全球字库标准的格局。

自改革开放以来，我国的市场经济进入异常活跃的时期，文化发展空前繁荣，印刷出版物的社会需求日益增加，国际、地区间交往日益频繁。国外图形制作软件先后引入我国，这些软件大多支持 PostScript 语言，中文信息处理初期建立起来的字体存储、输出及描述工艺已不能满足当时的社会环境和实际需求。同时，Postscript 的曲线描述与汉字字形曲线极为吻合，是解读汉字复杂字形的有效方法，能够帮助汉字更好地展现细节，压缩空间。因此，中文信息处理融入世界文化的现代进程，向国际工业标准靠拢成为历史必然。同时，Windows 中文平台的普及和互联网技术的勃兴，使 TrueType 字体技术成为支持跨平台信息交流的行业标准，主导了我国 20 世纪 90 年代后期个人电脑及办公室自动化系统。

正是由于全球信息化的浪潮推动了信息产业的发展，计算机用字需求和出版印刷的高端需求不断增加，从而催生了字库行业的繁荣发展。方正、汉仪、华文、中易、华光、四通、长城、华康、文鼎等十几家专业字库公司先后涌现。1993 年，我国通过了中文 Postscript 技术标准鉴定，中文 Postscript 成为用于高端出版印刷字库的技术标准，实现了与国际标准的同步。同时，互联网开创了新的字体使用空间，促使屏幕字体技术兴起。在屏幕上显示字体不仅仅取决于采用什么样的字体格式，而是需要与屏幕栅格的细腻程度、字体微调技术（Hinting）等共同作用。90 年代屏幕显示技术受制于粗糙的 CRT 显示器，无法模拟出与纸质媒介一样的"屏面"，这使数字字体的屏幕呈现"颗粒"质感。同时，携带一套完整的 Hinting 提示信息也增加了中文数字字体制作的难度，限制了用于屏幕显示的中文数字字体的发展。

随着数字媒体技术的快速发展，以互联网为标志的"新媒体"时代来临，传统媒介的物质形态被整合于数字媒介平台之上，更多的阅读行为发生在移动设备、笔记本或台式机上，意味着字体版面不再以输出为最终目的，而用于在线浏览与屏幕观看的字体及字体群文本如何呈现成为崭新的命题。2000年以来，以微软和苹果两大操作系统的字体渲染技术为支持，以西方现代图形、字体设计软件为创作工具，中文数字字体长期在像素与清晰度的博弈中寻找适应于屏幕显示的字体设计方案。但技术的快速更迭显示了强大的力量，随着屏幕显示技术的不断精湛，屏幕的解析度已经达到了肉眼很难分辨的像素密度，也就是说，屏幕质感与纸张媒介趋同，横亘在中文数字字体显示与表现间的屏障基本解除，中文数字字体的设计表达回归自然的状态。

综上所述，自 20 世纪 80 年代以后西方 Postscript 字体技术引领全球字库技术以来，又先后确立了 TrueType、OpenType 技术标准，至今基本保持稳定的状态。我国经过 90 年代的技术引进和自主创新已经与西方字体技术站立于同一起跑线上，决定了未来中文数字字体的走向更多取决于数字技术构建的美学新质当中。

三 技术与人文的互动之"象"——中文数字字体的美学嬗变

技术不是孤立存在的现象，技术与人文的互渗贯穿于社会文化的发展进程——实际上，一切艺术、设计的审美活动的背后都能看到这种"互渗"的痕迹。审美活动中蕴含的美学意义总脱离不开它所发生的语境，中文数字字体的美学意义也是如此。回顾数字字体诞生的背景，正是 20 世纪所爆发的第五次信息革命。这场"革命"以计算机的应用为标志，以催生互联网为代表的数字媒体为成果，被称为"新媒体革命"或"数字革命"。从传播学角度而言，技术与人文的互动体现为数字技术对艺术设计成果的传播要素进行了修改，"对象成为主体，即生活原型在作品中被赋予主动性；内容成为手段，即构思所得到的艺术信息被记录于媒体；环境成为方式，即引导人们神游幻想世界是艺术发挥社会功能的主要途径"①。在此意义上，信息传播的主体与对象、设计手段与内容、设计方式与环境构成了双向互动的转化。从设计学的角度出发，这种互动则体现在以计算机软件为表达工具，以屏幕介质为载体，设计的技巧、方法、流程与思维方式、认知方式和设计观念也发生了相应的改变。总体而言，文字作为信息传播的核心要素一直携带着强大的技术因子与美学基因，它的艺术性呈现总是会受到制作工具、传播媒介的影响。

如果说以印刷机为代表的机械化生产使文字得以批量复制和传播，影响整个社会与文化走向，那么，数字媒体技术则使文字畅游在人与虚拟世界的空间中，得以传播和推广，文字如何被生产、使用，如何引导阅读和观看，

---

① 黄奋鸣：《新媒体与西方数码艺术理论》，学林出版社 2009 年版，第 24 页。

以及如何拉近人与虚拟世界的距离的意义超越了文字本身的意义。字体设计也从机械美学的影响下过渡到数字美学构建的新质中，既映射了中文数字字体美学嬗变之路，又开创了未来的趋势动向。

　　审美是关乎人类精神世界的感性投射，是物质文化活动和精神文化活动与人类的感性、理性交织的所有审美化事务的总和，审美的内涵一直处于动态演变中，与其所处的时代、文化语境密不可分。如19世纪中叶以前，美学的转向都深深地烙印着哲学系统变化的痕迹，受社会文化变迁的影响。进入20世纪后，科学的发展从根本上改变了人类观照世界的方式，技术思维也深深植入了我们思维的根系，进而深入我们的生活和精神世界。数字媒介技术渗透于我们生活的每一个角落，改变了以往人类的时空观和感知世界的方式，从而导致了新的"美学感受"[①]。

　　中文印刷字体脱胎于雕版印刷的样式体系，并在19世纪末20世纪初的那场"西学东渐"中开启了现代美学范式，形成了稳定的基本规范。随着20世纪60年代字模雕刻机的引进，以机械化生产为标志，机械美学影响下印刷字体一直寻求着手写与机械复制、理性与感性之间的平衡；印刷字体设计兼顾着来自"书写"的笔意、造型及气韵，以及标准制图般的严谨与尺度，彰显了从个性到共性的形式过渡。在其社会功能方面，政治的魅影主导了印刷字体的设计与传播，文字更多地服从于意识形态方面的需要，为政治宣传、革命教化服务，形成了特色文化背景下的文字符号的功能与意义。随着改革开放的到来，先进的西方技术与文明成果再次涌入，以市场经济为导向的社会文化呈现出前所未有的消费主义高潮，标志着大众文化介入人们审美的开始。大众文化以现代技术为生存和传播的本质力量，促使艺术生产工具与生产方式随之改变。与此同时，西方美学思潮大量涌入，构成了与本土美学融摄的美学景观。90年代以后，以个人电脑、软件程序、激光打印机为组合模式的新型工具构成了崭新的设计环境和工作方式，推动了中文数字字体设计民主化的进程。同时，普世性的社会审美需求和大众化的审美趣味产生新的

---

① ［美］丹尼尔·贝尔：《后工业社会的来临》，高铦译，商务印书馆1984年版，第211页。

审美诉求，如个性化、通俗化、书写化、古典化等设计风格不断涌现，因此，以社会需要和大众审美心理为创作动机及价值取向奠定了彼时数字字体设计的风貌。

进入 21 世纪，以数字媒体技术为支持的互联网的出现铺陈了人类社会进入数字时代的通途。AR（Augmented Reality，增强现实）与 VR（Virtual Reality，虚拟现实）技术是数字媒体技术发展到一定阶段的典型成果①，通过符号化、数字化的形式创造如同真实事物一样逼真的虚拟现实空间，使"真"与"假"一体化，时间和空间交错化，同时也使人的感性认识能力超越了现实形态。可以说，数字媒体技术创造了人与世界的新型关系，数字美学浸染于人们的生活方式和思想观念当中，开启了数字审美的新时代。

总体而言，数字媒介塑造了以屏幕为载体的新型空间，即屏幕物理空间和互联网虚拟空间，使人、屏幕空间与字体的关系发生了本质的变化，同时使审美的价值随之改变。正如德国当代美学家沃尔夫冈·威尔施在《重构美学》中指出的，审美不再是形式而变成了我们的生存方式和本质②。首先，物理空间的特性变化来自屏幕自发光的原理，色彩的成像也由以往印刷色彩的油墨叠加变为 RGB 三原色的光色叠加，RGB 色彩模式可以产生上千万种色彩显示屏幕中的视觉景象，而且自发光的明亮程度要高于反射光的成像。屏幕中的光色还可以产生丰富的灰度，如苹果公司的字体显示技术就是通过增加字体周围的灰度，弥补视觉上非黑即白的反差带来的刺激，柔和地呈现了数字字体的原貌。纸质媒介中各视觉形态的组织形式在屏幕空间中得到虚拟性的延伸与塑造，计算机模拟了物体在三维或多维空间内的运动，构建多维度空间中时间的连续性，而时间的概念也变得更加主观化、概念化和艺术化。其次，人与屏幕空间的互动关系也更改为双向互动的模式，参与和体验是其最为核心的特征。人既是文本信息的使用者，也是发布者；人获取和感知信

---

① AR 与 VR 系统有着"沉浸——交互——构想"的三"I"特征，Immersion - Interaction - Imagination，即沉浸——交互——构想。

② 参见［德］沃尔夫冈·威尔施《重构美学》，陆扬译，上海译文出版社 2002 年版，第 120 页。

息的方式也从以往的深度阅读转向以浏览为主的浅阅读；人与屏幕之间的距离转变为更具科学性和技术性地观看，这种距离在一定的范围内被视为人观看的最佳角度和距离。最后，在屏幕空间和人的关系被修改的基础上，字体版面信息的组织构成更多以海量、无序的信息形式出现，促使文字审美逐渐由有效传递信息的功能和获取情感的认同与共鸣转入了以引导和体验为主的审美意象。引导和体验建立在严谨、科学的逻辑基础上，信息组织结构的秩序感、层级化和清晰传达，这些都预示了未来数字字体设计编排的方向。

综上所述，自数字技术普及以来，中文数字字体进入了与西方并驾齐驱的技术同质化阶段，作为表意文字的汉字，在"视听时代"显示出更广泛的可塑性和应用性。首先，这种可塑性来自表意文字的本体构成。汉字是音、形、义三位一体的符号，语义的产生与符号的外部现实直接关联。同时，音符虽然切断了与外部现实和意义的联系，但仍可通过约定与组合来表意；形符则直接表达字形与外部观念理据上的联系，在此情况下，音符和形符同时可以引发语义的联想，获得意境之美。据此，汉字本身的构成规律和自身属性特点具有多维塑造的可能，在未来制作成本和技术提速的情况下，利用汉字形、声、义无限演化特点构成动态演示字库不失为数字字体发展的重要方向。其次，自计算机辅助软件成为设计师的工具以来，设计师一直都希望通过技术模拟手工可以达到的境界。就字体设计而言，对于传统书写感受的追求一直存在，与传统书写质感关联的身体体式、笔纸的摩擦、书写过程的运气行笔等环节都是设计师希望计算机技术可以实现的。事实上，触摸屏、感应笔、手绘板、动作捕捉仪等技术发明接近了与这一目标的距离，像 Zen Brush、Procreate、Artstudio、书法 HD 等 APP 及软件的出现也初步实现了这一目标的部分内容，相信随着技术的不断升级，人工智能研究的深入，我们离这一目标的实现并不遥远。最后，AR 与 VR 技术开创的交互式过程扩展着汉字应用的范围和方式。交互性最大的特点不仅在于将使用者带入视听触等多感化的精神世界，而且可以通过身体体验、参与虚拟情境产生触觉、知觉和情感的交互，这种技术生命力所持有的潜能开辟了数字字体广泛的应用空间，扩展了文字传播的使用功能，使汉字之美在人机交互的空间中获得新生。由此可以想见，在字形和字库技术趋于恒定的情况下，数字技术将开辟中文数字字体崭新的未来。

中文数字字体在技术与人文的互渗中构成了其发展的历史脉络。从手写、碑刻、雕版的传统美学到现代感、零装饰、标准化的机械美学，再到多元开放的数字美学，字体的样式风格无不呈现了我国传统美学经验的独特意脉，隐含着书法的意向性关联，在与外来文化的对话碰撞中不断借鉴、吸收和融通，在当下开放性的全球环境、开放性的字体平台、开放性的字体表现空间以及开放性的审美意识中融构着未来方向。

参考文献

一、著作

张秀民、韩琦：《中国活字印刷史》，中国书籍出版社 1998 年版。

张秀民：《中国印刷史》，上海人民出版社 1989 年版。

张树栋等：《中国印刷通史》，印刷工业出版社 2004 年版。

范慕韩：《中国近代印刷史初稿》，印刷工业出版社 1995 年版。

张静庐：《中国近代出版史料·初编》，上海书店出版社 2011 年版。

韩丛耀：《中国近代图像新闻史 1840—1919》，南京大学出版社 2012 年版。

万启盈：《中国近代印刷工业史》，上海人民出版社 2012 年版。

潘吉星：《中国科学技术史——造纸与印刷卷》，科学出版社 1998 版。

史梅岑：《中国印刷发展史》，商务印书馆 1966 年版。

刘国钧：《中国书史简编》，书目文献出版社 1982 年版。

李约瑟：《中国科学技术史》（造纸与印刷卷），科学出版社 1990 年版。

钱存训：《书于竹帛》，上海书店 2004 年版。

钱存训：《中国纸和印刷文化史》，广西师范大学出版社 2004 年版。

曲德森主编：《中国印刷发展史图鉴》，山西教育出版社 2013 年版。

机械工业部石化通用机械工业局编：《中国印刷机械工业发展史》1986 年版。

中国出版科学研究所、中央档案局：《中华人民共和国出版史料 1949》1995 年版。

中国印刷及设备器材工业协会：《印刷科技实用手册》，印刷工业出版社 1992 年版。

上海新四军历史研究会印刷印钞分会：《活字印刷源流》，印刷工业出版社 1990 年版。

中国印刷技术协会：《中国印刷年鉴 1981—2004》，北京印刷工业出版社 1982 年版。

中国文字改革委员会：《中国文字改革问题》，北京新建设杂志社 1952 年版。

北京市印刷工业公司技术资料组选编：《文字制版技术（上、下册）》，内部参考读物，1979 年。

北京工业志编委会：《北京工业志·印刷志》，中国科学技术出版社 2001 年版。

上海出版志编委会：《上海出版志》，上海社会科学出版社 2001 年版。

上海书画出版社华东师范大学古籍整理研究室选编：《历代书法论文选》，上海书画出版社 2014 年版。

中共中央文献研究室编：《毛泽东文艺论集》，中央文献出版社 2002 年版。

肖峰：《人文语境中的技术》，中国社会科学出版社 2011 年版。

肖峰：《现代科技与社会》，经济管理出版社 2003 年版。

陈凡、张明国：《解析技术》，福建人民出版社 2002 年版。

陈凡：《技术社会引论——种好技术的社会学研究》，中国人民大学出版社 1995 年版。

吴盛国编著：《技术哲学经典读本》，上海交通大学出版社 2008 年版。

沈清松：《科技、人文与文化发展》，武汉大学出版社 2014 年版。

沈清松：《跨文化哲学论》，人民出版社 2014 年版。

陈俊明：《技术与人文互动论》，四川大学出版社 2008 年版。

王鸿生：《科学技术史》，中国人民大学出版社 2011 年版。

费锦昌：《中国语文现代化百年记事（1892—1995）》，语文出版社 1997 年版。

马希文：《逻辑、语言、计算——马希文文选》，商务印书馆 2003 年版。

许寿椿：《汉字复兴的脚步——从铅字机械打字到电脑打字的跨越》，学苑出版社 2014 年版。

许寿椿等编著：《文字编辑于电脑的打字》，中央民族学院出版社 1990 年版。

邱光宜、周有光：《汉字信息处理》，人民邮电出版社 1988 年版。

郭沫若：《日本的汉字改革和文字机械化》，人民出版社 1964 年版。

郭平欣、张淞芝主编：《汉字信息处理技术》，国防工业出版社 1985 年版。

启功：《古文字论稿》，文物出版社 1964 年版。

王凤阳：《文字学》，吉林文史出版社 1989 年版。

黄约齐：《汉字字体变迁简史》，文字改革出版社 1956 年版。

傅永和：《汉字七题》，河南教育出版社 1993 年版。

刘志基：《汉字文化综论》，广西教育出版社 1996 年版。

姚淦铭：《汉字与书法文化》，广西教育出版社 1996 年版。

申小龙：《汉字思维》，山东教育出版社 2014 年版。

孟华：《汉字主导的文化符号谱系》，山东教育出版社 2014 年版。

王作新：《汉字结构系统与传统思维方式》，武汉出版社 1999 年版。

毛泽东：《毛泽东选集》，人民出版社 1967 年版。

许平、周博主编：《设计真言》，江苏美术出版社 2009 年版。

朱铭：《设计史》，山东美术出版社 1995 年版。

林品章：《台湾近代视觉传达设计的变迁》，全华科技图书出版社 1992 年版。

翟墨主编：《人类设计思潮》，河北美术出版社 2007 年版。

王琥：《中国传统文化研究》，江苏美术出版社 2010 年版。

王铭铭：《人类学讲义稿》，世界图书出版社 2011 年版。

王向峰：《中国百年美学分例研究》，辽宁大学出版社 2004 年版。

宗白华：《美学与意境》，人民出版社 1987 年版。

孙恒存等：《文艺研究的数字审美之维》，四川大学出版社 2014 年版。

蒋勋：《汉字书法之美》，广西师范大学出版社 2009 年版。

周宪：《20 世纪西方美学》，南京大学出版社 1997 年版。

董进泉：《黑暗与愚昧的守护神——宗教裁判所》，浙江人民出版社 1998 年版。

张光直：《美术、神话与祭祀》，辽宁教育出版社 2002 年版。

徐恒醇：《技术美学原理》，科学普及出版社 1987 年版。

徐恒醇：《理性与情感世界的对话：科技美学》，陕西人民教育出版社 1997 年版。

徐恒醇：《设计美学》，清华大学出版社 2006 年版。

谢宏声：《图像与观看：现代性视觉制度的诞生》，广西师范大学出版社 2012 年版。

王鹏等：《经验的完形》，山东教育出版社 2009 年版。

柳沙：《设计心理学》，上海人民美术出版社 2010 年版。

徐昌权、杨化军编：《铸字工艺与设备》，印刷工业出版社 1990 年版。

翟铭、杨新岚编：《当代排版技术》，印刷工业出版社 1994 年版。

曹振英、邱泽编：《实用印刷字体手册》，印刷工业出版社 1994 年版。

谢新洲编：《数字出版技术》，北京大学出版社 2002 年版。

刘惠芳：《数字媒体技术》，清华大学出版社 2003 年版。

林立勋：《电脑风云（上、下）》，电子工业出版社 1998 年版。

王选：《王选文集》，北京大学出版社 2002 年版。

刘益东、李根群：《中国计算机产业发展之研究》，山东教育出版社 2005

年版。

孙广家：《计算机图形学》，清华大学出版社 1998 年版。

吴军：《数学之美》，人民邮电出版社 2013 年版。

李四达：《数字媒体艺术史》，清华大学出版社 2008 年版。

黄奋鸣：《新媒体与西方数码艺术理论》，学林出版社 2009 年版。

魏来：《王敏平面设计二十年》，黑龙江科学技术出版社 2003 年版。

廖洁连：《一字一生》，华中科技大学出版社 2012 年版。

任政、钱沛：《楷书基础知识》，上海人民出版社 1987 年版。

叶德辉：《书林清话》，中华书局 1957 年版。

叶秀山：《说写字》，中国人民大学出版社 2007 年版。

余秉楠：《美术字》，人民美术出版社 1980 年版。

叶锦荣编：《平面设计手册》，岭南美术出版社 1992 年版。

李明君：《中国美术史图说》，人民美术出版社 1997 年版。

朱其明：《自由自在谈字形》，龙溪国际图书有限公司 2009 年版。

姜庆共、刘瑞樱编：《上海字迹：百年汉字设计档案》，上海人民美术出版社 2014 年版。

邱振中：《中国书法：167 个练习》，中国人民大学出版社 2006 年版。

邱振中：《书法的形态与阐释》，中国人民大学出版社 2011 年版。

二、译著

［法］贝尔纳·斯蒂格勒：《技术与时间：爱比米休斯的过失》，裴程译，译林出版社 2012 年版。

［法］贝尔纳·斯蒂格勒：《技术与时间：迷失方向》，裴程译，译林出版社 2012 年版。

［美］刘易斯·芒福德：《技术与文明》，陈允明等译，中国建筑工业出版社 2009 年版。

［英］罗素：《西方哲学史：上卷》，何兆武、李约瑟译，商务印书馆

1963 年版。

〔美〕布莱恩·阿瑟:《技术的本质》,曹东溟译,浙江人民出版社 2014 年版。

〔美〕阿尔温·托夫勒:《第三次浪潮》,朱志焱、潘琪译,生活·读书·新知三联书店 1984 年版。

〔德〕F. 拉普:《技术哲学导论》,刘武译,辽宁科学技术出版社 1986 年版。

〔德〕马克思、恩格斯:《马克思恩格斯全集》第四十二卷,人民出版社 1972 年版。

〔荷〕E. 舒尔曼:《科技文明与人类未来》,王小兵等译,东方出版社 1998 年版。

〔美〕伊丽莎白·爱森斯坦:《作为变革动因的印刷机》,何道宽译,北京大学出版社 2010 年版。

〔美〕芮哲非:《古登堡在上海:中国印刷资本业的发展 1876—1937》,张志强等译,商务印书馆 2012 年版。

〔法〕德里达:《论文字学》,汪堂家译,上海译文出版社 1999 年版。

〔加〕马歇尔·麦克卢汉:《古登堡星汉璀璨》,杨晨光译,北京理工大学出版社 2014 年版。

〔美〕马克·第亚尼:《非物质社会:后工业世界的设计、文化与技术》,腾守尧译,四川人民出版社 1998 年版。

〔美〕莱文森:《数字麦克卢汉:信息化新千纪指南》,何道宽译,北京师范大学出版社 2014 年版。

〔加〕麦克卢汉:《理解媒介:论人的延伸》,何道宽译,北京师范大学出版社 2014 年版。

〔美〕约翰·费斯克:《理解大众文化》,王晓汪译,中央编译出版社 2001 年版。

〔以〕S. N. 艾森斯塔特:《大革命与现代文明》,刘圣中译,上海世纪出版集团 2010 年版。

　　［美］杰姆逊：《后现代主义与文化理论》，唐小兵译，陕西师范大学出版社 1987 年版。

　　［德］瓦尔特·本雅明：《技术复制时代的艺术作品》，胡不适译，浙江文艺出版社 2005 年版。

　　［意］安伯利·艾柯：《开放的作品》，刘儒庭译，新星出版社 2010 年版。

　　［德］康德：《实用人类学》，邓晓芒译，重庆出版社 1987 年版。

　　［德］阿诺德·盖伦：《技术时代的人类心灵》，何兆武等译，上海世纪出版集团 2008 年版。

　　［英］雷蒙·威廉斯：《文化与社会 1780—1950》，高晓玲译，吉林出版集团 2011 年版。

　　［英］约翰·沃克、朱迪·阿特菲尔德：《设计史与设计的历史》，周丹丹、易菲译，江苏美术出版社 2011 年版。

　　［英］彭妮·斯帕克：《设计与文化导论》，钱凤根译，译林出版社 2012 年版。

　　［美］莱文森：《软利器：信息革命的自然历史与未来》，何道宽译，复旦大学出版社 2011 年版。

　　［美］莱文森：《字母表效应：拼音文字与西方文明》，何道宽译，复旦大学出版社 2012 年版。

　　［美］尼古拉·尼葛洛庞帝：《数字化生存》，胡泳、范海燕译，海南出版社 1997 年版。

　　［英］汤因比：《艺术的未来》，王治河译，广西师范大学出版社 2002 年版。

　　［美］保罗·莱文森：《思想无羁》，何道宽译，南京大学出版社 2003 年版。

　　［美］查尔斯·詹克斯：《现代主义的临界点》，丁宁译，北京大学出版社 2011 年版。

［美］亨利·詹金斯：《融合文化：新媒体和旧媒体的冲突地带》，杜永明译，商务印书馆 2011 年版。

［新］肖恩·库比特：《数字美学》，赵文书译，商务印书馆 2007 年版。

［日］伊福部隆彦：《书法与现代思潮》，徐利明译，江苏美术出版社 1988 年版。

［德］雷德侯：《万物》，张总译，生活·读书·新知三联书店 2005 年版。

［英］伯格 Berger. J：《观看之道》，戴行钺译，广西师范大学出版社 2007 年版。

［美］鲁道夫·阿恩海姆：《艺术与视知觉》，腾守尧译，中国社会科学院出版社 1984 年版。

［美］鲁道夫·阿恩海姆：《视觉思维》，腾守尧译，光明日报出版社 1987 年版。

［美］唐纳德·A. 诺曼：《设计心理学》，何笑眉译，中信出版社 2015 年版。

［苏］依·德·阿尔塔·莫诺夫：《视觉的错觉》，程之遂译，安徽美术出版社 1985 年版。

［法］Georges Jean：《文字与书写》，曹锦清译，上海世纪集团 2001 年版。

［英］彼得·多默：《1945 以来的设计》，梁梅译，四川人民出版社 1998 年版。

［英］杰里米·安斯利：《20 世纪平面设计的先驱》，蔡松坚译，中国建筑工业出版社 2005 年版。

［美］梅格斯：《二十世纪视觉传达设计史》，柴常佩译，湖北美术出版社 1989 年版。

［英］路易斯·布莱克威尔：《西方字体设计一百年》，许捷译，上海人民美术出版社 2005 年版。

［英］李维斯·布莱威尔：《印刷的终结》，张羚译，中国青年出版社

2000 年版。

　　［美］昆汀·纽瓦克编著：《什么是平面设计》，初枢昊译，中国青年出版社 2005 年版。

　　［美］戴维·朱里编著：《什么是文字设计》，张文贺译，中国青年出版社 2007 年版。

　　［美］吉姆斯·菲利奇：《字体设计应用技术完全教程》，胡心怡、朱琪颖译，上海人民美术出版社 2006 年版。

　　［美］埃伦·鲁普顿：《字体设计指南》，王毅译，上海人民出版社 2006 年版。

　　［英］大卫·柯罗：《从文字到图像》，刘秉坤译，辽宁科学技术出版社 2010 年版。

　　［美］尼科·麦克唐纳编著：《什么是网页设计》，戴刚译，中国青年出版社 2006 年版。

　　［英］西蒙·加菲尔德：《字体故事——西文字体的美丽传说》，吴涛、刘庆译，电子工业出版社 2014 年版。

　　［英］弗兰克·惠特福斯：《包豪斯大师和学生们》，艺术与设计出版社译，四川美术出版社 2009 年版。

　　［英］朱迪·马丁：《西方书法指南》，王旭译，北京语言学院出版社 1990 年版。

　　［德］赫尔穆特·施密特：《今日文字设计》，王子源、杨蕾译，中国青年出版社 2007 年版。

　　［日］杉浦康平：《亚洲的书籍：文字与设计》，杨晶译，生活·读书·新知三联书店 2006 年版。

　　［俄］伊斯特林：《文字的产生和发展》，左少兴译，北京大学出版社 2002 年版。

　　［美］金伯利·伊拉姆：《设计几何学》，李乐山译，知识产权出版社 2013 年版。

［德］沃尔夫冈·韦尔德：《重构美学》，陆扬译，上海译文出版社 2002 年版。

［美］托马斯·门罗：《走向科学的美学》，石天曙等译，中国文联出版社 1985 年版。

［美］阿伦·拉奥：《硅谷百年史》，闫景立译，人民邮电出版社 2014 年版。

［美］詹姆斯·格雷克：《信息简史》，高博译，人民邮电出版社 2015 年版。

三、论文

夏燕靖：《对我国高校艺术设计本科专业课程结构的探讨》，博士学位论文，南京艺术学院，2006 年。

王丽红：《中文阅读知觉广度的眼动研究》，博士学位论文，天津师范大学，2011 年。

匡导球：《二十世纪中国出版技术变迁研究》，博士学位论文，南京农业大学，2009 年。

沈蔚：《数字阅读研究：从文化消费到意义生产》，博士学位论文，武汉大学，2013 年。

李新祥：《数字时代我国国民阅读行为嬗变及对策研究》，博士学位论文，武汉大学，2013 年。

林书杰：《书写之道——关于汉字书写的若干问题》，博士学位论文，中国美术学院，2008 年。

孙浩宁：《新中国体制下的"人民美术"出版研究》，博士学位论文，中央美术学院，2013 年。

赵振飞：《汉字的不同部位对再认的影响》，学士学位论文，华东师范大学，1986 年。

王敏：《晨光初现：桌面出版时期的奥多比字体设计》，《装饰》2013 年第 5 期。

彭海河、彭佩雯：《"字体""书体"辨》，《广东培正学院学报》2010 年第 10 期。

朱维铮：《何谓"人文精神"》，《探索与争鸣》1994 年第 10 期。

周宪：《审美现代性的四个层面》，《文学评论》2005 年第 5 期。

陈正雄：《汉字字体数字化的新发展（上）》，《印刷杂志》2008 年第 5 期。

叶锦荣：《汉字字体数字化的新发展（下）》，《印刷杂志》2008 年第 6 期。

萧华敬：《铁划银钩的再现》，《桌面出版与设计》1995 年第 1 期。

宋建林：《艺术生产力的构成与特征》，《文艺理论与批评》2003 年第 1 期。

尉迟治平：《论中文字符集、字库和输入法的研制》，《语文研究》2006 年第 9 期。

刘连元：《汉字字形描述》，《语文建设》1994 年第 9 期。

潇华敬：《华康造字方法》，《桌面出版与设计》1995 年第 1 期。

杨凤霞：《互联网终端中 Web 浏览器汉字显示方案设计》，《武汉理工大学学报》2004 年第 8 期。

黄奋鸣：《数码屏幕美学：由来、议题与理念》，《厦门大学学报》2014 年第 2 期。

苏状：《屏幕媒体视觉传播变革研究》，《南京社会科学》2014 年第 8 期。

王瑛：《场存在特性学习更个研究进展》，《高等教育研究学报》2003 年第 4 期。

林川：《汉字印刷体的阅读生理基础》，《中国印刷》1993 年第 1 期。

林川：《文字处理技术对汉字字形的影响》，《中国印刷》1998 年第 20 期。

张其昀：《从信息论角度谈汉字认知》，《扬州大学学报》（人文社会科学版）2003 年第 1 期。

金文雄、朱祖祥：《汉字字体对辨读效果的影响》，《应用心理学》1992 年第 7 期。

四、资料

《关于试制北京大学压缩信息字稿的情况汇报》，上海档案馆藏，编号 B167－5－419。

《莱比锡国际书展获奖名单》，上海档案馆藏，编号 B167－1－332。

《上海市印刷工业公司成立技术研究所的初步打算》，上海档案馆藏，编号 B167－1－586。

《1966—1970 年上海市各地方研究所第三个五年计划期间研究任务的初步设想》，上海档案馆藏，编号 B167－1－787。

《宋体二号印刷活字研究设计报告》《黑体二号印刷活字研究设计报告》，上海档案馆藏，编号 167－1－739。

《国务院重大办赴美、日印刷技术和装备考察报告》，1991 年。

《PostScript 及中文字库技术研讨会纪要》，1993 年。

《Adobe Garamond》《Adobe Minion》《Adobe Utopia》Adobe 内部资料，1992 年。

《日本数字字体的分类》，小宫山博史，西北大学孙明远老师译。

《字体设计规则：明朝体汉字版编》，1993 年。

《中国印刷史学术研讨会文集 1997》，中国印刷博物馆。

《光明日报》1979 年 8 月 11 日（北京，微缩版）。

徐学成：《活字设计　笔耕一生：徐学成文集》，上海印刷技术研究所，内部资料准印证〔2015〕第 35 号。

五、外文资料

Philip. B. Meggs，*Meggs' History of Graphic Design*，Hoboken New Jersey：

John Wiley&Sons, inc, 2006.

Rob Vater, Ben Day, Philip Meggs: *typographic Design*: *Form and Communication*, Hoboken New Jersey: John Wiley&Sons, inc. 2009.

Daniel Berkeley Updike, *Printing Types*, *Their History*, *Forms*, *and Use*, London: Harvard Universtiy Press, 1922.

Friendrich Friedl, Nicolaus Ott and Bernard Stein, *TYPOGRPHY*: *An Encyclopedic Survey of Type Design and Techniques Throughout History*, New York: Black Dog& Leventhal Publishers, 1998.

Steven Heller and Louise Fili, *Typology*: *Type Design from The Victorian Era to the Digital Age*, San Francisco: Steven Heller & Louise Fili Ltd Chronicle Books, 1999.

Robert Bringhurst, *The Elements of Typographic Style*, Seattle: H&M Publishers, 1992.

Alec Julien, *Fontface*: *The Compelete Guide to Creating*, *marketing*, *and Selling Digital Fonts*, Burlington: Focal Press, 2012.

Tony Seddon, *Type Team*: *Perfect TypeFace Combinations*, Lindon: Thames & Hudson, 2015.

Susanne Zippel: *Fachhinesisch Typografie* 中日韩字体编排指南, Mainz: Verlag Hermann Schmidt Mainz, 2011。

Steven Heller and Anne Fink. , *Faces on the Edge*: *Type in the Digital Age* , New York: Van Nostrand Reinhold, 1997.

Ellen Lupton, *Type on Screen*, New York: Princeton Architectural Press, 2014.

John Maeda, *Creative code*: *Aesthetics and computation*, New York: Thames& Hudson Inc, 2004.

Anne Friedberg, *The Virtual Window*, Cambridge: MIT Press, 2006.

Sumner Stone, *ON STONE The Art and Use of Typography on th Personal Computer*, San Francisco: Bedford Arts Publishers, 1991.

Tamye Riggs, *THE ADOBE ORIGINALS SILVER ANNIVERSARY STORY*, San Jose: Adobe Systems Incorporated, 2014.

C. T. Liu. "Revolution of the TFTLCD Technology", *The 6th International Meeting on In-formation Display*, 2006.

Matthew A. Kerr and Sonya E. Symons, "Computerized presentation of text: : Effects on children's reading of informational material", *Reading and Write*, 2006.

Tim Ahrens, "A Closer Look At Font Rending", *Smashing Amgazine*, 2012.4.

Chou, S, K, (周先庚), "Reading and legibility of Experimental Psychology", *The American Journal of Sociology*, 1930.

Banjanin Bojan, Nedeljkovic Uros, "Font hinting techniques and the importance of applying these techniques for high-quality display of fonts on the output device screen", *Faculty of Technical Sciences – Graphic Engineering and Design*, 2012.

后　　记

　　本书的撰写源于我在中央美术学院博士期间的学习。当时王敏教授大力倡导字体设计方面的实践与理论研究，其中几届博士的研究方向均围绕着印刷字体设计理论展开，研究角度是多维度、立体化的，这些研究给了我很多启发；同时，2015 年 7 月我有幸参与了由 Google 与 Adobe 联合推出的全球字库——思源宋体的创作实践，让我更加深刻地体悟到科技的发展对于字体设计的影响，促使我对印刷字体进入数字时代后的发展历程产生了浓厚的兴趣，进而有了对这一课题深入研究的想法。

　　经过一段时间的调研和基础资料的收集后，我了解到站在工业革命的角度审视字体设计的发展进程，需要跨越铅活字时代、电脑时代及数字时代的字体制作技术，并需要将它们从出版印刷及电脑软硬件中剥离，涉及了印刷史、印刷机械史、出版史、计算机史等跨度很大的学科门类，不仅资料零散，某些专业知识更是晦涩难懂，难以理出头绪。每每萌生退却之意时，是我的两位导师王敏教授和黄克俭教授不厌其烦地耐心引导，帮助我走出迷茫和困境！有幸的是，两位导师都是这段历史的亲历者，拥有丰富的经验和心得体会。王敏导师将自己在 Adobe 公司工作时积累的重要资料交付于我，并为对 Adobe 著名的字体设计师 Robert Slimbach、David Lemon、Ken Lunde，Jennifer 教授的访谈亲自撰写介绍信，使邮件访谈顺利完成；黄克俭导师亲自带领我们在北京、上海、常州进行实地考察，带我进入思源宋体的设计团队，亲身感受数字字体设计的全部流程。师恩于此难以尽述。

在此书撰写过程中，还要感谢许多专家、学者及好友的无私帮助，没有你们的鼓励和帮助就没有这本书的顺利完成。在对选题方向的取舍上感谢中央美术学院的许平教授、周至禹教授、蒋华教授、周博教授、刘钊教授以严谨的学术态度对本书给予的指正。在调研期间，感谢上海大学美术学院、上海字模一厂、常州华文印刷新技术有限公司、北京印捷文化发展有限公司提供的宝贵资料和支持。感谢伍文祥、王振铎、孙明远、朱志伟、仇寅、张建国、汪文、岳昕、马涛、朱亚斌、战国栋、郝刚、厉致谦、蒋飞、赵文龙等诸位先生和同人接受我的采访，为本书撰写提供重要的线索和素材。

本书的出版还要特别感谢中国社会科学出版社的郭晓鸿主任的鼎力帮助，以及吉林艺术学院的领导和同事给予的不同形式的支持，我的同学及好友们给予我的友谊和启迪，我的学生沈直、孙茹、李俊颖协助我完成部分资料的整理，在此一并致谢！最后感谢我的父母、先生和儿子，感谢你们给予我最无私的关爱及全力的付出。

由于本人水平有限，书中涉及很多跨学科方面的内容，难免会出现诸多错误、疏漏及不足，还望各位同人不吝赐教与见谅！

吴轶博

2018.9 月于长春